諮商與心理治療進階

心理分析取向的實務指南

林家興・王麗文　合著

▌目錄

圖目錄

表目錄

作者簡介

林家興

學歷：美國肯塔基大學諮商心理學哲學博士

美國南加州精神分析學院進階精神分析治療結業

經歷：臺灣輔導與諮商學會理事長

臺北市諮商心理師公會創會理事長

臺灣諮商心理學會創會理事長

國立臺灣師範大學教育心理與輔導學系教授兼系主任

執照：美國加州心理師執照、臺灣諮商心理師執照

現任：國立臺灣師範大學教育心理與輔導學系兼任教授

諮商心理師公會全國聯合會倫理委員

臺北市諮商心理師公會倫理委員

財團法人董氏基金會心理健康促進委員

王麗文

學歷：美國肯塔基大學教育與諮商心理學哲學博士

洛杉磯 Reiss-Davis Child Study Center 臨床兒童精神分析博士後訓練結業

經歷：洛杉磯灣區心理衛生中心心理治療師

洛杉磯太平洋診所亞太家庭服務中心親職教育專家

洛杉磯聯合心理顧問中心心理治療師

國立臺灣師範大學教育心理與輔導學系兼任副教授

執照：諮商心理師國家執照考試及格

現任：歸心工作室負責人

心理諮商與心理治療資深督導

▌作者序

　　經過漫長的臨床資料收集，兩年的書寫，一年的試用與修正，《諮商與心理治療進階：心理分析取向的實務指南》終於出版了，書寫的心情很特別，因為書寫的過程，正好經歷了心理師法的完成立法、首屆心理師執照考試的舉行，以及心理諮商相關研究所相繼增設的歷史時刻，因此別具意義。

　　本書可以說是一本後心理師法的書籍，是為心理師而寫，書寫的內容即是心理師所執行的專業：心理諮商與心理治療。心理師法的公布施行與心理師執照考試的舉行，無疑的將心理師的訓練推向更專業的境界，包括臨床實習、臨床督導，以及執照後實務訓練的制度化。研究生將會面臨更加嚴格的訓練，本書的目的即在幫助讀者成為一名有效能的心理師。同時在您成為心理師的過程中，提供您一本專業的指南，以縮短專業摸索時間，並且增進專業工作的效能。

　　我們先前合作撰寫的《心理治療實務》一書，雖然頗受心理與諮商專業人員的喜歡，認為是學習心理治療一本很受用的指南。不過，我們自己覺得該書還是有許多不足的地方，特別是在案例說明與實務討論等方面。本書可以說是《心理治療實務》的續集，書寫的內容主要以諮商與心理治療實務的討論為主，包括許多的諮商對話實例、案例討論，以及諮商實務Ｑ＆Ａ。相當程度的彌補了前一本書的不足。閱讀本書之前，讀者如果能夠先看過前一本書，相信會有更深刻的學習心得。

　　本書的副標題是：「心理分析取向的實務指南」，清楚的標示

本書是從心理分析學派的觀點來討論諮商與心理治療的實施，這是因為我們分別在美國接受心理分析的訓練，對於心理分析學派的諮商與心理治療比較能夠掌握，這對於想要認識或學習心理分析治療法的讀者，是一本有用的實務指南。

本書的內容可以說是我們和受我們督導學員的集體創作，受督導學員不僅提供豐富的個案素材和臨床問題，而且撰寫詳細的督導記錄，本書中許多重要部分便是根據這些督導記錄與臨床討論撰寫而成。當我們將初稿拿給部分學員校閱時，他們說看書的過程，簡直就像是再一次的接受完整的專業督導。因此，對於那些有督導需求的心理師和實習生而言，本書可以提供一種補充的督導，幫助心理師和實習生有效的處理諮商與心理治療過程中所遭遇的問題與困擾。

本書並不適合快速閱讀，讀者閱讀時，我們建議您要慢慢去體會書中的建議與觀點，同時和您自己的實務經驗做比較和整合。本書用字雖然盡量深入淺出，可是所描述的諮商歷程與治療理念卻是十分細膩深奧，對於沒有接案經驗的讀者，閱讀起來需要額外用心。本書充分表達新手心理師常見的臨床問題與困擾，並且使用許多生動的案例給予解答，相信新手心理師閱讀起來會獲益良多。

本書與《心理治療實務》一樣，非常適合作為諮商技巧、心理治療技術、臨床心理實習和諮商專業實習等課程的教科書。對於正在從事諮商與心理治療的心理師、諮商師、輔導老師、心理治療師、精神科醫師和臨床社工師，以及正在實習的研究生，包括諮商心理實習與臨床心理實習，本書提供非常實用的臨床建議與提醒。

本書的完成要感謝許多心理師，以及臺灣師大心輔系研究生的協助。我們特別要感謝王玉珍、徐秋央、高琇鈴、栗珍鳳、黃焰

容、陳光霓、黃婷婷、陳建泓、何紀瑩、洪雅琴、汪昭瑛和黃政昌
等心理師，在諮商專業經驗的分享與臨床資料上的提供，使本書的
內容變得更加生動充實。我們也要感謝林巧芳、許儀貞、蕭景容、
吳雅慧、康琇喬，以及王麗芬等心理師在本書初稿試用期間，提供
許多寶貴的修正建議。初稿修正過程，我們要謝謝黃詩殷和洪美鈴
兩位研究助理在文書和行政上的協助，特別要謝謝洪美鈴小姐幫忙
製作中英文索引。最後要謝謝心理出版社吳道愉總編輯的耐心支
持，以及編輯陳怡芬小姐的專業協助。

林家興、王麗文
二〇〇三年六月於臺灣師範大學

1 緒論

書寫的緣起與對象

　　一名成熟的心理諮商師或心理治療師，除了學校養成教育與臨床實習之外，接受充分的臨床督導是必需的專業成長過程。近年來許多諮商與心理治療專業團體與學術機構，也紛紛主張臨床實習與臨床督導是諮商師與心理師養成教育的核心內容。本書的撰寫是根據筆者多年來從事諮商與心理治療臨床工作與督導年輕心理師與諮商師的心得整理而成。

　　實習心理師與諮商師，以及心理治療臨床工作者，在督導過程中提出了許許多多的臨床問題，其中有些十分具有挑戰性，都是筆者很榮幸也很興奮去討論的臨床問題，針對這些問題，我們也提出我們自己的見解與建議。

　　本書期待的讀者是心理諮商與心理治療的實習生以及年輕的心理師和諮商師，以及獨自工作而較少獲得臨床督導的心理治療師與心理諮商師。閱讀本書希望可以提升年輕心理諮商師與心理治療師的專業能力，對於資深的心理治療師與心理諮商師可以有溫故知新的效果。

　　對於從來沒有接過個案的讀者，或者過去接案的經驗多數不滿意的讀者，筆者建議最好先閱讀我們的前一本著作：《心理治療實務》。本書可以說是前一本書的補充和延伸，《心理治療實務》交代從事諮商與心理治療最基本的概念與程序，本書則大量補充個案範例，以及回答臨床上常見的問題。如果想要深入諮商與心理治療

的領域，我們會建議讀者先閱讀《心理治療實務》，有了接案經驗
之後再閱讀本書，如此循序漸進，將可以獲得最大的收穫。

本書的特色與內容

本書是一本相當專業的著作，涉及許多基本的心理諮商與心理
治療的技術與應用，以下的幾點特色，使它不同於一般的心理諮商
與心理治療教科書。

一、討論的主題以諮商實務與心理治療臨床問題
為主

本書所討論的主題，以臨床工作者平日接案看診所遭遇到的問
題為主。有些是諮商初學者容易遭遇到的問題，有些是資深心理師
比較容易遭遇到的問題。諮商初學者經常遭遇到的問題，包括初次
晤談不知如何談，基本架構不知如何建立，個案違背基本架構不知
如何處理，不知如何教育個案來接受心理諮商，對於個案的沈默與
缺席不知如何處理等。資深心理師經常遭遇的問題，包括對於諮商
關係的掌握不夠細膩，不知如何善用移情來幫助個案自我覺察，不
自覺自己的反移情正在干擾對個案的心理諮商，以及不知如何使結
案的處理更具有治療性等。本書所討論的主題對於實務工作者應該
是非常熟悉，內容主要在於基本理論與技術應用上的臨床問題與處
遇。

二、諮商場景涵蓋社區、學校與醫療機構

　　本書所討論的諮商工作場所包括社區諮商機構、學校諮商機構、私人諮商診所，以及醫療機構。心理諮商既是一門專門執業，其諮商理論與技術的有效性應該是超越各種執業場所。本書所提供的諮商與臨床建議不僅適合於社區與學校諮商機構的心理師與諮商師，也適合於私人執業或在醫療機構工作的心理諮商師與心理治療師。不同諮商工作場景會出現不同的臨床問題，例如在學校諮商機構最常遭遇的問題包括如何諮商非自願的個案，如何按照學校的期望來進行諮商；在社區諮商機構最常遭遇的問題包括維持諮商專業關係，如何兼顧個案管理與危機處理等；在私人諮商診所最常遭遇的問題包括缺乏同儕支持與專業討論，如何節制諮商專業關係，避免執業疲勞；在醫療機構最常見的問題包括心理診斷與心理治療的難題，如何與其他心理衛生人員分工合作等，這些問題本書均有相當的篇幅加以討論。

三、臨床討論的案例全部是本地的個案

　　本書所提供的臨床案例都是本地個案，所反應的臨床問題可以代表讀者平常遭遇的問題。因此對於這些臨床問題的討論與建議，相信可以輕易應用到讀者所處理的個案。本書所討論的個案從一般心理功能正常的人到罹患嚴重精神疾病的個案都有，相當程度的反應一個心理諮商師與心理治療師所接觸的個案的問題類型與嚴重程度。

　　諮商工作非常依賴語言的使用，如何說一句話，可以有治療性與反治療性的差別，這是多數諮商師與心理師都有的經驗。為了增加本書的臨床感覺與實務取向，本書除了以淺顯的方式討論諮商臨床問題，還進一步提供了許多可以參考的晤談對話範例，筆者盡可能的在每一章裡，包括「對話實例」、「案例討論」，以及「諮商實務Q＆A」等內容。這些內容的增加主要在提供讀者更為細膩的諮商實際狀況，以增加讀者學習諮商技巧的遷移效果。

　　本書使用的個案資料多數是由心理諮商工作人員提供，筆者已經盡量將可能引起誤解的個人資料加以刪除或改寫，這是為了保密個案資料所必須做的措施，雖然如此，如果還是有部分個案資料令人有似曾相似的感覺，則純屬巧合。

心理諮商的基本概念

　　心理諮商是一門特殊的專門執業，心理諮商具有以下幾種特質，心理師把握這些心理諮商的特質是非常重要的前提，唯有在符合這些特質與前提之下實施心理諮商，當事人才能真正有效的從心理諮商中獲益。

一、接受心理諮商的個案必須是自願的

　　心理諮商不是用來統治，或用來改變組織成員的工具。筆者觀察有些工作單位與學校有傾向於使用心理諮商來改變成員或學生的

想法，這是嚴重誤用心理諮商的現象。例如，學校把違規記過的學生轉介到輔導室或諮商中心，希望諮商老師可以有效的改變學生的違規行為。又例如，軍隊把一名思想偏激的軍人轉介給心輔官進行心理諮商，希望能夠快速有效的糾正當事人的思想觀念。

最能受益於心理諮商的人，是那些自願求助的人，因為心理諮商並不是一件可以強加於人的藥物或勞動。心理諮商對個案有許多的要求，如果個案不願意配合，那麼將無心理諮商可言。心理諮商對於個案的要求在於：

個案是自願來談自己的心事或問題，

個案必須按時前往心理晤談室，

個案必須負責講話，

個案還要不斷地對自己的心事與問題進行思考與覺察。

一個非自願的個案顯然不會同意配合這些工作，如果個案不願意前來談話，或者前來晤談室，卻不說話，或者說話卻十分小心翼翼，這樣的個案基本上是不適合心理諮商的。對於不適合心理諮商的個案，卻要勉強他們心理諮商，這就好比勉強顧客購買他們不需要的產品一樣，不但無法發揮心理諮商的效果，反而使心理諮商背負無效的罪名。

筆者並不反對給那些不瞭解心理諮商的個案一個機會來試用心理諮商。對於非自願的個案，心理師可以善盡責任教育個案什麼是心理諮商，以及期待個案能夠在瞭解心理諮商之後，願意以自願的態度來求助心理諮商。對於一個非自願的個案，在經過我們詳細的說明與鼓勵之後，如果仍然不願意遵守心理諮商的基本規則，筆者認為應該將這些個案轉介去接受心理諮商以外的處遇或服務。

二、有效的心理諮商需要花費一段長時間的過程

「慢工出細活」這句話相當適用於心理諮商工作。接受心理諮商的人，不僅要出於自願，而且也願意撥時間與預算來進行心理諮商。心理諮商並不是一種告訴個案如何解決問題的行業，也不是一種幫助人們快速消除症狀與解除痛苦的專業。要能從心理諮商獲益，個案必須花費相當多的時間，一步一步的認識自己，一層一層的瞭解自己，一點一滴的變化自己。個案的個性與行為問題經過多少年的醞釀而產生，自然也要花費大約相等的時間去調整與改變。透過心理師的協助，個案可以顯著的縮短精神受苦與問題改善的時間。

三、心理諮商是一種自我覺察的工作，別人無法 取代

心理諮商與一般助人工作最不相同的地方是，心理師透過良好的諮商關係來幫助個案，增進自我覺察與自我瞭解。有良好的諮商關係才有心理諮商的可能，否則個案不願意在心理師的幫助下覺察自己、認識自己，面對改變自己的挑戰與痛苦，也就難有諮商效果的可能。 心理師無法將心理諮商強加於另一個人。進入諮商關係的心理師與個案，兩個人在諮商關係中，都是其他人無法取代的。例如，心理師因故不能接見個案時，心理師幾乎不可能請他的同事來代班。同樣的，個案因故不能出席諮商時，更不可能請別人代替他來看診。基本上，接受心理諮商的人必須是心甘情願的，他必須

付出相當多的時間和精神來與心理師談話，而且不止一次，有時一年半載也是需要的。接受心理諮商的人要有這些基本的認識，才有可能獲得心理諮商的幫助。

　　心理諮商經常要求個案負起諮商時說話的責任，對自身的言行要養成自我覺察的習慣，要能夠按時並準時地出席心理諮商的約會，在心理諮商過程中，過度被動的個案通常無法獲得心理諮商的好處。個案必須瞭解心理諮商不是一帖藥劑，也不是一項外科手術，心理師不是先知，也不是拔苦救難的菩薩，個案在心理諮商的過程中必須是主動的參與者，必須親自參與一段長時間的諮商過程，而且最重要的是要心甘情願的參與。

四、心理諮商必須按照一定的專業規則進行

　　心理諮商是一種很新而特別的專門執業，多數民眾對心理諮商所知有限，甚至所知也可能是一知半解的。心理師在提供心理諮商的時候，十分需要一面進行心理諮商，一面向個案說明什麼是心理諮商。如何教育個案正確認識心理諮商是心理師責無旁貸的工作。未按照專業規則進行的心理諮商，其效果肯定是七折八扣的。心理諮商的專業規則包括：個案要同意按時出席晤談，要同意按照約定支付諮商費用，要同意保密的限制，要同意知無不言、言無不盡，要同意在固定的時間和辦公室與心理師晤談。這些規則非常重要，如果心理師不要求，或者個案未能切實遵循，那麼心理諮商的效果便要大打折扣了。

名詞界定

諮商與心理治療是一門從歐美引進我國的助人理論與技術，不同專業領域的工作人員對於專有名詞的翻譯不同，習慣用語也不同，為了避免不同專業領域的讀者在閱讀上的困惑，筆者認為有必要先將一些常用的專有名詞作一定義。

一、「心理諮商」與「心理治療」交互使用

雖然在不同的工作場景對於心理諮商與心理治療有不同定義和用法，本書基於下列的理由，將心理諮商與心理治療兩個名詞界定為含意大同小異的同義詞：兩者應用的理論相同、兩者應用的技巧相同、兩者服務的對象相同，以及為了行文的方便（林家興、王麗文，民 89），「諮商」、「心理諮商」、「治療」、「心理治療」等名詞，在本書中是大同小異的名詞。習慣上，本書在描述醫療院所的心理專業服務時，會傾向於使用「治療」或「心理治療」一詞，在描述學校與社區機構的心理專業服務時，會傾向於使用「諮商」或「心理諮商」一詞。

二、心理諮商專業人員的稱呼問題

　　基於前述相同的理由，本書將下列代表**心理諮商專業人員**的名稱，如諮商師、心理師、心理諮商師、諮商心理師、臨床心理師、心理治療師，以及諮商老師等，視為同義詞，在本書中交互使用。有鑑於心理師法的公佈施行，心理諮商與心理治療既是心理師的業務範圍，因此，本書傾向於使用心理師一詞來泛稱從事心理諮商與心理治療的專業人員。

三、心理學專有名詞的翻譯

　　由於筆者是屬於心理學背景的心理師，所接受的訓練也是心理學的養成教育，因此在行文之間自然習慣於使用心理學的專有名詞及其翻譯。例如，習慣上將**mental disorder** 翻譯為「**心理疾病**」，將 **mental health** 翻譯為「**心理健康**」，將 **psychotherapy** 翻譯為「**心理治療**」，將 **psychoanalysis** 翻譯為「**心理分析**」。雖然在醫療界經常將它們翻譯為精神疾病、精神健康、精神治療以及精神分析，為了避免讀者的困惑，先做此說明。

四、代名詞「他」代表男女兩性

　　基於尊重兩性平權的維護，以及避免使用性別歧視的文字的可能誤會，本書在此聲明，為了行文方便，本書使用代名詞「他」來代表男性心理師與個案，以及女性心理師與個案。

2 | 基本架構

▌時間的架構

　　心理諮商需要定時定點進行，心理師與個案見面晤談的頻率至少每週一次，如果心理諮商的頻率少於每週一次，那麼諮商效果便會打折扣。例如，心理師原訂和個案約好每週諮商一次，由於某些外在因素，在第一次晤談之後，連續停了三週，第四週在進行第二次晤談時，心理師會發現個案的晤談型態很容易重複第一次的模式，亦即，個案不斷舉許多事件來談，但是都蜻蜓點水帶過。這是因為個案在這三週所發生的外在事件尚未談完，所以有點重頭再來的感覺。

　　何謂**時間的架構**？時間的架構主要是指下列幾件事情：

1. 每次晤談的時間要固定，例如每次晤談五十分鐘，那麼以後晤談時間即應保持每次五十分鐘。每次晤談的時間避免做明顯的改變。
2. 晤談的頻率要固定，例如每週晤談一次，那麼以後晤談的頻率便應保持每週一次，避免做明顯的改變。
3. 每次晤談要準時開始準時結束，避免明顯的提前開始晤談，或明顯的延後結束談話的時間。
4. 心理師對於諮商次數、請假、休假、取消約診的規定，以及如何結束諮商等事情，均要向個案作說明，盡量取得個案的瞭解與同意。對於有不清楚的地方以及可能的誤會，心理師均應盡可能加以澄清。

　　對於一個每週晤談一次的個案，如果有一天，個案表示希望將晤談次數改為兩週一次，或一週兩次。心理師處理的原則是，在決定同意或不同意之前，心理師可以先瞭解個案想要改變晤談頻率的想法，再決定是否同意。根據個案要求改變時間架構的原因是否合理可行，動機是否正當，心理師本人是否願意配合，心理師再給予是否同意的答覆。

　　有些心理師會有準時開始與準時結束晤談的困難，例如，每次晤談總要談完一個段落，或處理完一個情緒才要結束晤談。任意延長晤談時間便是改變基本架構，這樣做是不適當的。客觀而言，個案每週晤談一次，好像兩次之間有間斷的感覺，但是在心靈上，會談與會談之間是連接的並沒有中斷。個案在這次沒有談完的事情，下次還可以繼續談。心理師不一定要在這一次會談就把某一個主題或某一個情緒完全處理完畢，事實上情緒與問題是處理不完的。每週一次的會談，有時個案會談一個或數個話題，有時一個話題要談好幾個星期。話題的起始與終結，與每次會談的起始與終結不必然是一致的。心理師所要關注的不只是話題，還要留意時間的架構。心理師工作的重點在於維持基本架構，幫助個案養成每次來就談正經事的習慣。

　　晤談結束就該結束，即使個案的心情不佳或情緒高漲時也是一樣。當晤談時間快用完時，如果個案情緒一時無法平靜下來而淚流滿面，心理師可以給他一、兩分鐘的時間整理自己的情緒，以及做好離開晤談室的準備。大多數的個案在結束心理諮商時，都有把自己的儀容整飭妥當，將情緒收拾歸位的能力，然後走出諮商室去面對外在的現實環境。心理師任意延長晤談時間，可能會讓個案產生不必要的聯想，例如，個案可能會覺得只要自己哭得很厲害，心理

師就會多給一點時間，就會比較關心自己。

　　當個案能夠遵守基本架構，逐漸學會準時出席、主動說話、主動選擇話題，而且善用晤談時間進行自我探索時，心理師可以給予適當的鼓勵。當個案出現違背基本架構的行為時，心理師要主動的指出個案這些不適當的行為，並且進行探索以及協助個案加以改善。

　　讀者可以回顧一下自己所接過的個案，您會發現：當個案可以遵守基本架構來進行諮商時，諮商效果比不能遵守架構的個案來的有效許多。這也說明了基本架構對心理諮商的重要性。如果個案不能按照基本架構來進行諮商，不能遵守基本架構本身，就是個案需要關心與面對的問題。因為不能遵守基本架構的個案，心理師必須花很多力氣在維持基本架構，如此一來，個案用來探索自己內心世界的機會相對減少，諮商對於幫助個案自我覺察與自我瞭解的效果也就很小了。因此，如何維持基本架構是心理師要很注意的課題。我們甚至可以說「沒有基本架構，就沒有心理諮商」。

　　心理師在向個案說明基本架構時，可以注意自己說明的技巧，讓個案在覺得被接納、被關心的狀況下說明基本架構，不要一下子說不給建議、不給答案，這樣會讓個案感受到心理師的拒絕。因此，基本架構的建立與維持，需要視情況來變通的說明與使用。

　　心理諮商需要言行一致的維持基本架構，這不僅是一個原則，同時更具有心理師「身教」的含意。心理諮商是一種身教的工作，憑藉的不是一套技術，而是心理師這個人如何與個案互動。符合基本架構的行為即是有效適應社會與健康的行為，心理師便要隨時自覺自己是否表現符合基本架構的行為，以便作為個案的行為模範，對個案發揮潛移默化的影響。一個心理師對自己的言行缺乏自覺，

或者自己也有許多沒有處理妥當的心理問題，自然也會不知不覺的反映在諮商關係中。

心理諮商的功能有二，一是**支持性的諮商**，一是**領悟性的諮商**。心理師可以針對不同的個案來提供，也可以針對同一個案在諮商的不同階段加以提供。當個案的生活一直有層出不窮的問題經常違背基本架構時，做心理諮商的時候很容易流於一直在事件表面打轉，所以諮商的重點可以放在以支持性的功能為主。

當個案沒有太龐雜的生活事件干擾，才能在行有餘力之際，從外在的焦點轉而談論內在的心理問題，繼而對自我的生活因應模式，以及對自己的個性有所洞察。理想中的心理諮商是在沒有過多生活事件的干擾下，才有可能進入領悟性的諮商階段。當個案不斷忙於處理外在的生活事件時，似乎很難去穩定基本的生活架構，因而欠缺了向內觀看的機制。除非個案有機會在心理師的協助之下，逐漸看到自己週而復始的生活與人際模式，並且有所洞察，否則難以產生領悟性的諮商效果。

對話實例 2-1

當時間到了，心理師可以說：

「時間到了，我們下週同一時間再談。」

如果個案正哭得傷心，心理師可以說：

「我知道你現在心裡很難過，很希望我們可以繼續再談下去，但是時間到了，我們現在必須結束談話。我們下週同一時間再談。你要不要擦眼淚（心理師可以用手指著面紙，但不宜直接拿面紙給個案）或者去洗手間盥洗一下？」對於個案可以獨力完成的事情，心

理師不宜代勞。心理分析取向的心理師通常透過口語來工作，較少使用肢體來工作。

諮商實務 Q & A

Q2-1：由於個案與心理師時間調配的問題，使得以後每次晤談的時間只有三十分鐘，當心理師詢問個案對縮短時間有何感覺時，個案回答沒有感覺，對於這樣的個案，心理師要如何理解才好？

A2-1：心理師與個案每次晤談的時間，長短不是最重要的，最重要的是固定時間的晤談。即使每次都能固定晤談三十分鐘，也是可以安排的，只要個案能善加運用這段時間，即是值得肯定的。至於個案對於時間或其他任何事情的改變，經常表示沒有感覺，這種情形有很多種可能性：

1. 諮商關係還不是很好，個案對心理師還沒有養成暢所欲言的習慣，隨時擔心心理師對自己的評價或看法。如果是這種情形，心理師可以嘗試詢問個案對心理師的感覺，並且設法消除個案對心理師的疑慮。

2. 個案由於不習慣表達感覺或感情的人格特質，使得他習慣於以不反應作為面對變化的因應方式。個案可能是一個相當壓抑感覺與感情的人，不會輕易表露自己的感覺與想法。對於這種情形，心理師可以試著回饋給個案，幫助個案增進對自己人格特質的瞭解。

3. 有時個案對於感覺與感情有一些不好的經驗或不合理的認知，這些不好的經驗與不合理的認知也會抑制個案的情感表達。對於這種情形，心理師可以幫助個案探索其不表達感覺

背後可能的原因與現象。

Q2-2：在約定的時間，若個案未請假也沒來晤談，心理師應該要如何處理？

A2-2：對於個案缺席的處理，通常視機構性質與個案年齡而定。處理的原則如下：

1. 對於組織中個案，心理師可能負有更多的責任去照顧組織中個案的心理健康。所謂組織中的個案，例如學校裡的學生個案、公司裡的員工個案、軍警機關裡的軍警個案。當這些個案未請假而在心理諮商的約談缺席時，組織中的心理師比一般私人開業的心理師負有更多的責任去瞭解，為什麼個案無故缺席，以及個案可能需要哪些協助，以方便個案可以繼續接受心理諮商。

2. 對於私人診所的個案，心理師通常比較不會積極主動去追蹤個案，為何無故缺席。一部分的原因是因為尊重個案的隱私，不主動與個案聯繫，另一部分的原因是因為每次晤談均要付費，如果個案缺席，有可能是選擇不再諮商付費。當然，最主要的原因是因為個案是成人，而且是一位對心理諮商的規則比較瞭解的成人。心理師對於這些個案的缺席，通常比較採取被動的態度。

3. 個案的年齡也會影響心理師的處理方式，對於未成年人個案的缺席，心理師有比較多的需要與責任去瞭解個案為何缺席，以及瞭解個案有何出席的困難。至於成人個案，心理師主動詢問個案缺席原因的需要與責任相對較輕。若個案是大學生，則是屬於比較模糊的地帶，因為大學生通常已經成

年，但是大學仍負有照顧大學生的責任，因此，是否主動聯繫個案，需要心理師根據個案個別狀況加以判斷。

Q2-3：個案告訴心理師自己經常會忘記晤談時間，希望心理師可以每次提醒他下次晤談時間，心理師要如何處理才好？

A2-3：記住晤談時間並準時出席是個案最基本的責任，如果個案連晤談時間都記不住，這也反映出個案是否適合接受心理諮商的問題。處理這類個案的原則如下：

1. 首先要瞭解個案是否有足夠的功能接受心理諮商，包括：基本的說話能力、記憶能力、理解能力以及出席能力。個案必須具備這些基本能力才能夠獲得心理諮商的幫助。遵守出席與說話的基本架構的問題，比臨床問題更需要優先處理。

2. 如果個案具備正常的記憶能力，卻常常忘記心理諮商的約談時間，這可能是個案的抗拒或心理防衛機轉，屬於臨床問題，心理師有責任進一步幫助個案覺察是否正使用忘記作為抗拒與自我防衛的現象，以便幫助個案有機會加以瞭解和改善。通常，抗拒的處理是優先於其他臨床問題的處理，**抗拒**的基本定義是指個案任何妨害自我探索的行為，若不先處理抗拒行為，心理諮商很難有很好的進展。

3. 如果個案的遺忘經過探索之後，並不是一種抗拒與自我防衛，而是個案的確有記憶功能障礙的問題，在這種情形下，心理師可以嘗試幫助個案學習一些改善記憶的方法或使用輔助工具。心理師的工作並不是去解決個案的生活問題，而是去幫助個案覺察與瞭解他的生活問題。心理師既不是個案的父母，也不是個案的助手，不需要替個案做他該為自己做的

事情。

Q2-4：學生個案向心理師表示，暑假仍有繼續晤談的需要，心理師要如何處理？

A2-4：在學校服務的心理師經常會遇到心理諮商因寒暑假而中斷的問題，對於寒暑假不上班的心理師，或者寒暑假不提供心理諮商服務的諮商機構，如何處理個案在假期中的心理諮商需求，是一個比較棘手的問題。處理這類問題的原則說明如下：

1. 為了提升個案的服務品質，心理師可以視機構的規定與個人時間的方便，繼續與個案晤談。亦即，心理師如果沒有時間上的問題，而且諮商機構也願意開放寒暑假諮商服務的場地與時間，那麼協助個案繼續心理諮商應是最佳的作法。

2. 對於有求助意願，有高度接受心理諮商動機的個案，心理師或許比較願意配合在寒暑假額外提供諮商服務給個案，但是這種額外的服務應有其限制，如果沒有治療性，只是為了個案一時的方便，心理師不宜勉強自己去遷就個案的需要。

3. 個案接受心理諮商一段時間之後，個案顯然很喜歡、很享受這種「在這裡我漸漸可以做我自己，可以談我想談的話」的諮商關係，甚至希望這種美好的關係可以長久下去。到了學期末，面臨最後一次談話，個案難免會心裡捨不得，由於個案並未做好停止心理諮商的心理準備，因此，才會提出希望暑假能夠繼續諮商的要求。心理師如何能夠細膩的處理個案可能的失望與遺憾，並且鼓勵個案下學期繼續諮商，或許可以不需要勉強在暑假中提供心理諮商。

Q2-5：上學期有一個個案期末時約好本學期續談，本學期開學後並沒有依約前來，心理師是否需要主動聯繫，還是就此打住？考慮的因素有哪些？

A2-5：心理師對於個案預約一、兩個月之後或寒暑假之後的約談**缺席**（**no show**）的處理原則如下：

1. 由於經過一、兩個月的時間，個案比較有可能因為遺忘或無法預知的事情而改變時間，心理師可以使用電話、**格式信**（**form letter**）或簡單的信與個案聯繫，作為提醒之用。

2. 提醒的內容以簡單扼要為原則，就事論事，不宜在電話中或書信裡進行冗長的交談或陳述，以致轉變成電話諮商或函件輔導。提醒的內容可以包括下列重點：「您與本中心（或本診所）預約 X 月 X 日的心理諮商並未如期出席，不知您是否繼續需要本中心的服務，如果需要，請於 X 月 X 日以前與本中心聯繫。如果不需要，本中心將不會再主動與您聯繫。將來如果您改變心意或有新的需要，歡迎您再度來電預約。」

3. 心理師主動聯繫個案的需要性有時因個案類別而略有不同，例如對於熟知諮商規則的私人諮商診所的付費個案，由於個案早已知道按時談話以及有事要請假的規則，心理師主動聯繫個案的需要性變得比較低。相對的，對於組織中的個案如學生，心理師主動聯繫的需要性會比較多一點。但是，同樣是學生，學生年齡越大，例如已經成年的學生，那麼個案主動聯繫心理師的責任便越大。

4. 在組織中提供心理諮商的心理師，通常負有照顧組織成員心理衛生的責任，因此對於嚴重精神病患者和屬於高危險群的

個案，心理師顯然有必要主動聯繫，甚至追蹤個案的生活近況。

Q2-6：在學校從事心理諮商工作的心理師，由於寒暑假期間不上班，如果個案詢問要如何與心理師聯絡，或要找心理師，心理師該如何處理呢？

A2-6：心理師可以把寒暑假的聯絡電話留給學校諮商中心的值班人員，告訴值班人員，這個電話僅供諮商中心與心理師聯絡之用，不可以提供給個案。心理師在學期末可以告訴個案，如果在寒暑假期間，有需要與心理師聯絡的話，可以打電話到諮商中心留言，諮商中心的人會轉告心理師。原則上，筆者不建議心理師將個人的家裡電話號碼、私人手機號碼、私人住家地址或電子郵件地址等留給個案，這是因為容易混淆專業與私人關係的緣故。

Q2-7：在約定談話的時間，個案並沒有出席，卻以電話告知心理師要取消談話，因為個案暑假要打工，沒有時間繼續晤談，打算開學後再繼續，於是心理師與個案在電話中做暫時的結束，請問如此處理是否不妥？

A2-7：大致說來，並無不妥。個案有計畫的運用其暑期時間，從事有意義的活動，並且負責任的打電話告訴心理師，暫時取消晤談，等開學後再繼續諮商，這些均顯示諮商關係還存在於個案的內心世界。個案懂得安排暑假生活，並且知道如何運用心理諮商來幫助自己，這是好的現象。

Q2-8：個案因為工作的關係，想要提早晤談的時間，心理師如果同意提早晤談，這樣做是否違背基本架構？

A2-8：基本架構並不是不能改變，改變有時是必需的，以便心理諮商可以持續進行。以個案想要提早晤談的時間而言，處理的方式與原則說明如下：

1. 首先，心理師可以先詢問個案何以要改變兩人早已講好的晤談時間，如果個案因為工作的關係，而且是長時間的改變，亦即從此以後，個案無法在原訂的時間進行諮商，這種情況之下，兩人需要重新約定一個兩人更方便的時間，並且試著遵守新的時間的約定，於是有了新的時間架構。

2. 如果個案因為工作的關係，只有一、兩次無法準時結束晤談，這種情況之下，並不需要改變時間的架構，而是兩人應按照原訂時間進行晤談，個案在需要離開的時候提前離去。或者個案可以選擇請假暫停一、兩次晤談。之後個案仍然按照原訂的時間晤談。

3. 如果個案經常要求提早開始晤談，而且也不願意選擇一個可以固定出席的晤談時間，這種情況之下，心理師需要協助個案去探索問題背後的可能動機與抗拒。

4. 對於十分遵守時間架構的個案，偶爾要求一次提早晤談的時間，則可以給予彈性配合。主要是如此的彈性配合屬於一種對個案的接納與支持，但是，這種方便如果轉變成基本架構的破壞，那就要特別注意了。

專業界限

基本架構與專業界限息息相關，在心理諮商初期建立並維持一個適合心理諮商的基本架構是首要的工作。設立清楚的基本架構，也是為了下列的理由：

1. 利用基本架構教育個案學會利用晤談時間以及心理師的幫助，來瞭解與改善自己。讓個案明白時間的有限性，讓個案學會妥善的利用自己的資源，以便有效率的過自己的生活。例如，晤談時間一到，必須結束晤談，學生完成學業必須離開學校，火車時刻一到，就要離站，下課鐘響，老師和學生都要準備往下一堂課去。諮商晤談也是有時間限制的，時間一到，晤談就得結束。由於時間的有限性，可以幫助個案養成一進晤談室就談正經事的習慣。讓個案自己作主選擇對他而言最重要的事情來談，才是有效的心理諮商。

2. 基本架構可以保護心理師不會受到個案不當行為的干擾。有了清楚的專業界限，可以避免個案有意或無意的侵犯到心理師的生活。心理師的好心不要任意濫用，如果心理師對個案的要求有求必應，或者經常對個案的要求做讓步，次數多了或時間久了心理師心裡一定不會平衡。因為個案常常跨越諮商界限，以致干擾了心理師的工作與生活，心理師如果心理不平衡，諮商時難免會對個案有情緒，以致於影響諮商服務的品質。

3. 事實上，當心理師與個案之間有了清楚的關係與界限，對彼此有明確的期待，兩人之間的心理負擔會比較小，唯有兩人學習維持在一種良好而清楚的諮商關係與專業界限之下，心理諮商才能發揮它最大的治療效果。

4. 雙方界限與架構能被清楚的尊重，會讓彼此晤談起來越來越輕鬆，個案可以花比較多的時間和能量，來探討內心世界裡的人事物與心路歷程。

心理師與個案的**諮商關係**是一種專業關係，也是一種人際界限。心理師有責任隨時看著彼此關係是如何的變化，彼此的界限是否適當。心理師與個案之間界限的建立，除了心理師用說話的方式加以界定澄清，更重要的是心理師隨時用行為與非語言的方式來強化這些專業界限。例如，心理師與個案之間要維持一種專業關係，心理師除了告訴個案**心理諮商是一種專業關係**，心理師還要透過行為來示範給個案看，讓個案親身經歷其境，對專業關係有所體驗。比如說個案比預定的約談時間還要提早來到諮商中心，心理師通常不宜提前開始諮商晤談，以便維持時間的基本架構。處理個案要求提前開始晤談的方式如下：

1. 除非有很好的原因，不然心理師仍然依照約定的時間準時開始晤談。

2. 個案開始談他的話題之前，先同理個案之前想提前晤談被婉拒可能引起的失望情緒。

3. 如果適合，鼓勵個案以此為談話主題進行探索與瞭解。

4. 適度的處理此次要求提早晤談的事件之後，開始進行個案想談的話題。

又例如，個案在心理諮商的時候，拿食物出來吃，心理師除了

口頭上告訴個案晤談期間不適合吃東西，希望個案在晤談之前吃完東西再來，或等晤談之後再吃；心理師自己在行為上，也要言行一致的遵守晤談時不吃東西的規則。如果心理師與個案一起邊吃東西邊晤談，有可能會嚴重破壞了諮商的基本架構，因為一邊吃東西一邊談話，不僅雙方無法專心談話，而且嚴重降低了心理諮商的專業性，使雙方的關係不知不覺中轉變為社交關係。

個案在諮商關係中使用食物，本身即是一件值得探索的事情，心理師可以幫助個案探索個案在晤談時吃東西背後可能的動機與慾望是什麼？也許經過探索之後，並沒有發現什麼特別的動機或慾望，只不過是個案肚子餓了，這個時候，心理師還是要溫和的堅持，不希望個案在晤談時吃東西，除非個案是年齡較小的兒童，對於飢餓比較無法容忍。事實上，個案在諮商時，未能遵守約定的基本規則，本身可能也反應個案在日常生活中的問題，例如，不尊重人際界限等。

心理師與個案進入諮商關係之後，個案自然而然的會對心理師產生許多的期望與需要。例如，有一位女性青少年個案接受一位女性心理師的心理諮商，一段時間之後，有一天，個案直接稱呼心理師為「姊姊」，這可能是個案慾望的一種表達，個案想要改變諮商關係為姊妹關係。這個時候心理師需要對個案的慾望保持敏感，並且加以處理。心理師可以回應：「似乎你很想稱呼我為姊姊，讓我們的談話像姊妹關係一樣。但是我還是希望你稱呼我為 X 老師，因為這樣的稱呼讓我比較能夠幫助你，你覺得呢？」

心理諮商通常是一對一的關係，除非心理師與個案言明在先是要接受婚姻諮商或家庭諮商，基本上，心理諮商的進行以一對一為主要方式。假設一個母親帶著兒子來接受心理諮商，這個時候，心

理師心裡便要根據初次晤談與其他相關資訊，做出最適合個案需要的心理諮商方式的建議與決定。如果心理師判斷的結果是以兒子為**主要個案**（**primary client**），以母親為**協同家屬**（**collateral family member**），那麼，心理師可以採用以下的作法：

1. 使用前面三次作為初次晤談或初診之用，第一次先與個案晤談，第二次與母親晤談，第三次與母親和兒子一起晤談，以便對個案及其相關背景有一個清楚的瞭解。

2. 如果初次晤談或初診只有一次或兩次的時間，心理師可以依據相同的原則，依次分別與個案、家屬，以及個案與家屬進行晤談。

3. 告訴雙方，心理師將與兒子做定期的心理諮商，例如每週一次。亦即心理諮商將以兒子為主，需要時再與母親晤談。

4. 若母親也需要個別心理諮商，則由另一位心理師來接案。原則上，兒子與母親最好各有自己的心理師。

5. 如果母親經常佔用兒子的諮商時間，將會影響兒子的諮商效果。此外，兒子在接受諮商時，母親不宜在場。因為母親在場，兒子很難說出心裡頭的話，即使勉強進行也會對兒子的自我探索產生不利的影響。

諮商實務 Q & A

Q2-9：若個案對我們的私人狀況感到好奇，而問我們一些私人問題，例如有無戀愛的經驗等等，此時心理師應該如何處理？

A2-9：個案對心理師的專業與私人背景感覺好奇是很自然的事情，重點是在於心理師如何處理個案的詢問，使心理師的回答不致於妨

礙心理諮商的進行，甚至進而增進個案的自我覺察與自我瞭解。處理個案詢問心理師個人資料的原則如下：

1. 如果個案詢問的問題是，有關心理師的專業背景、臨床經驗的問題，心理師可以直接回答。例如個案問到心理師是否會開藥，是否會催眠，是否是心理學博士等，心理師可以簡單地回答個案，也可能依情形進一步瞭解個案提問的潛在動機。

2. 如果個案詢問的問題是心理師私人的問題，心理師應該先「**處理**」（**process**）之後，再決定要不要回答。處理個案的問題，可以先問「怎會想問這樣的問題呢？」心理師的態度要和緩，主要的目的在於瞭解個案問題背後是否有一些值得探索的地方。處理之後，常常心理師回不回答個案的問題就比較無所謂了。不過對於嚴重不能遵守諮商規則的個案，例如邊緣型人格障礙的個案，最好還是不要回答，而要直接處理個案背後的擔心。

3. 當個案質疑心理師時，可以鼓勵個案談談他的質疑，若彼此之間有誤會或問題，心理師會告訴他。心理師之所以不要給個案太多私人的訊息，主要是希望提供給個案一個對心理師有想像的空間，這樣才比較容易在心理師身上反映出個案的問題（移情），當個案能夠將其慾望與需求反映在心理師身上，藉此現象與經驗，心理師也就比較能夠幫助個案看到他的問題。因此，心理師不用擔心個案對自己的喜怒哀樂，唯有順其自然的呈現，透過活生生的諮商關係，才能夠更有效的幫助個案自我覺察。

Q2-10：個案未告知心理師的情況下，帶著伴侶前來晤談，這個時候心理師該如何處理？

A2-10：心理諮商基本上是一對一的談話，如果個案想要帶其他人出席心理諮商，應該事先與心理師做充分的討論，瞭解如此作法的利弊得失，再決定是否帶人出席。處理這一類問題的原則說明如下：

1. 如果心理諮商的基本架構是一對一的晤談，那麼心理師與個案均應嚴格遵守。任何想要帶人出席協同會談的念頭與想法，均要做充分的探索與澄清。未經探索，也未經心理師同意，個案帶人出席可以說是一種抗拒或違背基本架構的行為，也可能是一種不適當的行為。

2. 多一個人參加心理諮商，即是違背一對一心理諮商的基本架構，但是這種情形卻常常發生。例如，個案未事先告知心理師，先生帶太太來；母親帶孩子來；大學生帶著室友來，女朋友帶著男朋友來。個案是否一定要帶另一個人來才能解決問題，答案往往是不一定的。

3. 由於第三人的加入，往往使單純的二人諮商關係變成複雜的三角關係。如果個案比較敏感，對於會談過程不滿意，將會影響原來的諮商關係。個案往往會質疑心理師的角色與立場。

4. 如果事先能夠充分討論是否適合帶人參加諮商會比較好。個案通常會因為生活壓力增加，而將外面的人際關係帶進諮商關係之中，個案可能有一些隱藏或潛意識的目的，希望藉由心理師做些什麼，來達到他心中隱藏的目的。其實心理諮商

主要都是在處理內心世界的問題，而不是在處理個案現實生活中的人際問題。

5. 心理師可以在下一次單獨晤談的時候，與個案談談上一次三人會談的經驗，探索個案當時內心可能的動機與慾望，以及所獲得的利弊得失，從中學習進一步自我覺察。

Q2-11：個案上次帶其伴侶一起談話，這一次的諮商關係有很大的不同，個案變得防衛，而且也自覺防衛，覺得心理師莫測高深富有敵意。上次談完話之後，個案與其伴侶討論的結果，認為原因是心理師不坦白，諮商關係變得不可信任，個案也表示不知道以後要怎麼再談下去？

A2-11：心理師本來就不適宜介入個案的真實人際關係，如果當時個案帶著伴侶進入晤談室之前，心理師可以先請其伴侶在外面等候，再與個案單獨討論讓伴侶加入晤談的適當性，經過充分討論其利弊得失之後，再決定是否讓其伴侶參加會談。個案帶第三人進入諮商關係，通常是想要利用心理師來達成一些目的。若是個案對於三方會談的結果表示滿意則無妨，若是不滿意，則很容易因此而損壞諮商關係。當第三者加入會談時，在彼此的潛意識中，三角關係已經形成，心理師與個案的關係已經摻雜了一些現實的情緒與人際問題。心理諮商如果還要繼續進行，心理師與個案有必要分析這一次的事件，並從以後更多的晤談時間裡，重新修補受到傷害的諮商關係，否則心理諮商將會因為感覺彆扭而難以進行。

■ 違反諮商架構的處理

　　讀者從閱讀本章第一節與第二節的內容，或許已經可以體會基本架構的重要性了，事實上，基本架構的維持要比建立來得困難，也就是說：諮商架構用說的比較容易，做起來需要許多的努力，才能做的順利。維持基本架構即是穩定諮商架構的工作，如果心理師或個案有一方經常違背基本架構，那麼諮商就很難進行的順利。為了讓讀者進一步瞭解諮商架構，茲將穩定諮商架構的重要性歸納如下：

1. 固定時間與固定地點會談的好處是可以提供一個長期的諮商關係，讓心理師和個案比較容易看到個案移情的現象。
2. 當個案的行為不符合基本架構時，心理師應指出並探索個案的困難所在，以及協助個案學習配合諮商架構。
3. 對於基本架構的問題，心理師可以主動提出討論，對於兩人的談話主題與內容，心理師不宜主動提出或指定。
4. 基本架構是存在於心理師與個案之間，透過時間互動而逐漸形成的。
5. 若基本架構不穩定，則難以判斷移情的發生與轉變。

　　個案違反基本架構的情況有很多種，例如，個案應請假而未請假、個案應準時出席而未準時出席、個案臨時取消晤談造成心理師的不方便等，心理師處理個案臨時取消約談的原則說明如下：

1. 同理個案：對個案不得不取消晤談的心情，表達瞭解。

2.教導個案：教導個案以比較好的處理方式取消約談，例如，提早打電話，提前留言，或使用其他可以聯絡到心理師的方法，避免讓心理師久等或造成不方便。

3.提醒個案：提醒個案最好彼此能維持一個穩定的晤談結構，盡量不要改變晤談的時間與地點。假如有需要改變，最好在一週前提出，讓彼此的時間表都能固定下來。穩定的時間架構，有助於規劃與穩定我們的生活。

當影響心理諮商的外在干擾因素太多，個案維持基本架構有嚴重困難時，心理諮商難以產生效果，諮商室外的多重干擾證明個案在生活中無法遵循明確的規則。對於有困難遵守基本架構的個案，心理師可以視情況選擇是否接受這名個案，心理師可以選擇取消與個案的晤談，等到將來個案有意願或更有能力遵守基本架構時，再開始心理諮商。或者，心理師可以選擇繼續與個案晤談，但是需要降低對諮商效果的期望，心裡抱持能幫助多少就算多少的態度，可以避免將來不必要的失望與挫折。例如，某位個案來談的狀況太差，心理師可以問個案今天想談多久，或是問個案今天想不想要談某個主題。問個案今天想談多久，可以讓個案從中練習掌握自己的時間，假如個案真的不想談，也可以取消今天的晤談。只是這種過度遷就個案方便的晤談方式，只能偶一為之，否則其諮商效果是令人存疑的。

個案與心理師晤談時，他的非語言表現也形成一種基本架構，例如，有一位當事人，某次晤談時，從晤談一開始到後期，雙手合十，心理師反映了其姿勢的改變，當事人覺察其姿勢後，表示他壓力很大，之後宣洩其悲傷的情緒，並且坦露其行動化的行為反應。當事人的來談姿勢就是一個基本架構，心理師指出其姿勢的改變，

可能反映了當事人因應內心衝突的一種防衛機制，如此可以協助當事人覺察其潛意識的慾望或衝突，進一步將之述說出來。這代表了當事人多年來僵化的防衛機制開始鬆動，因此支撐不住其內心的混亂，這對當事人來說可能是一件好事，心理師此時要做的，一方面是給予當事人情緒上的支持，並協助當事人探索更適當的方式來滿足其內心的慾望，而非以行動化的衝動來因應，讓當事人更能照顧他自己。

諮商實務 Q&A

Q2-12：有些個案對於基本架構非常有意見，相當的抗拒。例如，對於諮商晤談經常遲到早退，不願意主動講話，經常要問心理師個人的事情等，心理師應如何看待這樣的個案？

A2-12：個案對諮商架構不習慣，或表現抗拒的言行，可能有下列的含意，值得探索瞭解：

1. 遵守基本架構有困難的個案，多少反應他在安排自己的時間與生活上也有類似的困難。事實上，諮商晤談便是個案生活的濃縮樣本，有困難遵守晤談的約定，有困難與心理師建立一個可以工作的關係，表示個案在現實生活裡，也有類似的問題。當個案無法與心理師進行有規律的定期晤談，可以間接說明個案有困難結構自己的時間與生活，沒有辦法把自己定下來過一個規律的生活。

2. 個案在諮商過程中，無法遵守自己和心理師的約定，顯示個案有困難為自己的決定負責。個案既然決定按時來接受心理諮商，便要為自己的選擇與決定負起相對的責任。對於這樣

的個案，心理師必須設置一種環境，維持諮商的基本架構，幫助個案學習在穩定的架構下進行晤談，讓個案有機會學會對一段關係負責，然後把這樣的學習應用到生活之中。

3. 幫助個案學習做選擇與做決定的方式無它，只有從與心理師的人際互動中進行學習，包括如何與心理師約時間，當因故無法守時的時候知道如何面對與處理，而非逃避（缺席）或不成熟的任性（愛來不來）的因應方式。讓個案在諮商關係中，經驗到自己說話算話，經驗到自己的決定被尊重，經驗到自己可以掌控自己的生活決定，這些才是具有療效的心理諮商。

Q2-13：國中輔導室的某位個案兩次晤談都遲到，第二次晤談時還多帶一位同學來晤談，如何處理？

A2-13：輔導老師可以藉此兩次遲到的事件，提醒晤談時間架構的重要性。個案無法準時晤談，有其諮商關係的意義。遲到反應個案的心理狀態，可能對他人不夠尊重，或對諮商這件事不是很看重。若個案能準時則代表他對諮商的重視與需要，因此這是個案需要輔導老師的幫助去覺察的部分。當輔導老師對於諮商一對一的架構說明不清楚或不明確時，個案可能會出現上述的情形。當個案帶其他同學來時，輔導老師可以讓他們知道這段時間是屬於個案的，另外提供其他時段給另一位同學。當下輔導老師有必要先瞭解個案帶同學來談的原因和動機，再決定是否一起會談或請其同學先回去，事後再與個案討論將來遇到此類情況時如何做比較好。

Q2-14：高中輔導室的某位個案來諮商的狀況一直不穩定，也不能

很確定要不要來談，再次確定其晤談意願時，個案仍然無法承諾每次都來，輔導老師該如何處理？

A2-14：學校輔導老師要去諮商學生個案，基本上是一種心理諮商的特例，因為這種情形不會發生在私人診所需要付費的個案身上。如何處理學生個案這種愛來不來的問題，處理原則說明如下：

1. 瞭解個案按時出席心理諮商的困難是什麼，並且協助個案排除來晤談的困難。

2. 如果個案表示，不知來晤談時要說什麼？輔導老師可以告訴個案，不必擔心沒有話題可以談，人只要按時來即可，每次來想到什麼就說什麼。

3. 輔導老師可以直接告訴個案，心理諮商必須定期晤談，不論是每週一次或兩次，或者每月一次或兩次，只要個案選擇一個方式便要固定下來，鼓勵個案學習遵守時間的約定按時接受諮商。

4. 如果個案沒有意願，求助動機也不強，那就不要勉強個案。告訴個案如果他有困難按時晤談，那麼此段時間就要讓給其他有需要的人，輔導老師不可能無限期的把時間留給一個不一定會前來晤談的人。

5. 造成個案愛來不來的問題，其實輔導老師要負比較大的責任，因為輔導老師沒有言行一致的維持基本架構，給予個案過大的彈性空間，間接鼓勵個案濫用諮商資源，任意破壞諮商架構，導致無效的諮商。

▌非自願個案的處理

　　誰是**非自願的個案**？臨床上常見的非自願的個案包括：在學校中被導師或訓導處規定接受諮商的學生；父母因為孩子行為叛逆難以管教，而要求孩子去接受心理諮商；長官或領班認為員工的工作表現或精神狀況有問題，要求員工去接受心理諮商；先生或太太因為感情問題或家庭問題，要求配偶去接受心理諮商；民眾因為與心理問題有關的行為違法時，法院要求違法民眾接受心理諮商等等。這些人即是本節所要討論的非自願個案。

　　對於非自願的個案，心理師所要做的工作，便是教育個案正確認識心理諮商，以及鼓勵個案嘗試先接受心理諮商一段時間，再決定是否真的不需要心理諮商。由於絕大多數的民眾並不認識心理諮商，因此，心理師有必要提供正確而充分的訊息給個案。只要經過個案充分的認識與瞭解之後所做的決定，基本上心理師都會給予尊重。有經驗的心理師都知道並不是每一位個案都需要心理諮商，我們應該給每一位個案充分的機會來認識心理諮商。

　　教育個案正確認識心理諮商是一件很重要的工作，也是每一位心理師隨時隨地都可以做的工作。幫助非自願接受心理諮商的個案，在經過心理師的說明與鼓勵之後，轉變成自願求助心理諮商的個案，是幫助非自願個案的首要工作，也是不可缺少的步驟。

對話實例 2-2

以學校學生為例，心理師以各種方式，讓個案覺得接受心理諮商是一個好主意，因為至少會有一位大人可以共同討論、商量事情。以下即是一些如何鼓勵個案接受諮商的說話方式：

關於諮商次數的協商

Co.（**Counselor** 的縮寫，代表諮商師、心理師和輔導老師，以下均同）：「請問，有什麼是我可以幫助你的嗎？」

Cl.（**Client** 的縮寫，代表個案當事人，以下均同）：「不知道，是導師叫我來的。」

Co.：「導師是怎麼說你的？」

Cl.：「導師說我的問題很多，需要找您談談。可是我並不想來，也不知道要談什麼，我也不認為都是我的問題？」

Co.：「聽起來，是導師要你來的，好像你是非來不可。」

Cl.：「我可以不要來嗎？」

Co.：「這還是要問你的導師，如果是導師叫你來，我看你還是來談一陣子比較好。」

Cl.：「一陣子是多久？」

Co.：「我建議我們先談三、四次，每個星期談一次，每次一節課。和諮商老師談話三、四次是最起碼的次數，我們可以彼此認識，你對導師也可以交代。」

Cl：「好吧，就先談三次再說。」

Co.：「很好，謝謝你同意試試看，我們就約定每星期的今天，這個時間在諮商室見面。」

對話實例 2-3

對於不情願接受諮商的個案，心理師可以說：

「老師邀請你來這裡，是因為老師很關心你，在這裡如果你願意，你可以談任何事情，任何你想談的事情，也許老師可以幫上你的忙。」

對於非自願個案，心理師還可以說：

「老師知道你不想來，老師也知道是別人要求你來的，但是，既來之則安之，我們可以好好利用這個時間。如果你不反對的話，我們可以先約好時間談個四、五次。到時候，如果你覺得我們的談話對你沒有幫助，沒有必要繼續談下去，我們可以停止，如果你願意，我們可以繼續談下去。」

對於不情願的個案，心理師還可以參考以下的對話：

Co.：「怎麼會想到來找老師談話？」

Cl.：「導師叫我來的。」

Co.：「他給你什麼麻煩，讓你要來這裡？」

Cl.：「不知道啊！」

Co.：「你要不要想像一下，或猜猜看，導師為什麼要你來？」

　　非自願個案通常比較防衛，拒絕談論自己，這時，心理師可以邀請個案談談別人或未來，個案在談別人或自己的未來時，其實就是在投射自己的想法和感覺。

諮商實務 Q & A

Q2-15：我是學校的輔導老師，訓導處轉介一名學生到輔導室接受心理諮商，個案只談一次，就因退學而無法繼續諮商，輔導老師應如何看待這一類的個案？

A2-15：在學校裡的輔導老師需要瞭解一個事實，即是作為一名輔導老師的有限性。學生問題冰凍三尺，非一日之寒。一個孩子跌到谷底之前，必然有一段不算短的醞釀時間。訓導處或導師如果等到學生已經瀕臨退學的邊緣，才轉介學生給輔導老師諮商，要求學生接受輔導，使其問題立即改變轉好，這是不切實際的期待。此外，有些嚴重違犯校規，可能符合行為障礙症診斷的青少年，可能需要一整個學期或更長的時間接受心理諮商，才有機會獲得幫助。當個案周圍的人或系統帶著不切實際的期待而來，輔導老師有必要加以釐清，並告訴轉介單位輔導行為障礙的學生需要很長的時間。如果轉介單位要求立即效果，輔導老師也要為自己的立場提出做不到的說明，因為輔導不是萬能，也很少可以立竿見影的。

　　心理諮商的基本原理是「尊重個案的決定」，即使我們竭盡所能地教育個案什麼是心理諮商，鼓勵個案充分利用諮商來幫助自己，個案也有不接受諮商的權利。對於面臨退學危機的個案，輔導老師可以在方法上教育他或提醒他，要不要接受心理諮商完全要靠個案自己做決定，替自己的福祉做最好的決定。心理諮商非自願個案，本來就是一項高難度的工作，輔導老師可以多鼓勵個案利用我們的服務，學習善用學校或社區資源來幫助自己。輔導老師可以努力引發個案對改善自己的期望與動機，針對個案生活中未滿足的需

求，或未達成的期待，鼓勵個案利用諮商來滿足其期待與需要。

Q2-16：學校輔導老師與非自願個案進行初次晤談時，要注意哪些事情？

A2-16：學校輔導老師比私人診所的心理師更有機會遇到非自願的個案，因此對於非自願個案的初次晤談，要注意以下的處理原則：

1. 與個案第一次晤談時，輔導老師應直接向個案說明個案需要諮商的原因，說明學校老師與家長對他的關心，輔導老師也主動向其表達關心。

2. 誠心邀請個案接受輔導室的服務，希望輔導室能夠有機會幫助他處理他想處理的任何事情。

3. 個案如果對諮商不瞭解或有所質疑，輔導老師應就諮商進行的方式予以說明，讓其瞭解諮商是如何的進行，以及他可以從諮商中得到什麼好處。

4. 如果個案不信任輔導老師，輔導老師可以同理的說：「你似乎不大信任老師，這是可以理解的，因為你和老師不熟，彼此沒有很多談話的機會，難免對老師會有不信任的感覺，我建議你先和老師晤談一段時間之後，再看看老師是不是值得你的信任。」

5. 鼓勵個案來嘗試與輔導老師晤談一段時間，是比較合理可行的作法，輔導老師可以建議個案先晤談三、四次或五、六次，以後再評估是否需要延長或結束晤談。

6. 經過輔導老師充分的說明、誠心的邀請，以及熱心的鼓勵試用諮商一段時間，個案仍然選擇不願意接受心理諮商時，輔導老師應將此個案轉回原來的轉介者或介紹人（包括導師或

學生事務處）。

3 諮商場所

▌良好諮商室的條件

　　心理諮商是一項專業的工作，如果把諮商架構比喻為「軟體」，那麼**諮商場所**便是「硬體」，**諮商室**則是諮商場所的主體。良好的諮商場所有助於心理諮商的實施，在心理諮商的過程中，不僅心理師這個人在影響個案，心理師工作的場所也在影響個案，這是心理師需要加以注意的地方。

　　諮商室或諮商場所越能具備以下的條件，則越有助於心理諮商的實施與效果：

1. 具有專業的形象：位於醫療大樓或專業辦公大樓裡的諮商室，例如醫療機構或專門執業機構（律師、會計師事務所等），諮商室給人的感覺自然具有專業形象。相對的位於混雜的公寓住宅區或破舊建築物裡的諮商室，則給人比較不專業的印象。

2. 具有保密的功能：一個諮商室是否細心的考慮到個案的私密性與保密性，也會影響到個案對心理師的信任與開放程度。影響保密性的因素很多，包括隔音是否良好、進出的門是否分開、心理師的業務以個別諮商為主還是以團體諮商為主、等候室是否與其他個案共用，以及諮商室是否位於安靜人稀的地區等。

3. 具有適當寬敞安靜的空間：心理諮商需要一個十分安靜的空間，不僅室內要有足夠的空間，最好讓個案從大街走進諮商

室就有一種逐漸放鬆的感覺。諮商室的坪數不宜太小，太小的坪數總是給人侷促的感覺。

4. 具有舒適的座椅：心理師與個案絕大部分的時間坐在椅子上談話，因此諮商室應配備至少兩、三張舒適的椅子，有靠背和扶手的椅子。舒適的座椅可以讓人很快的放鬆，不需要頻頻變換姿勢去安頓不舒服的身體。

5. 充足的設備：一個可以發揮諮商功能的諮商室，基本上需要具備的辦公設備包括：一部具有答錄功能的電話機、一張可以作為寫字用的書桌、一張可以放置面紙與茶水的茶几，以及兩個時鐘（一個給心理師看，一個給個案看）。心理師可以視需要添加其他設備，例如傳真機、飲水機、書架、檯燈、雜誌架等。

諮商場所的平面配置

本節將以四個諮商場所的平面圖，來示範說明符合良好諮商條件的諮商場所是何種模樣。根據個人單獨執業與團體執業的不同，本節將介紹四種諮商場所的平面圖：心理師二十坪個人工作室平面圖、三名獨立執業心理師四十坪工作室平面圖、四十坪學校輔導室平面圖，以及八十坪心理諮商中心平面圖。

一、個人工作室

　　筆者參觀過許多**個人工作室**，包括心理分析師的私人診所。根據許多的參觀和使用諮商室的心得，筆者認為圖 3-1 可以作為心理師個人工作室設計的參考。圖 3-1 的設計相當符合前一節所述的良好諮商室的條件。

　　從圖 3-1 可以看到這個諮商室的設計具有以下的特色：

1. 這是一個包括兩部分的小型個人工作室，一部分是等候室，另一部分是諮商室。

2. 這是一個良好諮商室的原型，符合專業性、保密性、寬敞性、舒適性，以及功能性。

3. 前後共有三個門，個案從前門進入**等候室**（**waiting room**），先走到按鈕處，按鈕通知心理師他已到了，然後坐在椅子上等候。

4. 等候室的設計具有安靜、寬敞、舒適的特色，個案可以在此先稍事休息，也可以閱讀書刊雜誌。椅子旁邊可以放置立燈，方便閱讀。

5. 中間有一個門，門的旁邊有一個按鈕，按鈕的目的在通知心理師下一位個案已經到了。按鈕的另一邊是一個燈泡。當心理師準備要看下一位個案時，心理師走進等候室，邀請個案進入諮商室，當心理師走回晤談室時，順手將按鈕關掉。

6. 諮商室的設計包括一張心理師坐的椅子，以及兩張個案坐的椅子。心理師的後方牆上通常掛著鐘，方便個案知道時間的推演。個案椅子的後方牆上或書架上可以放置一個鐘，方便

心理師知道時間的推演。

7. 諮商結束後，個案從後門離去，如此可以不必走回等候室，以避開遇見其他人的尷尬。

8. 這個諮商室設計圖適合具有前後走廊的建築物。

9. 這種設計比較適合從事個別心理諮商、獨自開業的心理師使用，沒有助理或秘書，所有文書、帳務與個案時間的安排，均由心理師自己處理。

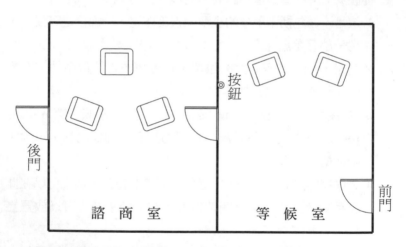

圖 3-1　心理師二十坪個人工作室平面圖

二、團體執業工作室

　　一個人單獨執業比較適合圖 3-1 的工作室，如果兩、三個心理師共同執業，則可以參考圖 3-2 的設計。這種設計的工作室具有下列的特色：

1. 這種設計比較適合三名私人開業的心理師，共同使用一個大約四十坪的空間，沒有聘用助理或秘書，每個人在財務上與專業工作上各自獨立。

2. 圖 3-2 分為四部分：三間諮商室和一個**等候室**。等候區設置三個卡座，卡座是一個半開放的空間，裡面各放置一張椅子和一個立燈，三邊是一個人高的屏風。當個案從前門進入等候區，走到自己心理師辦公室的門口，按一下通知用的開關，然後在卡座裡坐著等候。出入諮商室與通道的人通常不會看到在卡座裡的人，這樣的設計具有一定的私密性。

3. 三間諮商室的家具與布置則視心理師個人的喜好與專長而有所不同。

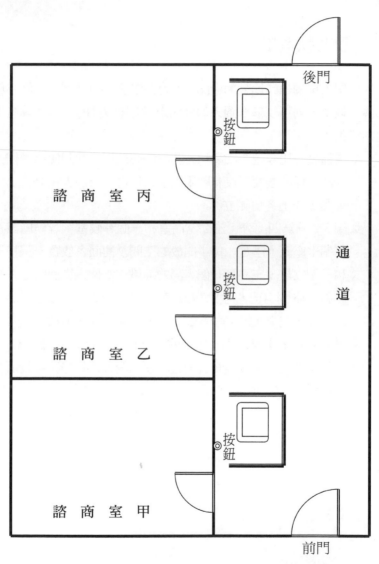

圖 3-2　三名獨立執業心理師四十坪工作室平面圖

三、學校輔導室

影響學校輔導工作成效的因素之一是輔導室的空間配置，目前各級學校的輔導室或諮商中心，在空間設計上與學生事務處和總務處是一樣的，這是屬於行政功能的空間配置。如果將輔導室或諮商中心定位為服務學生的專業單位，那麼輔導室的空間設計便要有所不同。有心想要採取專業服務取向的輔導室，可以參考圖 3-3 來調整學校輔導室。圖 3-3 的特色說明如下：

1. 這是一種適合各級學校輔導室或諮商中心的設計，特別是可以作為將一般教室整修為輔導室的參考。
2. 圖 3-3 的設計包括三個部分：等候區、行政區與諮商區。行政區與等候區使用矮牆和櫃臺隔開。等候區放置一些椅子和書報雜誌。行政區做為職員、工讀生與義工辦公的地方，可以放置幾張辦公桌與椅子。
3. 個案從前門進入輔導室，先到櫃臺處向工作人員表明來意，如果是要見輔導老師，那麼工作人員可以請個案先在等候區等候。工作人員再以內線電話通知輔導老師。
4. 輔導老師被通知之後，走出來邀請個案穿過櫃臺旁邊的門，進入諮商室晤談。
5. 行政區可以提供職員、工讀生和義工一個辦公的空間，並且負責招呼走進輔導室的人。矮牆及櫃臺的設置在於避免個案或任何人未經許可闖進諮商區，以致干擾心理諮商的進行。
6. 這種設計除了私密性之外，相當具備其他良好諮商室的條件。

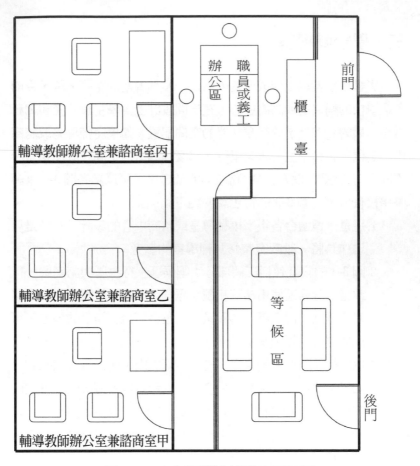

圖 3-3 四十坪學校輔導室平面圖

四、心理諮商中心

規模稍微大一點的諮商機構，例如：心理諮商中心或心理衛生中心，由於機構性質不同與工作人員較多，在場所的空間配置上，與一般私人診所和學校輔導室又有不同的考量。例如，心理諮商中心除了個別心理諮商之外，可能還提供團體諮商、心理測驗、親職教育、家庭諮商等，因此，在空間設計上便略有不同。圖3-4的設計可以做為心理諮商中心或心理衛生中心空間配置的參考。圖3-4的空間配置具有下列的特色：

1. 這是一個佔地大約八十坪的諮商機構平面設計圖，包括五個部分：等候區、行政區、諮商區、**團輔室**，以及**會議室**。
2. 等候區放置椅子、書報雜誌、飲水機，以及一個公佈欄。提供一個作為個案、家屬，以及訪客等候休息的空間。
3. 等候區與行政區之間使用櫃臺作為隔間，行政區做為職員、工讀生和義工辦公的空間，行政區的工作人員負責接待個案與客人。
4. 個案進入諮商中心之後，告知櫃臺人員他的來意，櫃臺再以內線電話通知心理師。未經櫃臺工作人員許可，個案不得擅自進入諮商區或其他區域。
5. 圖3-4的設計包括三間諮商室作為個別諮商、婚姻諮商、親子諮商，或家庭諮商之用。心理師被通知個案到了，即出來邀請個案經過櫃臺旁邊的門進入諮商室。
6. 圖3-4的設計還包括一個團輔室和一個會議室。團輔室和會議室可以作為團體諮商、親職教育、職員開會（**staff meet-**

ing）等活動之用。

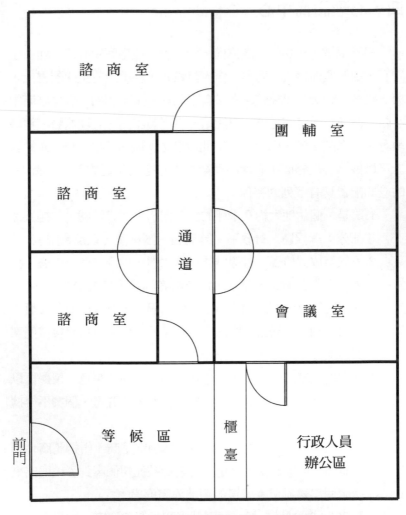

圖 3-4 八十坪心理諮商中心平面圖

▍諮商室的配備與布置

　　諮商機構視其功能的多少，以及工作人員的多少，而有不同的空間配置，也會購置不同的事務機器設備。本節根據筆者所知，列舉一些諮商機構常用的設備，做為讀者的參考。設備的多少與機構的服務有關，以下分別就各項專業服務來討論所需要的設備。

1. 個別諮商需要至少兩張舒適的椅子，以及一個可以放置面紙的茶几。
2. 團體諮商需要一個能夠容納十人左右的空間，以及十張椅子。
3. 個別**心理測驗**可以使用諮商室施測，團體心理測驗可以使用會議室施測。諮商機構需要購買一些常用的心理測驗，包括智力測驗、人格測驗、性向測驗、興趣測驗，以及成就測驗等。
4. 親職教育或類似的心理教育課程可以使用會議室上課。會議室需要一個能夠容納十人或以上的空間，以及放置足夠的椅子和會議桌。
5. **等候室**可以放置一些椅子、雜誌架、飲水機等。經常會有兒童出入的諮商中心需要放置一些兒童圖書和玩具。
6. 行政區需要放置幾張辦公桌和椅子。
7. 為了方便工作人員的用餐及休息，機構可以設置廚房，廚房可以放置微波爐、飲水機、餐桌和椅子等。

8. 為了對內對外聯絡，每間諮商室、團輔室、會議室，以及行
政區，均需要設置電話。行政區可以另外放置傳真機、答錄
機、影印機等事務機器。
9. 諮商室可以視需要放置心理師辦公桌椅、書架、個案坐的椅
子，以及放置面紙的茶几等。
10. 提供實習生訓練的諮商機構，可以購置錄音機、錄影機、單
面觀察鏡等。

諮商地點的架構

　　心理師看個案應有固定的辦公室或諮商室，最容易顯示心理師
專業性的方法，便是透過心理師個人專屬辦公室。一個沒有個人辦
公室或固定諮商室的心理師，很難在第一次接觸，即提供個案一個
穩定而專業的空間。對於需要與同事共用辦公室的心理師，筆者的
建議是，不要經常改變辦公室或諮商室。諮商地點的基本架構即是
心理師要固定使用同一個諮商室。

　　對於在兩、三個諮商機構擔任兼任心理師的讀者，要盡量避免
在甲機構看的個案，因故帶到乙機構去諮商。心理師在心理諮商個
案的過程中，要盡量避免改變諮商地點，尤其不宜由心理師主動提
出，心理師如果主動提出，最好要有很好的理由，而且也要得到個
案的同意。如果個案要求改變諮商地點，心理師便要加以探索，個
案想要改變諮商地點背後可能的動機和理由。

　　有些大學諮商中心由於寒暑假不提供心理諮商服務，造成心理

諮商必須中斷的問題，有些心理師基於幫助個案的美意，設法另覓諮商地點，這種改變諮商地點的作法雖然是不得已的，卻是違背諮商基本架構的作法，其諮商效果也是堪慮的。

有些社會服務機構雖然提供心理諮商的服務，可是卻沒有設置晤談室或諮商室，導致心理師必須到處物色諮商地點，對於這個問題，心理師便要慎重考慮是否要接受這些機構的個案。除非心理師有自己固定的辦公室，否則應要求這些機構儘速設置諮商室。

與個案商量事情，包括約談時間等行政事務的協調，最好在諮商室討論，避免與個案在走道、等候室，或其他公共場所。因為與個案談話，內容就是個案資料，應受到應有的尊重與保密。在諮商室以外的地方談論事情，由於許多不可控制的因素，個案的動力也會有所不同。即使時間只有幾分鐘，能夠帶個案進諮商室商量事情或協調時間等，都是比較恰當的作法。

諮商實務 Q & A

Q3-1：諮商室中的時鐘應擺在哪裡最為適當？

A3-1：時鐘的擺設反應心理師對時間的態度，對於時鐘擺設的原則說明如下：

1. 心理師看時間不宜依賴手錶，因為心理師在諮商期間看錶的動作多少會干擾諮商的進行，尤其心理師頻頻看錶，給個案的感覺總是不好，讓個案覺得心理師不專心。

2. 心理師最好使用時鐘來決定諮商時間的開始與結束。給心理師看的時鐘可以擺在個案後面的牆壁上或書架上，時鐘的高度最好與心理師的視線一樣，這樣心理師不需要轉頭或抬頭

即可看到時間。

3.給個案看的時鐘可以放在心理師的後面牆壁上、書架上,或茶几上。

4.為雙方準備時鐘是方便彼此知道還有多少時間,放置的位置最好讓兩人都可以很自然的看到,心理師也就不需要經常提醒個案,個案也可以不必經常要問心理師還有多少時間。

Q3-2:心理師應如何看待諮商室?

A3-2:心理師要把諮商室當作一個莊重神聖的地方,這是個案尋求心靈僻靜的角落,不適宜將諮商室當作一個社交應酬的地方,心理師及其同仁要養成不在諮商室使用食物的習慣,更不適合在諮商室從事嘻笑玩鬧的活動。心理師除了平常保持諮商室的整潔乾淨之外,也要與個案養成一種默契,來到諮商室就會覺得這是一個令人尊重的地方,個案一走進諮商室可以很快的感覺到一種專業與莊重的感覺。

Q3-3:晤談至一半時間,若外頭有聲響,而且影響晤談的進行,心理師該如何處理?

A3-3:心理師可以先判斷諮商室外頭是否的確有干擾心理諮商的聲響,如果有,心理師應先加以排除。任何外頭的干擾總會影響個案的探索,心理師有責任加以排除。如果噪音實在太大,只好臨時改變談話的諮商室。如果外頭的干擾實在很小或根本沒有,或這外在的干擾已經排除,可是個案仍然覺得對談話有干擾,這種情形可能是個案內心世界的投射,心理師可以用關心的態度協助個案探索這些感覺可能的意義。例如,個案對一個室內溫度剛好的諮商室抱怨

太冷或太熱，有可能是個案內心感覺的反應，像是間接抱怨心理師的態度太冷或太熱等。

4 初次晤談與診斷

初次晤談

　　初次晤談在心理諮商的歷程中，是很重要的一次晤談，心理師除了利用初次晤談的時間，來初步瞭解與診斷個案之外，主要的目的之一是讓個案覺得自在，幫助個案減低緊張不安與疑慮，以便建立一個可以有效工作的諮商關係。當個案來晤談幾次之後，會逐漸放鬆自己，開始陳述自己和困擾，心理師的工作主要不在於解決個案的困擾，而是在於提供一個讓個案降低壓抑的心靈空間，可以在諮商室中自由聯想，可以放心的談論任何心中的慾望與衝突，幫助個案有機會深層的去覺察自己，陪伴個案一起去看看個案的問題與困擾是什麼？心理諮商像是一面鏡子，幫助個案更清楚的看清自己，更瞭解自己，更悅納自己，它提供個案不同的角度來觀察自己，也提供個案一個包容的空間來檢視自己的一切。

　　場面構成、初次晤談，與基本架構的概念大同小異，都是在為有效的心理諮商做準備，逐步引導個案進入諮商歷程。這三個名詞的意義有類似的地方，也有不同的地方，分別說明如下：

　　場面構成是對諮商架構的一種視覺上的陳述，比較偏重諮商初期心理師如何安排與個案的心理諮商。

　　初次晤談（**intake**）則是偏重諮商時間與歷程的描述，說明在與個案初次晤談時，心理師應如何與個案晤談。事實上，初次晤談時間可長可短，而且可能不只是談一次，有時初次晤談可以超過一次，或者在第一次就使用兩節（一百分鐘）的時間。不過在行政上

與統計上，通常將第一次晤談認定為初次晤談。視諮商機構的習慣與要求，初次晤談可能做的事情包括：掛號、填寫表格、說明基本架構、心理健康檢查、初步診斷，以及心理諮商等。

　　基本架構則是心理分析學派的專有名詞，偏重在協商與個案的共同約定，包括諮商時間、地點、關係、費用，以及工作方式等。由於場面構成與基本架構通常在初次晤談時進行，因此三個名詞經常交互出現。心理師在**初次晤談時**，可以在**場面構成**與**基本架構**上參考以下的說明：

1. 瞭解個案的心理諮商經驗。心理師可以例行的詢問每一位新個案，他是否曾經看過其他的心理師或諮商師，談了幾次？談些什麼？是不是還在繼續談？是不是和這次要談的內容相似？後來為什麼結束？如何結束？瞭解個案接受諮商與心理治療的背景之後，心理師可以針對個案的狀況適度的說明本次的心理諮商，並且澄清一些可能的誤解。

2. 說明諮商時間與次數。心理師可以說：「我們的談話原則上是每週一次，每次五十分鐘，你如果不能來，請先打電話取消。」

   心理師還可以說：「為了幫助你瞭解與面對問題，我們需要許多次的晤談，至少五次到十次，你覺得可以嗎？」若個案覺得太多，可以試著瞭解個案的想法或顧慮，同時心理師也需說明為何需要這些次數的諮商時間，也許最後需要這樣告訴個案：「那麼我們先談五次好了，到時候如果有需要可以再延長，你覺得好不好？」

3. 說明保密的限制。告訴個案：「我們在這裡的談話是保密的，沒有經過你的同意，我是不會告訴別人的。但是，你的

談話內容如果牽涉到傷害自己、傷害別人、兒童虐待，或是危害公共安全的事情，就需要告訴有關單位來幫助我們，你是否同意這些規則？」

4. 個案的工作方式。告訴個案在諮商中他必須說話，這樣個案自己和心理師可以有機會瞭解他的想法和感覺。心理師可以說：「你的工作就是要來，要講話，要想到什麼就說什麼。我的工作是從不同角度來幫助你瞭解你自己，對於我剛剛的說明有沒有問題？」如果個案對於基本架構都沒有問題，心理師便可以開始心理諮商，心理師的第一句話可以是：「你怎會想到要來看我？」或是「你要不要先說說你自己，什麼原因讓你想要來諮商呢？」

初次晤談時，起始技術很重要，心理師可以參考以下的作法：

1. 要建立個案對諮商合理的期望，例如有關時間、地點、方式、期限、彼此的工作以及目標等。心理師可以以詢問的方式，告訴個案諮商是如何如何的進行，然後詢問個案是否同意、是否可行？經過雙方的討論，找出雙方都可以接受的作法，然後做成決定，這些決定逐漸成為諮商的架構。

2. 要教育個案「諮商」是什麼？如何進行？澄清個案對諮商可能的誤解。

3. 心理師如果因為接受督導需要錄音，最好與個案第一次晤談時就要提出，越晚提出越奇怪。因為第一次晤談就是基本架構建立的重要時刻，一旦諮商時不錄音的架構形成之後，後來再請個案同意錄音，比較會對個案的心理歷程造成不必要的干擾。

在初次晤談時，心理師有時為了診斷的需要，而比較主動的詢

問個案,包括個案的各種資料。為了心理衡鑑或診斷報告而做的晤談方式,通常心理師會比較主動積極,會一直詢問個案各種資料。但是為了心理諮商而進行的晤談,心理師的態度則比較被動,比較尊重個案的談話主題及所發生的情緒和想法。個案主動提供的資料總是比被問到才說出來的資料有意義。有經驗的心理師在初次晤談時會採取積極主動的方式來晤談,第二次以後,則逐漸放鬆,採取被動的方式進行晤談。

心理師在收集個案的家庭資料時,可以等待個案的話題開始與家庭有關時,再以模糊的**開放式問句**來提問,原則是:

1. 從籠統到具體,例如:「我們談了這麼久了,都沒有談到你家裡的事情,你要不要說說看?」
2. 而後再引導個案去談比較重要的部分,例如「你跟家人的關係如何?」

心理師要提供個案一個開放的環境,讓個案可以選擇說或不說,說什麼,怎麼說。例如你問個案和家人的關係如何,個案卻回答:「我的家裡有一隻狗。」這個回答可能別具意義,心理師要敏感於不同客體在個案心中的意義與順位。心理諮商時,心理師要配合個案的速度,話題的展開要看個案是不是準備好了,以及他覺得這個部分的探索對他問題的瞭解與解決是不是重要的。也許還要再好幾次會談之後,個案才會講著講到家庭。心理師在那之前需要耐心等待。

主訴是個案想談的問題,心理諮商是不是一定要談個案的主訴?雖然心理師在初次晤談之後,會對個案的主訴與症狀作一個診斷上的判斷。但是,心理諮商基本上還是以個案想談的主題為主,尊重個案的選擇,深信個案會為自己選擇一個對他來講最重要的主

題來諮商。如果如此進行一段時間之後，心理師覺得個案並沒有善用他的諮商時間，以及覺得個案所談的主題似乎不是重要的主題，心理師可以將他的觀察與關心回饋給個案。

　　個案一開始談的主題可能後來會改變，心理師所要注意聽的，其實不是個案所談的某一個主題，而是要聽不同主題之間的共同點或問題模式，這才是心理師的主要工作，並且幫助個案對其問題模式有所領悟。例如，一位大學生來諮商，主要討論的主題是對自己的生涯方向不清楚，因為他是屬於那種討好型的個性，現在所就讀的科系即是父母為他決定的，在會談中他似乎知道自己喜歡什麼，但是又猶豫不決，甚至前後矛盾，一下子喜歡原來的科系，一下子喜歡男朋友的科系，一下子喜歡心理系。這種搖擺不定的情況使他手足無措，心理師對於這位個案所要關心的，是幫助個案認識外在的職業世界還是他的生涯興趣？如果能夠瞭解個案的問題模式或核心問題，才能夠真正治本而不是治標。經過一番探索之後，我們後來卻發現個案的問題是出在缺乏自我意識，對於人際權力與責任界限不清，如何幫助個案培養自我意識與自尊才是重點。有了清楚的自我認同感，才可能在探索生涯時，能以自己為基礎來做選擇。

　　心理師想要瞭解個案的家庭或學校狀況時，可以使用**開放式問句**，問句要簡短，像是請個案回答一個可以發揮的申論題，而不是一個用是否即可回答的是非題。籠統的詢問可以有多一點的空間讓個案作自由聯想，如果問句太封閉，則會形成心理師在引導個案談話，但是不一定是個案想談的。請比較以下一些不同的說法：「能不能談談你的家人？」比「你在家裡排行第幾？」好。如果個案回答的很簡短，可以鼓勵他：「多說一點？」剛開始晤談時，心理師先籠統的問，之後可以縮小目標，越問越詳細，但是不必急於一時

要蒐集所有的資料。

　　瞭解個案的資料有兩個來源，一是透過個案對自己的陳述，另一是透過個案陳述自己的方式。例如，如果個案陳述自己的方式是支支吾吾的，而與個案陳述的內容不一致時，這些不一致的地方便是值得心理師與個案一起探索的主題。

對話實例 4-1

Co. : 「你瞭解什麼是諮商嗎？」

Cl. : 「不瞭解，我以前不曾看過諮商老師。」

Co. : 「完全不瞭解？好，沒關係，那我就大概跟你說一下。基本上諮商就是像我們這樣子兩個人，坐在諮商室裡談話，每週一次，每次五十分鐘。約了時間就要來，不能來時，就要先告訴我或請假。」

Cl. : 「喔！」

Co. : 「你在這裡告訴我的事情、所談的事，沒有經過你的同意，我不會告訴別人，除非你告訴我的事情涉及自殺或傷害自己，傷害別人，或是虐待兒童。因為這些事情會傷害到生命安全，我們必須去找有關的人來幫助我們。如果你談的事情，譬如說感情問題、家庭問題、人際問題，或是生涯問題，原則上都是保密的。你對於這一點有沒有問題？」

Cl. : 「沒有。」

Co. : 「還有，你的工作就是要來，要按時來談話，想到什麼就說什麼，不需要事先準備。我的工作就是幫助你瞭解你自己。對於這一點你有沒有問題？」

Cl.：「沒有。」

　　心理師和個案第一次晤談，並建立諮商基本結構時，說話不要太冗長，因為個案第一次來談，心中難免有許多擔心和緊張，這時如果心理師把規則說的太多太詳細，個案反而什麼都不敢說了。心理師甚至可以更簡短的說：

Co.：「我們的談話大部分是保密的，但有三種例外，傷害自己、
　　　傷害別人和虐待兒童。如果有這些事情發生，就會知會有
　　　關單位，這樣有沒有問題？」

　　像是青少年吸毒、成人虐待、婚姻暴力等是否涉及強制通報，則要看法律是否有明文規定。如果個案是成人，心理師可以鼓勵個案自己舉報，或者取得個案的同意再舉報。

諮商實務 Q & A

Q4-1：個案第一次諮商的表現似乎與第二次不一致，心理師應如何看待？

A4-1：個案兩次表現出現不一致的現象，可能的解釋說明如下：

1. 在第一次晤談時，如果個案坦露過多，在第二次晤談時，可能會因後悔而有不大說話的現象，這是人的一種自我保護。等到個案熟習諮商情境之後，比較會隨著對心理師信任的程度，而逐漸坦露與開放內心世界。

2. 個案第一次來談時，有時會因為被心理問題困擾很久，心裡的痛苦長久沒有遇到一個可以傾訴的人，因此好不容易遇到有如知音一般的心理師時，自然會盡情的抒發心中的困擾與苦悶。等到情況稍微改善，理性較為抬頭時，個案會因為對

一個陌生的心理師坦露太多而覺得不安。在第二次晤談時，自然會比較節制，甚至不大說話，而有與前一次判若兩人的感覺。

3. 還有一種可能性，即是個案希望獲得心理師的接納與幫助，因此會在第一次時，表現充分配合的態度，希望心理師願意幫助他。可是在第二次晤談時可能發覺諮商情境讓他第一次講太多而不安，所以在第二次時會表現的像退一步似的，先觀望一下這樣的諮商關係值不值得信任，看看心理師是否能夠幫助他，個案在感覺上多少會做一些修正，甚至表現得沒那麼嚴重，好讓心理師覺得自己已經好很多了。

4. 對心理師而言，不管個案的表現如何，都要保持諮商架構的恆常性，充分讓個案覺得不論講多講少都一樣，不會遭受心理師不同的待遇，讓個案覺得自己的顧慮是多餘的。個案在感覺到心理師的信任與幫助之後，會來回說服自己對心理師多信任一點，對心理師多講一點。所以當第一次個案說太多時，心理師可以告訴他慢慢說，他今後還有很多時間可以慢慢說。以免個案不知不覺講了超過自己所能承擔的程度而後悔，甚至下次就不來了。

5. 心理諮商並不是一個全然順利的過程，心理師有時要讓個案知道諮商晤談有時可以談得很好，有時則會不太順利。要每一次都讓個案滿意的笑著離開諮商室是不可能的，心理諮商的初期像是蓋地基，基本架構要先建立好，個案需要忍受有時的不順利或是很長的沈默，這些即是為了下次的高潮預作準備。心理師有時要讓個案知道，心理諮商其實是一個漫長而辛苦的過程，情緒的高低起伏，以及談話的順利與不順利

是很正常的，就如同人的生命一般。

6. 有些心理師會期待個案走出諮商室時都是有收穫的，這是不切實際的期待，其實是反應心理師的需要，於是做超過我們能做的事，講了多講的話，事實上根本不需要。重要的是心理師與個案在這五十分鐘內互動相處的經驗，陪他這段時間，使其充分感到被尊重與接納，對個案而言是十分有意義的，被完全尊重的經驗是很有療效的，無需很多的建議。

Q4-2：個案第一次晤談時，並沒有主訴特別的問題，只是覺得學校有這個資源，就來用用看，但是談話內容不固定，會跳來跳去，要如何看待這樣的個案？

A4-2：通常第一次談話是整個諮商歷程的摘要，個案第一次呈現的樣子也代表了他對自我概念的不清楚，談話沒有焦點，只是模糊的感覺到自己有問題，但也不清楚是什麼問題，當心理師進入個案的世界去看問題時，也會覺得模糊不清，即便從遠距離來看個案，也會覺得個案的問題像是一團迷霧。對於這樣的個案，心理師可以鼓勵個案利用諮商來學習瞭解自己，學習更能夠掌握自己。通常大學諮商中心有些個案會呈現這個樣子，心理師可以告訴個案諮商不一定要談問題，也可以談如何更認識自己，對自己的想法與感覺作一些瞭解與整理。

█諮商契約

本節所謂的**諮商契約**是指心理師與個案兩人之間的約定，這種約定有時是口頭的，有時是書面的。諮商約定內容可以包括很多的事情，主要的約定如下：

一、時間的約定

1. 一次晤談多少時間？
2. 一星期談幾次？
3. 大約需要晤談幾次？
4. 固定晤談時間是星期幾的幾點鐘？
5. 約談如何取消？如何請假？

二、費用的約定

1. 一次晤談的費用是多少？
2. 如何收費？是看一次付一次還是按月付？還是一次付清？
3. 付款方式有哪些？收現金、支票或是信用卡？
4. 諮商費用是交給心理師還是收納人員？
5. 是否可以用郵寄、劃撥或轉帳付款？
6. 是否有折扣或減免？

三、保密的約定

　　1.保密的範圍。

　　2.保密的限制。

四、參與諮商的責任

　　1.要出席。

　　2.要說話。

　　3.要想到什麼就說什麼。

　　有些諮商機構會設計書面的諮商同意書，提供心理師與個案使用。諮商同意書的範例請參考表4-1及表13-6。在簽署諮商同意書之前，心理師可以向個案簡單說明諮商同意書的內容，然後請個案簽名。如果個案比較細心，想要逐字閱讀，可將同意書交給個案帶回去閱讀、簽名，下次再帶來。

　　有的醫療或諮商機構為幫助個案瞭解諮商與心理治療的實施方式，會準備一份諮商須知或心理治療須知，以書面方式向個案說明下列事項：

　　1.向機構掛號或申請安排諮商或心理治療的程序。

　　2.初次晤談時，應攜帶的文件或資料。

　　3.介紹機構提供哪些治療項目。醫療機構常見的治療項目有：生理回饋放鬆訓練、個別心理治療、團體心理治療、婚姻與家庭諮商、職能治療等。

4.各項治療項目的收費方式與服務時間。

5.各項治療所需的次數或時間。

6.關於專業保密的限制。

7.緊急的時候如何與心理師聯絡，以及聯絡電話。

表4-1　心理諮商同意書

一、本人與本人的子女志願接受○○○心理師或○○諮商中心的下列服務：

□個別心理諮商　　□團體心理諮商　□心理測驗

□婚姻與家庭諮商　□親職教育

二、本人已被充分告知心理諮商的費用，瞭解按時繳納諮商費用是本人的責任。

三、本人瞭解在諮商過程所說的事情，未經過本人的同意，心理師不會告訴其他人。但是諮商談話內容涉及下列事項，本人充分瞭解不屬於諮商保密的範圍：自殺、自我傷害、傷害他人、兒童虐待、法官的命令等。

四、本人同意按照約定時間準時出席諮商晤談，有事不能出席時，會事先請假，如果約好時間之後，既沒有出席也沒有請假，同意支付一半的諮商費用。

同意人簽名：　　　　　心理師簽名：　　　　日期：

諮商實務 Q & A

Q4-3：當個案詢問心理諮商要看幾次時，該如何回答？

A4-3：每個人需要心理諮商的次數不同，因此很難在初次晤談時，便馬上告訴個案一個確切的次數。回答諮商次數的方式有以下幾種：

1. 告訴個案心理諮商的次數要視需要而定，很難現在就說幾次。
2. 告訴個案等一段時間之後再給他建議，亦即等到我們對個案做過詳細的評估之後，我們再告訴他心理諮商需要幾次。
3. 告訴個案心理諮商的療程一般是五至十次，有的人需要一個療程即可，有的人需要兩、三個療程才夠。
4. 告訴個案如果是要進行對自己人格的瞭解與調整，那麼心理諮商至少需要一、兩年。

心理測驗與診斷

在與個案初次晤談時，心理師同時要進行許多的瞭解與判斷，包括：個案主要的困擾與問題是什麼？個案是否需要心理諮商的協助？個案是否還有其他生理或精神問題？個案是否還需要其他社會福利資源的協助？以及我是否適合與這位個案進行我所建議的心理諮商？

　　當心理師懷疑個案有生理疾病時，可以與個案討論是否看過醫生？是否正在接受醫療？是否需要轉介家醫科作健康檢查？如果懷疑個案有精神疾病時，並且需要藥物治療時，可以與個案討論是否知道自己有精神疾病？是否因此看過醫生？是否正在接受治療？以及是否願意轉介精神科？

　　心理師在轉介個案去諮詢其他專業人員時，應同時教育個案要回來繼續心理諮商的重要，以免個案誤以為心理師不再幫助他了。

　　如果個案是想來做測驗，心理師要先瞭解一下個案做測驗的動機，先和個案談一談，心理師可以說：

　　「想做測驗？很好啊！想瞭解自己的哪些方面？以前有沒有做過測驗？是什麼測驗？怎麼會想現在來做測驗？是誰介紹你來的？想做什麼測驗？希望從測驗中得到什麼？」測驗只是一種幫助個案瞭解自己的工具，心理師不需排斥它，但是也不要完全依賴測驗結果。如果和個案談了之後，發現他的問題不需要做測驗，這時可以建議個案：

　　「你的問題聽起來好像不需要做測驗，比較適合心理諮商，你要不要先諮商一下？」

　　「瞭解自己的方式很多，測驗是一種，諮商是一種，你要不要用談話的方式試試看？」

　　跟個案談過之後，如果發現個案只是想得到資訊、自我知識，或是從來沒有做過測驗，很想作作看，這時可以安排個案作測驗。心理測驗和心理諮商的基本架構不同。測驗的結構通常是：

　　1.和個案共同約一個做心理測驗的時間。

　　2.告訴個案，測驗出來之後，需要再約一、兩次的時間解釋測
　　　驗結果。

3. 判斷個案的狀況，如果有需要，可以建議個案進一步接受心理諮商。

諮商實務 Q & A

Q4-4：個案是哲學系二年級的女學生，上星期前來諮商中心作測驗，心理師給他做賴氏人格測驗。在賴氏測驗結果的解釋過程中，個案覺得答案都很難寫，以活動性分量表為例，個案的得分是百分等級20以下，個案表示自己其實很好動，對於測驗結果感到困惑。心理師在晤談中，很難發現個案的需要為何，應該如何回應或看待測驗結果？

A4-4：有些大學生會因為自我概念不清楚，因而求助於諮商中心。幫助個案釐清自己的科系興趣或人格特質，可以借重於心理測驗，也可以透過心理諮商。使用心理測驗來幫助個案自我瞭解，是一種常用的助人方式，但是在作法上不妨參考以下的建議：

1. 避免使用一個測驗來作為幫助自我瞭解的唯一方式。要幫助個案瞭解自己，不論是性向、興趣或人格特質，筆者建議心理師使用一套心理測驗加上心理晤談。
2. 大學諮商中心可以選擇幾個適合大學生的心理測驗綜合為一套，裡面可以包括一個智力測驗、一個人格測驗、一個興趣測驗，以及一個心理健康量表。不論學生求助的問題是什麼，每個人都做一套測驗，有一點像是身體健康檢查，不論是否生病，每一項都要做。
3. 在施測之前，心理師應花點時間向個案說明心理測驗包括一次晤談和幾項測驗，總共需要花多少時間，讓個案先有一個

初步的認識。在個案同意接受測驗之後，心理師再與個案進
行類似初診的晤談，以便對個案的身心健康做一個瞭解，其
中包括**心理健康檢查（mental status examination）**。

4.然後再依次實施各項測驗。

5.統整晤談資料與測驗結果，再一併向個案進行結果的解釋，
　會比較可靠也比較正確。

6.對自我概念不清楚的個案，在晤談時呈現給心理師的感覺，
　往往是不知道個案需要什麼，個案自己也說不清楚。這些個
　案其實需要心理諮商，經過一段時間的諮商之後，希望能夠
　逐漸整理出自己所要的是什麼，亦即希望成為什麼樣的人。

Q4-5：諮商實習生在決定是否接受邊緣型人格障礙的個案時，應如
何考慮？

A4-5：邊緣型人格障礙的個案通常需要較長的心理治療時間，短則
一、兩年，長則三、五年。實習生通常只待一年，以個案的狀況與
需要來考慮的話，實習生比較不適合接這類的個案。最好由專任心
理師或心理治療師來做長期的心理治療。如果實習生希望多學習，
則需要在接案之前，先與督導和個案討論，尤其要與個案說清楚諮
商時間的限制，將來則要小心處理結案或轉介的問題。

Q4-6：個案因喝咖啡而感到興奮，一整晚睡不著，感覺體內有一股
力量要發洩出來，當晚一直在床上跳並甩動身體，直到累了才能
睡，詢問心理師是否可以喝咖啡？

A4-6：對於個案的抱怨與詢問，心理師可以參考下列原則來處理：

1.首先評估個案使用咖啡的歷史與反應，詢問個案以前喝咖啡

是否也有類似的興奮反應。因為咖啡是一種興奮提神的飲料，也是一種可能被濫用的物質。此外，心理師可以評估個案的體質是否可能對於咖啡過敏，如果個案正在使用精神科藥物或任何藥物，也要評估藥物與咖啡之間可能的交互作用，評估的時候，要詳細詢問個案使用咖啡的次數、頻率、使用量、使用前與使用後的反應，以及判斷興奮煩躁的可能原因是什麼？生活事件、體質、咖啡、藥物，都有可能導致興奮而睡不著。

2. 區別診斷是否罹患**咖啡因中毒**（**caffeine intoxication**），如果個案的症狀符合 **DSM-IV** 下列的診斷準則，極有可能達到咖啡因中毒的診斷標準（**APA**, 1994）：

A.最近使用咖啡因超過 250 毫克，或沖泡咖啡超過兩三杯。

B.在使用咖啡因當時或之後不久，產生下列症狀，至少五項：

　(1)不能靜止

　(2)緊張

　(3)興奮

　(4)失眠

　(5)臉部發紅

　(6)頻尿

　(7)消化道障礙

　(8)肌肉痙攣

　(9)思緒及言語散漫無章

　(10)心律過快或心律不整

　(11)一段時間不覺疲累

⑿精神運動性激動

C.準則 B 的症狀導致顯著的功能障礙，如日常生活、社交、工作等。

D.此症狀並非某種生理或精神疾病所造成，或可以做更好的解釋。

3.需要的時候可以照會精神科醫師，做進一步的檢查和診斷。罹患**躁鬱症**的個案可能也會有上述類似的症狀反應，心理師可以考慮朝向躁鬱症進行診斷，並照會精神科，這些個案非常需要精神科的藥物治療。此外，有些輕微躁鬱症（**Bipolar II Disorder**）患者被誤診為**憂鬱症**，並且服用**抗鬱劑**，服用抗鬱劑之後，變得更加煩躁不安，這個時候請精神科醫師作詳細的**區別診斷**，以便給與正確的診斷和治療。

4.心理師對於這位個案可以給與一些衛生教育與建議，教導咖啡對於健康的影響，並且建議個案避免使用咖啡，以及學習良好的睡眠衛生習慣。

個案問題的概念化

何謂**個案概念化**（**case conceptionalization**）？這是指心理師根據某一個諮商理論或模式，將個案及其問題作一個有系統的整理與陳述，包括個案問題的現象為何？問題的成因為何？問題持續惡化或改善應如何解釋？如何處理或治療個案的問題最為有效？因此，個案的概念化即是心理師根據所收集的個案資料，如個案的主

訴與問題、個案的生長與家庭背景、人際關係與社會支持、身心健康狀況，以及其他相關資料等加以組織，做一個有系統的陳述，以瞭解問題成因與可行的諮商策略。心理師有系統的陳述個案問題現象、成因與對策，就是個案概念化，通常不同的學派所擬定的個案概念化，就會有明顯的不同。越有能力作概念化的心理師，越能反映心理師知道自己在做什麼，以及反映心理師的諮商與心理治療學派。個案概念化有助於增進對個案的理解，對問題的存續提出合理的解釋，對問題的諮商提出合理的策略。

個案概念化是根據一個理論或模式去說明個案的整體表現與問題。概念化通常根據某一人格與諮商理論去探討：

1.一個人的心理是如何正常發展的？

2.這個人為什麼會發展出心理問題？

3.一個人的心理問題是怎麼好起來的？

4.有什麼方法可以去改善或解決這些心理問題？

以患有「邊緣型人格障礙」的張先生為例，來簡單說明個案概念化如下：

1.張先生在小時候，和母親的關係時而黏膩時而疏離。當母親親近他時，他對母親的感情強烈，覺得母親是非常愛他，非常偉大。當母親與他疏離時，或是責罰他時，他便覺得母親是壞人，是天下最可惡的人，心中升起強烈的怨恨。

2.當張先生長大之後，逐漸將這種小時候與母親相處的人際互動模式，複製到與朋友或其他的人際關係中，他一再重複這種問題模式於人際關係中，在男女感情方面發生很大的問題，因此困擾而求助於心理諮商。

3.要幫助張先生，心理師提供一個穩定的基本架構，藉由這個

架構幫助個案處理困擾問題，並且透過諮商關係提供一個**矯正性的情緒經驗**，幫助個案將這個新的經驗類化到日常生活中的人際關係中。

諮商實務 Q & A

Q4-7：如何幫助學業有困擾的學生？

A4-7：個案因學業困擾而尋求心理師的幫助頗為常見，有些學生會以學業困擾作為求助諮商的理由，因為這是比較容易開口的理由，而事實上個案可能另有其他更重要的問題需要諮商，有些學生則以學業困擾作為諮商的唯一理由，不論如何，心理師如何概念化個案的問題是一個很重要的工作。處理學業困擾的原則說明如下：

1. 心理師應以整體心理健康的觀點來瞭解個案，不論所提出的求助問題是什麼，避免只處理個案要求處理的部分。因為心理健康的問題會以各種不同的困擾來呈現，例如學業困擾。

2. 心理師在初次晤談時，即應對個案進行心理健康檢查，包括那些要求做心理測驗的個案。

3. 心理師可以與個案一起探索造成學業成績低落的可能原因是什麼？影響學業成績的原因很多，包括缺乏學習技巧、錯誤的學習認知、不知道有效管理時間的方法，也有可能是考試焦慮、人際困擾、睡眠問題，或其他心理問題。這些都值得做有系統的排除，以找到真正的原因所在。

4. 需要時，可以安排個案接受一套心理測驗，包括智力測驗、人格測驗、學業成就測驗、學習技巧與態度測驗等，以協助心理師進行對個案學習問題的診斷。

5. 心理師在聆聽個案的主訴時，不僅要聽學習困擾方面的資訊，也要聽其他方面的資訊，包括身心健康、人際關係、自我概念、家庭關係等。因為影響學業困擾的原因越複雜，所需要的心理諮商與專業服務層級便越高深。

6. 一般而言，我們對於大學生學業困擾的假設，比較會傾向於非智力因素，亦即大學生的學業問題通常背後會有其他的困擾，包括情緒與感情因素對學業的影響。

5 個案教育

▌消除個案求助的疑慮

　　個案若帶著懷疑或焦慮的心情接受心理諮商，可想見其效果是有限的。當個案把大部分的精神與能量都消耗在擔心自己的求助是否適當？所談是否能被尊重與守密？心理師是否能聽見我的需要給我幫助？……等等，怎麼會有多餘的精神與能量來作探索與瞭解自己的工作。面對個案，心理師首要的工作之一，便是要盡量消除個案的緊張不安，盡量排除個案對心理師與諮商機構的疑慮，幫助個案逐漸瞭解心理師，並且願意嘗試信任心理師，願意將自己私密的內心世界對心理師敞開。

　　例如，個案在會談中一直在搓手，這些可能代表其心中積聚已久的不安、焦慮、不耐或羞愧等等。心理師一邊聽個案的主訴，一邊觀察個案這些非語言的行為，判斷應該先處理哪一個才好？筆者認為心理師在適當的時候，應該將這些觀察到的非語言行為回饋給個案，幫助個案加以覺察與討論，以便幫助個案進入更深一步的諮商歷程。

　　又例如，個案在談話時，眼睛不看心理師。這個現象可能表示他平時與人說話也不會正視別人，也有可能表示他對諮商關係的不安，害怕被心理師評價等。心理師這時需要在適當的時候回饋給個案，除了探索這些非語言行為的現象與意義之外，當然也希望能夠進一步加以改善。即使個案自己並不認為這是他主要求助的主題，但是，這些卻是反應諮商是否有效的重要指標。

　　消除個案對諮商與心理師的疑慮，是諮商初期心理師主要的工作，也是建立信任的諮商關係與提供有效心理諮商的前提。心理師需要分辨個案的焦慮來源是個案本身的症狀，還是對於諮商與心理師的反應。無論如何，快速降低個案的疑慮，才有可能使個案真正進入諮商關係。

對話實例 5-1

Co.：今天想談什麼？

Cl.：不知道。

Co.：談什麼都可以啊！想談什麼就談什麼。

Cl.：不知道。

Co.：因為太多事，不知道要選擇哪個主題？

　　　或是現在感覺有點空白？

　　　最近在班上怎麼樣？

Cl.：很好啊！都沒有做不好的事。

Co.：什麼樣不好的事？

Cl.：就是……譬如說，以前早上來上課的時候啊，會爬牆，現在都不會了，現在都走大門。

Co.：以前常常爬牆嗎？

Cl.：對啊！爬牆比較近，走大門要繞一大圈。

Co.：還有呢？

Cl.：沒有了。

Co.：你剛才說不好的事，還有哪些？

Cl.：就是……唉呀！不要說了，反正都是過去的事，現在我也不

會再做了。

個案不願意說過去犯的錯誤，此時心理師可以下列的方式之一同理他：

Co.：是不是有什麼擔心？

Co.：是不是會擔心留給老師不好的印象？

Co.：你在擔心所說的話是否都是保密的？沒有經過你的同意，我不會告訴其他人。……我希望能夠幫助你更瞭解你自己，學習一些比較好的方法來處理事情。

心理師一方面同理個案不想談自己過去做錯事的心情，一方面提供保密的說明，來化解其擔心與顧慮。

當個案常常回答「不知道」時，心理師可以去探討「不知道」的意義，意味這其中有深淺不一的抗拒需要特別處理。如果猜測個案是不想談，這時心理師可以說：

Co.：如果不想說就告訴我，說你不想說，不說也沒有關係。

個案說「不知道」可能有許多含意，不一定是討厭談話或討厭心理師，心理師要探討其中含意，看看個案是不是有什麼困難，需要幫忙。探索個案常說「不知道」這個主題，也是一個很好的學習。幫助個案學習表達自己，不必急著直接去談他的困擾或問題。個案常對心理師說「不知道」，由此也可能看出他與其他人的相處模式通常充滿不確定或不安，於是他在面對師長、父母時比較防衛，不願意開放，不知道如何與成人溝通。

諮商實務 Q & A

Q5-1：個案告訴心理師說來此談話覺得壓力很大，心理師可以怎麼

看待？

A5-1：有些個案來接受諮商時，會感受到很大的壓力，心理師需要加以瞭解，並且協助他減輕壓力。處理的原則說明如下：

1. 個案進入諮商關係，會因為對諮商關係的不瞭解或不確定，而感覺到壓力。尤其諮商初期的模糊狀態，個案會覺得很不習慣。心理師可以協助個案探索這種壓力，例如問個案：「是什麼會讓你覺得有壓力？」

2. 如果因為錄音而使個案感覺很大的壓力，心理師可以考慮先暫停錄音，等到個案比較有心理準備時再錄音。或者告訴個案：「遇到不想錄音的部分，你可以把錄音機關掉。」讓個案對錄音握有主控權可以幫助個案減少壓力。

3. 有些個案對於心理諮商抱持趨避衝突，想要瞭解問題的真相，可是又害怕知道真相；想要解決問題，可是又擔心事與願違，這些衝突自然帶給個案很多的壓力。

4. 壓力是生活的一部分，幫助個案成功的處理面對諮商的壓力，自然有助於幫助個案處理生活中的其他壓力。心理師需要提醒個案，心理諮商是一個先苦後甘的過程，希望個案對諮商要有信心，而且諮商需要持續一段時間，鼓勵個案忍受漫長的諮商歷程。

5. 諮商過程中，心理師可以隨時確認或評估，看看個案的壓力是否減少，談話是否比較自在，非語言的變化，像是主動、準時、較能作決定等，心理師可以評估並協助個案看到自己的改變，以及與過去不一樣的地方。

Q5-2：個案在諮商室晤談，一直擔心講話的內容會被隔壁的人聽

到，甚至兩度起身走到門外去測試隔音效果，該如何看待？

A5-2：如果諮商室的隔音效果很差，心理師必須盡速去改善這個狀況，這是提供有效心理諮商的前提。假設諮商室的隔音效果是可以接受的，而且多數個案也沒有表示擔心隔音問題，對於這類個案的處理的原則，可以歸納如下：

1. 個案所表現的可能是一種不安全感的投射。探索這位個案是否有焦慮或妄想的可能症狀，對於想像的危險過度的擔心，擔心談話內容被人聽到。

2. 心理師可以鼓勵個案在諮商室中冒險作自己，嘗試練習作自己，看看會不會比較自在。學習不刻意去聽外面的聲音，聽到也盡量不去想，同時鼓勵個案冒險繼續談談自己想談的話題，這樣做有機會幫助個案學習與威脅相處，不被威脅完全牽制。

3. 如果有機會，心理師可以針對個案這點擔心進行探索，幫助個案覺察是什麼特定的談話內容讓他這麼擔心講話被別人聽到，如果被別人聽到，他會擔心哪些後果？這種擔心是如何形成的？

▎澄清個案的諮商期望

　　心理諮商是如何幫助人？諮商過程會是怎樣的一個過程？心理師與個案又分別擔負了怎樣的角色呢？對這些問題，心理師要先好好思考，這樣才可以有效的工作，清楚的知道自己的定位，也才能

面對個案不同的挑戰。例如，有的個案會期待心理師幫他想辦法、出主意或給建議，結果心理師沒有馬上澄清心理師的角色限制，等於默認了個案的期望。不久之後，個案對心理師大表不滿，因為心理師既沒有幫助他解決問題，也沒有給他一個具體的建議或交代，弄得諮商關係非常尷尬。正確的作法是，心理師一發現到個案一些不切實際的期望或要求時，便馬上加以澄清，並藉此機會再教育個案心理師的工作是什麼，而個案自己應負的責任又是什麼。

與個案晤談一開始，心理師便要對於所要提供的專業服務有一些清楚的說明與澄清，把彼此對諮商的期望講清楚。例如，實習心理師一開始便要向個案表明自己是實習心理師；如果諮商是收費的項目，便要在最早的時間上就說明諮商的收費標準；如果心理師提供的是單次的心理諮詢，便要告訴個案這只是一次的諮詢服務。如果諮商的時間是有限的，例如只能提供六次的短期諮商，便要一開始即告訴個案，以便讓個案作明智的決定是否願意接受短期的諮商。這些說明與澄清可以減少個案對心理師與心理諮商的誤會和不切實際的期望。

心理師不僅用語言來教育個案，而且也透過非語言方式教育個案。例如，有的個案總是在講一段話之後會停頓一下，讓心理師有機會接著說下一段話，如果個案有此現象，心理師可以說：

「我沒有想到什麼，你可以繼續說。」或

「如果我沒有說話，就表示你要繼續說話。」或

「你正在期待我做什麼回饋？」

為了讓個案有最大的空間作自由聯想，心理師不宜說太多的話，講話太主導性，或講話太引導性。好的**諮商晤談**是教導個案學會想到什麼就說，個案在晤談中對於諮商室的設備、裝潢、心理師

的穿著等，總會有許多的聯想，個案若能夠沒有拘束的表達出來，比較容易反應他的內在想法與感覺，這些都是很豐富的分析材料。

有一位個案談到擠青春痘的夢，覺得自己現在變得愛漂亮了，會關心自己的外貌，但是卻困惑為何自己在青春期時卻不曾有這樣的現象。這是一個很好的例子，說明心理師鼓勵個案多作自我探索，鼓勵個案多談夢與幻想的結果。久而久之，個案慢慢的把心理諮商內化進去，學習自我分析和自我探索。

諮商初期建立諮商架構時，要同時教育個案何謂**諮商**，例如，某位個案質疑諮商的效果，其心理師一時不知如何反應，便說：

「現在我還不瞭解你的狀況，所以你要不要多告訴我一點，好讓我能夠更清楚你的問題。」

這樣的回答仍是不好的回答，可能會讓個案把責任放在心理師身上。有時候更好的回答是告訴個案：

「心理諮商通常是有效的，效果的多少要看個人努力的程度而定。我的工作是幫助你更瞭解你自己，更瞭解你的問題，但是最後作決定的還是你自己，只要你按時來談，盡量想到什麼就說，努力對自己的問題與個性增加覺察，我相信諮商對你一定很有幫助。」

當諮商架構不清楚時，會阻礙個案對自己的探索，個案會希望心理師幫助他很快的解決自己的問題。因此，心理師要能瞭解這樣的抗拒現象，不要一心一意只想要幫助個案解除痛苦，這樣是在作個案的拯救者，而非心理師。而且，這樣的作法也同時在削弱個案的自主能力，因為心理師選擇不相信個案有能力自己解決問題，而是要靠他的幫忙才行。

有些個案以為：心理諮商是有事情就多談一點，沒事的話就少談一點，時間可長可短，有些心理師可能也有類似的看法，其實沒

有時間架構的諮商是缺乏效果的。對於這些個案,心理師可以給予一些教育,讓個案更清楚什麼是心理諮商,心理師可以說:

「基本上我們的談話一次是五十分鐘,不管你有很多話要講,還是沒有話要講,都可以利用這五十分鐘的時間來講,所以時間固定是最好,這樣對你的幫助也越大,如果你時間上有困難的話,我們可以一起來討論是不是需要改時間。」

有一位個案對他的心理師很生氣,因為心理師沒有給他緊急聯絡電話,因為個案覺得每次心情不好,都要等到談話的時候才講,可是已經不具時效性了。心理師雖然一直強調個案可以善用這五十分鐘的會談時間來談心情不好的事,可是個案似乎一直沒有聽懂心理師的意思。這時候,心理師可能需要換不同的方式來表達,試圖訓練個案的挫折忍受力,讓他在面對問題時,不至於太過衝動,心理師可以同理個案:

「要把一件很難過的事情忍著一個星期是很辛苦的,可是我相信你做得到,我希望你可以試著把這些事情忍著記在心裡,等到下一次見面時我們再來談。」或者是去瞭解個案除了與心理師談之外,還有哪些抒解壞心情的方法:

「不曉得你在心情不好時,都是怎麼排解的?」

當然,個案有時會透過要求隨時能夠與心理師談話,來表達一些待處理的情感轉移問題,心理師就必須深入做些探索與澄清。

有些個案在諮商中會主動表示希望心理師給他一些作業,這個時候心理師可以運用個案喜歡的方式來工作,此時,心理師可以與個案討論要做什麼作業?如何做?讓這樣的作業具有治療性,因為作業可以提供一種新的體驗,如果個案可以在治療中有多一點新的經驗是很好的。作業不一定是要個案回家做,如果可以立即在諮商

中做的作業會更好，因為當下的材料是印象最深刻的，例如對於社交焦慮的個案，心理師可以邀請個案走出晤談室，去外面和三個人打招呼，回來後立即**處理**（**process**）他當下的感覺。

有些個案想要透過諮商來幫助第三者，或瞭解別人的狀況，心理師要向個案澄清心理諮商很難教個案如何去幫助第三者，因為所有資料都是透過個案的眼光所選擇的，無法對第三者有直接瞭解。這時候只能幫助個案瞭解自己為何要幫忙？想幫什麼？能幫什麼？不能幫什麼？心理師有必要盡早告訴個案諮商的限制，包括諮商很難去幫助那些不參加諮商的人，想要獲得諮商的幫助，當事人必須親自接受諮商。

諮商實務 Q & A

Q5-3：有的個案每說完了一段話就等著心理師說話，此時心理師應該如何處理自己的焦慮？

A5-3：像這樣的個案是需要教育的，心理師可以告訴他：

「你可以盡量說，想到什麼就說什麼，如果我有話我就會講，如果我不說話，你就可以一直說。」

如此一來，個案可以放心的一直講，而不必擔心會不會佔用心理師的時間而有所顧慮。

有些個案常不知道自己為什麼會這樣講？為什麼會那樣講？對自己的狀況會搞不清楚，此時，也是要讓個案多說，對這樣的主題作自由聯想，這樣才會有機會去回溯個案的過去經驗，找出這些莫名情緒的由來，促進個案的成長。

Q5-4：晤談時，個案談及希望多聽聽心理師的看法，應如何回應？

A5-4：對於少談自己的看法而希望多聽心理師看法的個案，我們多少可以看出個案與心理師的關係是在重複其與父母的關係，個案比較沒有自己的看法，只好聽父母的，但是又不喜歡，而在其中矛盾。心理師可以提醒個案：「好像你一直想聽我的看法，是怎麼回事？是不是我們之間有點像你與父母間的相處，希望我像你父母一樣給你意見？」幫助個案覺察自己不知不覺把早年的親子關係重現在諮商關係，可以促使個案瞭解他自己是如何重複這個人際互動方式。諮商關係提供一個基本的架構，讓個案可以善用這段時間看到自己的問題模式，正如人生可以如何的填空。

Q5-5：個案談到自己的情況似乎退步了，其中談到室友對個案說：「你好像談了比不談糟糕」。個案感到十分困惑，心理師該如何回應才適當？

A5-5：心理諮商並不是一個全然順利的過程，有的個案在諮商過程中，難免跌跌撞撞，這個時候自然更需要心理師的瞭解與支持。心理師回應的原則如下：

　　1.同理個案困惑的心情，表示探索自己的某些面向，有時會令人不舒服，因為會面對從前所逃避或害怕的議題。特別是在探索自己的黑暗面與潛意識時，難免會對自己的某些部分不喜歡，甚至有憎恨自己或環境的感覺。

　　2.說明諮商中，個案的改善有時是退一步進兩步，對一時的退步毋須過度擔心。改變個性與行為習慣有時是很困難，也是很辛苦的功課，有時還需要去挑戰自己的根深蒂固的想法與

信念。

3. 通常室友代表的是社會的看法，其他人對於個案轉變的看法，有時和個案對自己轉變的看法是不一致的，個案需要更清楚的作區別和判斷。個案的某些轉變難免會帶給周圍的人一些不方便或困擾，這是人際互動與彼此影響的現象，個案需要加以瞭解。

Q5-6：個案希望心理治療能夠馬上見效，問心理師如此的談話是否真的有效？

A5-6：個案期望快速獲得療效，減輕心理的痛苦，這是可以理解的事情。但是，要獲得諮商的效果，個案必須付出相對的努力。回應個案詢問治療效果的原則如下：

1. 心理師可以先詢問一下個案對於心理治療的瞭解有多少？對於治療效果有何看法？以及自己對於治療結果的期望是什麼？心理師越瞭解個案的想法，也就越知道如何回應個案的問題了。

2. 心理師可以協助個案探索促使個案急於改變的來源是什麼？是不是為了向重要他人作交代？還是個案自己有一些不切實際的期望？

3. 如果個案對於心理治療的進行不瞭解，心理師可以告訴個案心理治療的療程是多久？告訴個案心理治療很少會短時間就見效。鼓勵個案對於治療過程要有信心，先諮商幾個月看看。凡事要放慢才看得清楚。如果個案是一些正在服藥的精神官能症患者，使用精神藥物時，有時會讓思考緩慢。通常，心理治療的時間會比藥物治療的時間還要久，這是因為

心理治療主要是要靠個案自己，個案不但要跟舊的自己平安
的妥協好，還要去重建新的思考方式、新的行為模式，以及
新的觀點來看一切事情，這些都涉及深層的、勇敢的改變，
需要的時間總是比較久，因此心理師與個案都需要有耐心才
好。

個案的責任

個案在諮商關係中需要扮演主動的角色，才能夠獲得最大的諮
商效果。主動的角色包括，個案需要按時來晤談，談話時要主動提
供談話的材料，要養成想到什麼就說什麼的習慣。相反的，被動的
個案會等待心理師的詢問，會經常要求心理師給他建議，以及會期
待心理師告訴他該怎麼辦。

諮商的初期，個案即要學習主動提供話題的責任，讓個案負責
找話題，可以提供一些觀察個案的機會，例如，如果個案不知道要
談些什麼，可能表示其當時的心情是混亂的，或是對當時的諮商關
係仍然有些顧忌。對於個案要求心理師問其問題的時候，這可能是
一種溫柔的陷阱。處理的原則是，心理師可以詢問個案，但是問題
要越模糊越好，盡量不要給予個案太具體的內容。對有些個案而
言，有時真的不知道要說些什麼，心理師也是可以用問的方式來協
助個案，只是問題要盡量籠統，例如，「談談你的家庭？」而避免
問太具體的問題，例如，「你家裡有幾個人？」

面對一位不情願來談的個案，心理師可以試著說：

　　「他們給你什麼麻煩，讓你要來這裡？」或「你想像一下，導師為什麼要你來？」有時因為個案比較防衛，拒絕談自己，這時可以邀請個案談談其他人，個案在講別人時，其實也是在講自己，因為一個人際關係總是涉及兩個人，個案在講人際關係時，多少也在投射自己的想法。

　　如果與個案晤談時，個案連續三、四次的回答都是「不知道」時，這時心理師可以先停下來，問：

　　「我們談了很多，你一直說不知道，我不太瞭解你的不知道是什麼意思？可以多告訴我一點嗎？」

　　心理師可以猜測一些可能的原因：

　　「是不是很不想談？」或「是不是很不想來？」

　　如果個案真的是很不想來，心理師可以對個案不願意來的原因加以澄清，並鼓勵他試著說說看：

　　「什麼原因讓你不想來？」

　　「來這裡談話是不是有什麼困難？」

　　即使個案真的不願意來談，心理師仍然要盡量鼓勵他試試看，心理師可以說：

　　「我知道你心裡有點不想來，但是你要不要試試看，先談個五次看看，如果五次之後還是覺得不想談，我們可以結束。既然你以前沒有諮商過，先試試看幾次，這樣是不是比較公平？」

　　有些心理師會擔心和個案預約次數太多會沒話講，這是心理師的多慮，因為個案的責任就是找話講，若個案還有未處理或未解決的困擾卻不說話，這即是一個可以探索的問題。反之，如果個案覺得一切很好，沒有需要再繼續談話，也可以跟心理師談談他對結束諮商的看法。因此，選擇話題的責任不是心理師的工作，心理師不

需要為這樣的事情困擾。

　　有些個案的說話習慣是把事情的來龍去脈講得鉅細靡遺，這樣會讓人覺得很繁瑣，可是個案自己卻不覺察。在晤談時，個案的說話方式也是如此，因此心理師需要在談話中打斷個案，將這樣的情況回饋給個案知道。這樣的打斷很容易引起個案的不滿，覺得心理師在批評他，因此心理師要適時的教育個案：

　　「有時候你講話的時候我會打斷你，希望你不會介意，因為我的工作就是幫助你整理你說的東西，當我聽到什麼或想到什麼的時候，而我又判斷是必須說的，我就會打斷你，如果這樣的打斷讓你覺得不好受，也請你告訴我！如果你不瞭解我為什麼會打斷你，你也可以隨時問我。」

　　對於個案有講話鉅細靡遺的習慣，心理師可以回應：

　　「雖然事情要講仔細人家才會懂，可是每一件事都需要這樣說嗎？好像有些事我們是有需要說得很清楚，可是有些事也許直接說結果就可以，如果別人有不懂的地方，他會問，我們可以再補充，也許你可以試著用精簡的方式表達你的意思，如果我有不懂的地方，我會問你。」

　　這些個案在表達自己的方式上缺乏彈性，大事小事都要交代得很清楚，短話長說，所以心理師可以訓練個案長話短說。

　　「在心理諮商的過程中，我們就是要一起來聽，一起來看看你遭遇到什麼問題，要怎麼處理，可以讓你以後不要再重蹈覆轍。」

　　這些說法均有助於讓個案更瞭解心理諮商，進而更有效率的運用談話時間。

　　在個案選擇話題主動談話時，心理師是否反應以及如何反應，則會影響個案是否繼續自由聯想。例如，個案剛開始自選話題，想

到什麼就說，如果心理師遲遲未加以反應，無形中便會削弱個案的自由聯想，如果心理師能夠平均的把注意力分散在個案的各種話題，不去過度對某一話題表現得特別有興趣，個案才會有機會充分去探索內心的各層面。如果心理師過於注重自己想聽的部分，而對不感興趣的部分未做反應，久而久之個案會選擇心理師想聽的部分來講。

　　心理師必須深信個案在自由聯想的說話方式之下，會主動的養成說話習慣，而且所說的事情，都是對個案而言重要的事情。唯有當個案能夠在諮商室中暢所欲言時，才有機會提供潛意識材料，作為瞭解自己的參考。

諮商實務 Q & A

Q5-7：個案的工作是說話，但是有些個案一聊就停不下來，此時心理師該如何處理？

A5-7：個案在心理諮商時，主動說話是一件好事，但是如果個案對於自我說話的現象沒有覺察，對於自己的說話沒有節制，則是有問題的，需要心理師給予回饋。個案主動說話，並不只是說給心理師聽而已，個案也透過述說來補強對自己已有的想法與情緒的整理。如果個案抱著來聊天或者來向心理師作生活報告的心情前來，那麼諮商效果則是有限的。個案講話講不停，講到心理師都沒有插嘴的餘地，這也是個案需要覺察的。諮商說話是有特別的作用，不是為講話而講話，個案把平時講話及不覺察的人際模式帶到諮商室來，心理師有機會看到個案的問題所在，便要適當回饋給個案，提醒個案自己是否覺察自己的說話習慣，並且作必要的調整。

教導個案自由聯想

包容（**content**）是一個很重要的諮商態度，包容是指包容個案各式各樣的表達，其意義在於讓個案體驗充分被包容後的內在感覺，個案的潛意識才會出來，才會有自己的想法和選擇。鼓勵個案想到什麼就說什麼，一開始似乎會覺得無聊，但是久了，包容的諮商關係內化進入個案之後，個案就比較能表達自己。

對話實例 5-2

有一位心理師與個案的對話如下：

Cl.：「其實我也不知道這些話題該不該跟你講，我覺得這種事是很無聊的話題。」

Co.：「不會，我一點都不會這麼覺得。」

當然，心理師還可以使用以下更好的說法：

Co.：「你是不是擔心我會不喜歡某些話題？你很在乎我，所以在選擇話題時，也會蠻考慮我的，你所關心的就是很好的話題。其實，你選的話題都很有意義，你可以不需要擔心。」

另外，當個案自己找話題來談，不久卻又覺得無聊，想講一些更有意義的話題來討好心理師，這也是一個值得回饋給個案的現象，好像在諮商中，個案仍然很在乎心理師，並且有困難做到「想

到什麼就說什麼」。

　　個案在談話中表示：

Cl.：「我不知道現在要說什麼？」

Co.：「沒有關係，想到什麼就說，有什麼感覺就說。」

　　有一位個案在晤談時表示：

Cl.：「給我兩分鐘，讓我思考一下要講什麼主題。」

Co.：「想到什麼就說，不需要特別去想，有什麼念頭就說什麼，如此容易讓內心的東西表達出來。你可以講平時在想什麼，也可以談幻想、夢，也可以談每一分每一秒的感覺，也可以談談你對我的感覺，我們在一起談話的感覺。在這裡什麼都可以談，沒有限制。」

　　諮商晤談的目的是希望討論潛意識的材料，也就是沒有經過準備、沒有經過篩選的話題。心理師可以教育個案：

Co.：「如果你準備好再來談，你就永遠只談你知道的事情，你不知道的事情就沒有機會瞭解了。」

　　學習適當的表達感覺是諮商的目標之一，如果個案表示不會表達情緒或感覺時，心理師可以說：

Co.：「會不會覺得不舒服？難過？委屈？哪一個比較像你的感覺？你能不能自己說說看？」

　　如果個案說沒有感覺，心理師可以說：

Co.：「你說沒有感覺，你要不要再試試看、感覺看看？好好的感覺這個時候的心情，試著講講看，不要擔心講的好不好。」

　　如果個案經常表示，要多聽心理師說話，心理師可以說：

Co.：「像你這樣來和我談話，你最想得到什麼？我對你的幫助在

哪裡？怎麼幫助的？」

為了幫助個案自由聯想，心理師在晤談時，盡量不要提供談話主題。每次晤談時，最好由個案主動開口，如果由心理師開口，心理師可以說：

Co.：「你今天想談什麼？」

當個案開始一個主題時，心理師可以說：

Co.：「還有呢？要不要多說一點？」

Co.：「要不要舉例說一下？」

Co.：「以前有沒有類似的經驗？」

有些個案晤談時，大部分時間都在談別人，這是值得心理師與個案覺察的地方。心理師要能幫助個案把話題帶回個案自己身上，在他人身上打轉，是很難深入瞭解自己或處理自己的問題。

有些個案很難表達自己的感覺，或不常覺察自己的感覺，可能的原因有：

1. 個案壓抑太深，無法覺察。

2. 個案有感覺，但是沒有詞彙可以表達出來。

3. 個案有感覺，也可以表達，但是擔心心理師的反應，或自己的失控，不願意表達。

對於這類的個案，心理師可以幫助個案練習覺察與表達自己的感覺：

1. 心理師可以說：「講一講你現在的感覺。」

2. 要個案以「我覺得……」作為開頭，練習說自己的感覺。

3. 鼓勵個案表達對晤談或對心理師的感覺。

4. 心理師以適當的方式挫折個案，再請個案練習說出被挫折的感覺。

　　放鬆壓抑是自由聯想的開始。個案進入諮商室坐下，心理師問他今天想談什麼？之後，個案一直低頭不語。在沈默一段時間後，心理師可以把個案的沈默回饋給個案知道，讓個案覺察自己的狀態。個案說他以為晤談要有主題才能談，可是他為了要講什麼而想很久。但是如果個案要想很久來選話題，表示個案已經在篩選話題了，並不是自由聯想，如果個案不能在諮商時，想到什麼就說什麼，那麼其潛意識的部分將不容易呈現出來。因此，心理師要鼓勵個案想到什麼就說什麼，不要刻意去檢查自己想說的話，或去刻意準備要談什麼。

　　當個案不知道要說什麼時，心理師可以參考以下的說法來幫助個案：

　　「當初為什麼想要來諮商？」

　　「你不說話的時候，是不是有什麼困難？」

　　「你當初決定要諮商，要來晤談，現在怎麼反而不知道說什麼？發生了什麼事？」

　　「來這裡的路上，你都在想些什麼？」

　　「你不大說話是不是因為我們兩人還不熟？」

　　「和老師談話，不一定要談什麼主題，想到什麼都可以談，只要你想談的事情都是很好的主題。」

　　與個案晤談時，心理師不需要先想好今天要晤談的主題，最好由個案談他想談的事情，如此做看起來好像沒有效率也沒有組織，但是個案所談的每一件事情，對他而言都在傳遞一些瞭解自己的重要線索與訊息。並且，能接納個案去談他所想談的事情，也是建立彼此信任關係很重要的過程，讓個案清楚在這諮商室中是不會被評價的，唯有在建立彼此的信任感之後，個案才願意往內心深處去探

索，個案也會比較願意談論比較深的部分。

　　有些個案在諮商時，會把晤談的話題鎖定在一個主訴或主要的問題，這樣無異限制了個案探索自我的範圍。心理師可以提醒個案，生活中除了這個主題（或問題），還有其他事情可以談，個案要覺察他自己在談什麼？若個案相當堅持只要談他的主訴問題，心理師仍應尊重他，談他想談的。但是心理師還是要在適當的時候讓個案知道生活中還有其他的事情可以談，避免個案一直沈浸在主訴問題中，一直鑽牛角尖。除此之外，個案多談其他部分，心理師才有機會多瞭解個案的全面。心理諮商的主要目標，並不只是要解決某一、兩個問題，而是增進自我瞭解，培養解決各種問題的能力，所以一直談主訴問題幫助是不大的。

諮商實務 Q & A

Q5-8：個案準時到諮商中心，但是告訴心理師今天要取消晤談，原因是想參加社團活動，而且本週沒有新的資訊可以跟心理師談，心理師邀請個案是否能稍作停留一些時間，想瞭解清楚其中的原因，心理師有何更好的處理方式？

A5-8：處理的原則說明如下：

1. 個案的要求基本上是違背諮商架構的，如果個案不清楚諮商架構，心理師有需要加以說明，並希望個案能夠遵守。

2. 如果個案過去也有類似的情形，亦即有事才來談，沒事則請假，這可能是個案對心理諮商不瞭解的結果，心理師需要告訴個案，心理諮商的約談每週都要出席，即使本週沒有事情或問題，還是照樣要出席。因為諮商不只是有問題才談，沒

有問題時更需要來談。因為諮商的目的在於增進自我瞭解，而不只是談問題而已。

3. 有些個案覺得每週是來跟心理師報告自己本週的生活概況，自己給自己壓力，心理師可以跟個案談這個壓力，鼓勵個案把不想來談話的心情與感覺表達出來。更好的是，鼓勵個案談談彼此的諮商關係，若是因為諮商關係有了芥蒂，往往會影響往後的諮商效果。

4. 有些個案則是因為每次來都要負責講話會覺得有壓力，他會期望心理師多一些引導，心理師可以在開始時這麼做，並且告訴個案希望以後他能夠自己練習引導自己說話，不需擔心沒話說的尷尬，重要的話題自然會出現。

5. 如果個案無法忍受沈默，可以鼓勵個案做實驗，在諮商中沈默幾分鐘，覺察當時的感覺，並與個案討論關於沈默的意義與處理。心理師有時可以提醒個案需要作一些心理準備，諮商談話有時會令人不舒服，這是瞭解問題以及改善問題的必經過程。

Q5-9：當個案與心理師對於晤談主題有不同意見時，要如何處理？

A5-9：個案透過心理諮商來瞭解自己的過程，很類似玩拼圖的遊戲，心理師先順著個案所選擇的話題去談，晤談若以個案有興趣的主題去談，總是比較容易而且有成果。可是有時候，心理師看到個案某些有問題的想法或作法，個案並不覺得重要，也不覺得值得花時間去探討。這個時候心理師可以設法引發個案對自己某些想法或作法的好奇，若能引起個案加以探索的興趣，個案自然比較願意去談這方面的話題。心理師可以試著說：

「當你覺得自己老是遇人不淑時，你會不會覺得很好奇，自己怎麼會去喜歡上那些可能傷害自己的人？」

「因為我被他那種人吸引，……難道他吸引我的地方也是會傷害我的？」

個案開始有些想法。

6 諮商關係

建立良好的諮商關係

有一位學校諮商老師，由於並未與個案約固定的晤談時間，即使約了時間，個案也沒有固定出席，彼此之間也沒有清楚的諮商架構。筆者告訴諮商老師：「你和個案應該不算是諮商關係。」諮商老師聽了覺得無法認同，因為他一直把自己定位在諮商老師。根據筆者的定義，晤談時間不明確、晤談次數也不清楚、與個案的關係模糊、主題不清楚，以及角色不清楚，就不算是諮商關係。即使這種若即若離的關係算是諮商關係，那麼這種關係會產生諮商效果嗎？

筆者曾聽過一位學校社工員分享找回中輟生的經驗，他覺得讓自己言行舉止看起來和中輟生同一個調調，會是建立關係一個很好的方式，而且效果也不錯。從心理諮商的立場來看，和中輟生同一個調調，或許能很快的和他們建立良好的關係，但是所建立起來的關係到底是什麼關係？是朋友？是大哥大姊？總之，中輟生不會把這樣的關係當成是專業的諮商關係。此外，一般社工員在和個案建立關係之後，如果沒有經過個案的同意，就開始進行心理諮商，這樣做在諮商倫理上還是不妥當的。

諮商關係並非朋友關係，這一點必須在諮商過程中明確向個案表達，特別當個案提出想跟心理師交朋友時，因為這也是一種迴避問題的抗拒，需要加以瞭解與處理。心理師是來幫助個案瞭解他的問題，而不是來和個案交朋友，為求有效的工作，這些都必須明確

交代。對於個案以行動，如約會，來展現他的想法時，心理師要與他充分討論與澄清。若不澄清，這些想交朋友的想法與行動會在暗中破壞諮商效果。如果個案離開諮商室之後，還與心理師有另外的接觸時，這額外的接觸過程會提供個案製造許多不必要的幻想、投射的機會，如此一來，會有意無意的傷害諮商效果。

諮商關係越單純越好，雙重關係往往造成許多的困擾。例如，有一位大學諮商老師曾經因為接了一位學生輔導中心的義工為個案，感到非常的尷尬。因為這名個案同時也是輔導中心的義工，諮商晤談之前與之後，他仍然在輔導中心出入，使得諮商老師無法和他保持一個清楚的界限。個案隨時在觀察諮商老師的一言一行，讓諮商老師深感困擾。經過督導之後，諮商老師建議個案不要在諮商老師值班當天來輔導中心，也就是希望個案像其他個案一樣，只能在有約談時出現在輔導中心。如果個案無法答應，那麼諮商老師只好中斷與個案的心理諮商。後來個案同意只在約談的時候出現在輔導中心，並且把自己的值班時間和諮商老師的值班時間錯開。

心理諮商最重視信任的關係，如果個案不信任心理師，自然沒有諮商可言，反之亦然。例如，有一位心理師提到他有一位個案是流氓，他在晤談時對個案無法信任。在這種情況之下，心理諮商根本做不下去。心理師從事助人工作時，還是要基於信任原則來信任個案，否則就無法接這個個案。因為心理師隨時要防範個案的欺騙，本身便已失去真誠和接納了。具體的說，只要諮商關係不好或沒有信任感，心理師便要優先加以處理，不論是重建信任關係還是轉介出去。

在諮商關係中，心理師要試著扮演一個好的**客體**，提供個案一些好的人際經驗與**客體關係**。就像一位好的母親面對一位鬧脾氣的

嬰兒時，不會用更大的脾氣去對付嬰兒一樣。好的客體會吸納嬰兒發出來的毒氣，試著吐回有營養的物質，心理師對個案的作法也是如此，而不是個案不信任我，那我就更不信任你。信任本身是諮商關係中一個相當核心的要素，心理師應該對個案有更大的包容性。

這裡還要強調，要提供個案一個如此接納、包容與同理的心理環境，心理師本身的生活不宜太忙、太累，或太緊張。有些肩負行政責任的心理師，或兼差太多經常趕場的心理師，在面對個案時，會逐漸失去耐心，難免不小心為了更高的工作效率，而失去了許多在諮商關係中的包容與耐心。

諮商實務 Q & A

Q6-1：個案一進諮商室，即將座位往後退一公尺左右，表達對心理師的害怕與不知道要不要信任，談話內容用你們、我們，認為心理師只把個案當成一個物品加以修理，沒有感情，個案希望多知道一些心理師個人的經歷，因為覺得似乎心理師沒有什麼問題，而個案很有問題，這是怎麼一回事？

A6-1：顯然諮商關係遭遇到明顯的困難，這個時候晤談內容最好回到個案與心理師的關係，談彼此的關係以及對彼此的感覺，心理師機械式的反應會讓個案覺得沒有感情，澄清兩人的關係，瞭解這樣的關係與個案期望中的關係有何不同？鼓勵個案說出來他對心理師的感覺。如果個案能夠在諮商中，說出對心理師的害怕，對個案而言已經是一個新經驗，弄清楚此時此刻的人際經驗與過去的經驗之不同。

個案想親近心理師，想多知道心理師一些資料，譬如心理師

的年齡、家庭、住處、學經歷、戀愛與婚姻經驗等，心理師要慎重
考慮是否要回答、回答多少、對個案的幫助是什麼，個案會想知道
心理師是否有過與個案相同的經驗，才不會覺得孤單。若心理師這
個經驗過於隱私，或者未曾處理好，則更要考慮是否要說。通常對
於個案提出：「為何我們兩人的談話，總是我說的比較多而你說的
比較少？」或者有些個案想知道有關心理師的私事時，心理師回應
的原則是：

1. 時間有限，你多說一些對你比較有幫助，因為人能從聽見自
   己的話中學習到重要的自我認識，我說多了對你沒有幫助。
2. 諮商晤談時，作為心理師的限制即在避免談論心理師個人的
   事情，諮商關係和一般人際關係不一樣，諮商主要是為了幫
   助你，所以你說話的時間會比較多。
3. 原則上在諮商中我不會期待你問我個人的事情，如果你實在
   很想知道，你可以問，但是請瞭解，我不一定會告訴你。

諮商關係的維持與運用

　　心理師透過「關係」來幫助個案，關係由陌生到熟識，有了安
全信任的關係，個案才能在心理師面前全然的表現自己。個案在全
然信任的諮商關係中呈現其問題、呈現其個性，個案透過覺察來瞭
解自己，在諮商關係中練習用較成熟的態度或方式來與心理師相
處，並且在諮商關係中成長。當個案在諮商關係中有所成長和改
變，也會將這些成長和改變運用到諮商關係以外的生活。

諮商關係的形成需要透過一段時間，因此諮商的次數通常需要多一點，在美國平均諮商晤談次數是十二次，中位數是八次，所以邀請個案接受心理諮商時，最好建議一個至少十次晤談的療程。

在諮商期間，如果發現個案另外去找別的心理師晤談，心理師需要主動提出，並與個案探索尋求其他心理師的想法與感覺。因為同時接受兩位心理師諮商，不僅幫助有限，而且容易造成許多的困擾，因為每個心理師的處理方式不同，容易使個案感覺困惑，如果有情感轉移的現象產生時，也會很難去判斷情感轉移的對象與關係。更重要的是，對於諮商成果與傷害責任的釐清將會變得十分困難。

有些個案對於自我概念很模糊，不知道在生活中自己要什麼、做什麼？來與心理師晤談時，也不知道自己想談什麼？對於這些個案，心理師的角色與功能包括：

1. 提供支持，降低個案的不安、焦慮。
2. 當作個案的一面鏡子，提供回饋幫助個案自我成長、自我瞭解。
3. 陪伴個案，傾聽個案，提供一個讓個案檢視自己的空間。

自我概念不佳的個案，內在有許多的焦慮、衝突，自己的慾望被層層的防衛機轉包住，看不到自己要什麼？在諮商初期，心理師要尊重個案談話的主導性，避免讓個案對心理師有太多的依賴，如果心理師對個案有過多的主導性，容易使個案依賴心理師。讓個案學習與心理師良性互動，是幫助個案成長、進步很重要的部分。

諮商關係的改變與節制

　　諮商關係可說是非常特殊的人際關係，很難用其他關係來說明白，也不容易透過其他關係來瞭解。諮商關係不是朋友關係，不是師生關係，不是醫病關係，不是親子關係，也不是宗教師與信徒的關係。諮商關係是一種專業的助人關係，很難用其他關係來取代或理解。心理諮商即是運用這種特殊的關係來幫助個案自我瞭解。

　　不僅心理師會運用這種關係來進行心理諮商，個案也會利用這種關係來滿足他的慾望。如何維持一個中性而專業的諮商關係，是心理師的一個主要工作。一方面要避免個案誤用或錯用這種關係，一方面心理師自己也要避免誤用錯用這種關係。例如，一位在醫院工作的心理師提到，他的個案要他幫忙掛號，心理師便幫他掛號。對於個案的任何要求，心理師要先瞭解這個要求背後有何特別的含意，再決定是否去做。心理師可以把個案要他幫忙掛號這件事當作一個主題加以探討。如果是因為個案有依賴別人的習慣，心理師可以協助個案瞭解自己的依賴習慣，如果是因為個案不熟悉醫院的掛號系統或流程，心理師可以帶著個案跑一遍，協助個案熟悉整個掛號流程，最後讓個案自己負起掛號的責任。如果個案只是純粹要心理師幫他跑腿，心理師需要表明雙方的責任。

　　為了預防諮商關係的變質，心理師需要隨時察看（**monitor**）兩人關係的變化。觀察到個案一些不適當的言行，便要加以處理。例如，有一位個案帶葡萄乾來請心理師，心理師表示感謝，但是沒

有食慾。個案說沒有關係他習慣了，每次他準備東西給先生小孩吃，他們不是不吃，就是拖很久才吃，而他也很不愛吃東西，他可以瞭解心理師的為難。心理師並沒有立即指出諮商時吃東西是不適當的，反而默許個案吃東西。由於在諮商晤談時，如果容許個案吃東西，很容易使諮商關係的專業性與嚴肅性降低。個案可能會因此而逐漸鬆散，例如第一次帶咖啡來喝，第二次就有可能帶三明治、仙草凍來吃，還幫心理師也準備相同一份。心理師需要注意到這些個案言行的出現，並加以處理，而非只是注重處理個案的主訴問題。

　　好的心理諮商可以緩和個案的防衛機轉，個案會常常想到心理師，會渴望和心理師見面，想和心理師作朋友，送禮物也是一個常見的行為。對於個案的好意與盛情，心理師基於諮商架構的維持，需要與個案保持一定的專業界限。婉拒個案的禮物或個案想交朋友的渴望，自然會帶給個案挫折感，這是必須經歷與處理的經驗，心理師知道這是一道關卡，專業關係是否能夠守住是心理諮商效果能否產生的關鍵。兩人一旦變成朋友，諮商就要結束了。心理師可以說：

　　「你的體貼很令我感動，我感受到你很期待和我交個朋友，但是這和原來我想要幫助你的目的是相互矛盾的，我們需要節制彼此的感情，保持原來的諮商關係才能夠幫助你，希望你可以瞭解，如果我們變成朋友，我就沒有盡到我的責任，如果你堅持的話，這會讓我感到很為難。」

諮商實務 Q&A

Q6-2：有時個案與心理師晤談一段時間之後，個案會希望與心理師的關係能跨越專業的界限，成為像朋友一樣的社交關係，要如何處理？

A6-2：個案喜歡心理師，並且希望與心理師作朋友，這是常見的現象，也是人之常情，但是心理師卻要有所節制，並且要能婉轉的回應個案，向個案解釋保持諮商關係對個案的福祉最為有利。這是因為朋友間的互相需要性質與界限分寸，跟心理師與個案間是不一樣的。例如：朋友間的談話以宣洩為主，跟心理師的談話則以增加自我認識為主，這是不同的。朋友間的談話可以隨意八卦一番，跟心理師的談話則是以尊重和守密為主。一旦變成個案的朋友，就很難再以心理師的身份來幫助個案了，為了將來能夠繼續幫助個案，最好彼此還是保持專業關係比較好。

Q6-3：個案詢問諮商結束後是否可以繼續寫信給心理師，該如何回應？

A6-3：心理師回應的原則說明如下：

1. 心理師先要探索個案希望繼續寫信給心理師的原因為何？如果個案有需要繼續心理諮商，則可以建議個案考慮繼續諮商，如果無法和原來的心理師諮商，問他是否接受轉介？

2. 通常個案在離開一段美好的諮商關係時，會有思念與渴望再續前緣的慾望，若個案寫信給心理師是要表達關心與掛念，可以讓個案寫信到諮商機構，但是同時說明：「你想要寫信

給老師，可以寫到機構來，但是老師通常不會回信，希望你能諒解。」心理師這樣說可以避免將來要回信的困擾。

3. 心理師要澄清個案不切實際的期望，以誠懇的態度向個案說「不」，這也是讓個案經由心理師的處理方式來學習拒絕。教導個案正確的使用心理諮商，告訴個案將來如果有需要可以回來諮商，有事情當面談效果比較好，寫信和打電話一樣，只是做為聯絡之用，很難用寫信作諮商。

Q6-4：個案晤談時，將他寫的小說交給心理師，請心理師帶回家看，心理師要如何處理？

A6-4：對於個案的任何要求，心理師在回答是否同意之前，要先**處理（process）**個案提出這個要求的原因與動機，再決定是否同意。心理師要避免介入個案的生活，包括幫個案處理他的感情生活、幫他找工作或閱讀他的書信等。心理師盡量不要先答應個案，而應鼓勵個案多談他的看法與感覺。個案要心理師將他寫的小說帶回家看，心理師要考慮自己是否有時間，如果下次個案提出更多的要求，心理師要如何做得令個案滿意？做與不做，心理師要考慮周延，否則個案會東想西想。較好的作法是，請個案用晤談的時間閱讀他的小說，若故事很長可以請個案挑一段來念，詢問個案的感覺與想法。既然已經答應個案要回家看他的小說，後來發現實在沒時間這樣做，下次就跟個案道歉表示很忙沒看，邀請個案一起在諮商室裡看。總之，心理師需要在彼此的界限上要堅持一點。

Q6-5：個案在諮商結束後三個月，打電話給心理師，在電話中個案告訴心理師他有尖銳的事情要跟心理師說，引起心理師的不安，這

是怎麼一回事？

A6-5：個案在諮商期間所發展的移情似乎沒有充分的分析與處理，使得個案持續對心理師抱持感情。個案想像了許多有關諮商關係的事情，也在電話中告訴心理師，希望提醒心理師也讓心理師有所準備。在電話中，心理師可以讓個案知道，這些想法和感覺很重要，邀請個案回來繼續諮商，並當面晤談，這些事情不適宜在電話中交談。個案想到的任何事情都可以談，包括同性間的友誼、諮商關係等。透過進一步與個案的晤談，來幫助瞭解兩人之間想保持什麼樣的關係最好。當然繼續保持諮商的專業關係才是對個案最為有利的安排。如果個案對於無法和心理師作朋友或情人感到失望難過，心理師也需要加以處理，讓個案明白心理師所作所為其實都是在為個案著想。

Q6-6：個案要求心理師將個案的照片及自傳帶回家，下次晤談時可以問問他，這樣子心理師就會更瞭解他，應如何處理？

A6-6：關於個案要求心理師帶個案的書信、自傳、照片等回家看，這可能是個案潛意識的希望他在心理師的心中是特別的，希望心理師將他的東西帶回家，在潛意識裡等於心理師把一部分的他帶回家，或者希望心理師能夠隨時想起他。這類要求應該在晤談中處理，心理師可以幫助個案探索為何要給心理師這些東西，以及這些東西所代表的含意是什麼？最好心理師能夠在晤談中請個案閱讀自己的自傳，或描述怎麼會想要請心理師看這些東西？如此做法有助於個案更深的瞭解自己的想法與感覺。例如，當個案拿一封信要給心理師看時，如果信的內容不多時，可以要個案自己唸出來。反之，若信的內容很長，可以要個案作摘要、講重點，同時可以和個

案討論他為什麼會想要寫信或拿信給心理師看，幫助他瞭解自己當時的想法與感覺。

Q6-7：個案改變的機轉為何？

A6-7：從**心理分析學派**的觀點而言，人通常會有衝突，諮商關係提供一個基本架構，降低個案的自我防衛，有機會在諮商關係中重現自我，一旦個案明白焦慮的來源，並放下它，就會產生治療效果，譬如，個案小時候害怕父母的眼光而壓抑自己，現在長大了，可以用另一種眼光來面對舊的問題。簡單的說，改變的機轉是好的諮商關係、加上正確的解析，以及個案勇敢建立新的適應行為所致。

7 諮商歷程與效果

▌諮商的歷程

　　一般而言，心理諮商的次數不宜太少，心理師可以採十次晤談作為一個療程，因為一般生活問題或發展課題而求助於心理諮商時，或許一個療程的心理諮商就可以有顯著的成效，患有可診斷心理疾病的個案，則需要兩、三個療程的心理治療才足夠。希望獲得深入的自我瞭解與個性的調整，則需要一、兩年以上的心理諮商。

　　諮商歷程是由一次次晤談累積而成的過程，完整的諮商歷程包括初次晤談、建立關係、工作同盟，以及結案等。本節將先討論單次晤談的情形，再討論全部諮商歷程的情形。有一位學校諮商老師在晤談快結束時說：「今天時間也差不多了，你下一堂課還要上課吧？」

　　這句話只要說前半段就好了，諮商老師不需要提到諮商以外的時間，個案下一堂有沒有課和諮商老師無關，諮商老師要盡量維持基本架構，讓個案習慣這個架構，如果個案違背這個架構，就可以去看情感轉移的部分。諮商過程中，不要隨意更改晤談時間，盡量維持一致，包括每星期有一個固定的晤談時間，每次晤談幾分鐘也是固定的。

　　這位學校諮商老師接著說：「我覺得你好像有點緊張或者是不知道要說什麼，沒有關係，下一次來你可以多說一點。隨便說什麼都可以，可以說昨天的事，學校的事或家裡的事，這樣我才可以多瞭解你一點。那今天就談到這裡了，可以嗎？」

如果諮商老師要這麼說，最好在晤談一開始就說，好讓個案有機會可以回答，並留一段時間作**處理（process）**，這些話不適合在晤談快結束時說。如果諮商老師覺得今天個案的晤談似乎因為緊張或不瞭解諮商，需要給予說明，這些說明或教育可以等到下次晤談時再說。把今天個案的行為模式放在心裡，等到這個行為模式得到比較多的資料驗證後，再回饋給個案，幫助個案加以瞭解。

一位在心理師良好的教育之後的個案，充分瞭解心理諮商的進行方式，自然也會以最有效的方式進行心理諮商。例如，個案會準時到達諮商室，不會輕易遲到或缺席，也會避免太早到達諮商室，走進心理師的辦公室，坐下之後，會適時的開始述說當天想談的事情、感覺和想法。在心理師的鼓勵和提醒之下，對於自己不清楚的、模糊的、矛盾的、衝突的、壓抑的、困惑的，以及重複出現的行為模式進行探索，時間到了的時候，也會很自然的收拾話題，準時結束晤談。

心理師需要明白心理諮商的歷程是從第一次晤談到最後一次晤談，這個歷程的長短因人而異，有的人可能只有三、五次（週），有的人可能三、五個月，也有的個案可能三、五年。第一次的晤談從第一分鐘到第五十分鐘，第二次晤談從第五十一分鐘到第一百分鐘，以此類推。因此，在每次晤談之間，不需要有太多的社交應酬、額外變項，或意外事件，以便諮商歷程可以在最單純、最自然的狀況之下進行，而達到最好的諮商效果。

心理師與個案在諮商期間應該避免一般的社交應酬，亦即每次見面時，不需要先聊天、談論天氣或社會新聞，也不需要為彼此倒茶、搬椅子，也不需要握手或擁抱。避免這些社交應酬的好處，一方面可以維持諮商專業的關係，一方面可以方便個案很快速的進入

諮商談話，有效率的開始工作。個案既然花了錢和時間，自然希望可以充分利用這有限的諮商時間，來進行自我探索與自我瞭解。

　　心理師與個案之間最常見的額外變項，便是和諮商有關和無關的第三者，例如健康保險公司、政府主管機關，以及個案家屬的介入。如果個案接受心理諮商是由第三者付費，例如保險公司、政府機關或家長，這個情況之下，付費的第三者有時會對心理師和個案作某些要求，例如限制諮商的次數、要求查閱相關記錄或限制個案求助對象等。

　　心理諮商的過程通常不是心理師和個案完全可以控制的，有時候會因為意外事件而受到干擾，甚至中斷。例如，生病請假、因公出差、失業或經濟狀況惡化，或者家人阻止個案繼續諮商等。這些因素很容易影響心理諮商的進行。意外事件或干擾變數太多的時候，心理諮商的歷程很容易被迫中斷，這也是常有的現象。

對話實例 7-1

Cl.：……滿奇怪的是那天晚上我覺得有點罪過，因為我覺得好像兩個人在互揭瘡疤那樣，就很尷尬啦！然後每個人都知道。我覺得他也是……像我上學期不愉快呀！然後他也是跟我住同一層樓嘛！我就會找他訴苦哇！然後他也陪我走過一段，我覺得我竟然這樣對他！可是我又覺得他的確有許多地方讓我覺得很不高興，然後……對呀！可是……我本來想說之後再找一個時間跟他說一下，就是其實我是不高興什麼，不是要把你的毛病講出來。然後……可是沒想到禮拜天我去這裡的一個福利中心買東西的時候，然後他就悄悄的從我後面這

樣「哈」的嚇我一跳，然後我們又鬧在一起了！然後又恢復
了，他的態度也比較不會像以前一樣，我不曉得他是不是
……我覺得他應該是有去檢討一下吧！（嗯嗯）我覺得那件
事情過後，我比較放得開了。

Co.：你是指什麼放得開？

Cl.：就是我如果不高興的話，我會去表達，但是我是滿怕自己會
做得過火啊！會傷到人，所以還是會先收斂一點，不敢全部
都放掉。

Co.：好像你有一個進步是你敢表現出你的情緒哦？

Cl.：嗯！

Co.：但是好像有一個困難是你怕表現出來會傷害到別人？

Cl.：對，因為……以前都不會這樣，因為我不知道要怎麼做，但
是我現在好像是要學著怎麼做吧！

Co.：嗯嗯！學著怎麼樣把自己的不高興表達出來。

Cl.：嗯！

Co.：你現在這樣回頭去看你在廚房的時候你這樣對同學說，你自
己怎麼樣看待這件事？

Cl.：我那時候就在想，我晚上的時候啊！我在想我該不該這麼
做，我覺得我好像不該這麼做，可是我又覺得如果我……。

　　在這個諮商對話實例中，當事人有一個不合理的信念是「不能
生氣」，心理師可以提出這個不合理的信念加以討論，心理師可以
說：「大人當然可以生氣啊！只是可以有不同的表達方式，你要不
要練習看看？」心理師可以參考以下幾種說法邀請當事人試試看：

Co.：「如果你覺得那樣不好，那你覺得怎麼樣比較好？」

Co.：「如果我是你的朋友，你會怎麼說？」

Co.：「你有更好的說法嗎？要不要試試看？」

　　鼓勵當事人在諮商中練習不同的表達方式，練習完後可以討論，找出覺得比較適當的方式來使用。協助當事人進行人際溝通練習的方式如下：

1. 心理師可以扮演衝突的對象，讓當事人練習表達，如果當事人說不出來，可以交換角色，心理師先示範，示範完後再角色交換，讓當事人練習一遍，然後討論。
2. 鼓勵當事人先自己試試看，如果當事人真的沒有辦法，心理師再示範。如果當事人已經練習得不錯了，心理師就不必再示範了。

諮商實務 Q & A

Q7-1：個案說：「每個禮拜來諮商後回去心情都到達最高點，覺得充滿希望，但是往後幾天又慢慢的降下來，等降到最低點時又來諮商，心情又高昂起來。」心理師一方面很高興諮商對個案有影響，一方面又擔心個案會過度依賴心理師，到底這種情形是好或壞呢？

A7-1：心理師是透過「專業訓練」、「諮商關係」和「基本架構」去幫助人，而非像父母或師長的角色去幫助人。以**心理分析**的觀點來看，心理師建立一個基本架構，讓個案在這個架構中退化（情感轉移），把心理師當成是父母或重要他人的依附對象，因為個案的心理退化至嬰兒狀態時，才容易將諮商傳遞的觀念、想法內化進去。諮商開始時，個案有可能是比較依賴的，但是人都有一種自主的能力，在這個過程中個案會慢慢重新成長，因此心理分析的心理諮商其實是一個人格成長的過程。

　　有效的諮商是個案在平常就會去想他的困擾問題，而不是只有

在諮商時將問題丟給心理師。因此當心理師與個案談了將近一小時後，這個諮商效果應該是持續一個禮拜的，在這個禮拜中，個案會去思考他的問題，這樣的諮商才容易有效果。

Q7-2：到底當事人的改變是如何發生的呢？心理師要如何幫助當事人改變？

A7-2：以**心理分析學派**的觀點來說，心理師並不是要去改變當事人，因為心理師要改變當事人時一定會遭遇抗拒，那麼心理師在諮商中要做什麼呢？歸納如下：

1. 心理師的工作是與當事人一起去看看在當事人的內心裡發生了什麼事，一起去瞭解、去探索，對於當事人對各種人、事、物的愛恨情緒作充分的討論，幫助當事人在自我探索中更加瞭解自己。

2. 心理師的態度要保持中立，不論當事人說什麼，心理師只是客觀的反應，因此心理師可能會說：「這倒是很有趣的現象哦！要不要說說看？」不論當事人呈現什麼，心理師都以一種中立的態度鼓勵當事人探討。

3. 諮商過程中心理師是在認知、情緒、關係這三個層面上游走，如果當事人在認知這個層面上談了很久都無法深入下去，那麼心理師可以跳到情緒的層面上，問問當事人的感覺；如果感覺層面的探索沒有進展，就跳出來看看彼此的諮商關係。心理師在整個過程中要站在一個較高的層次上看諮商關係，觀察當事人是否有一再重複某些行為模式的現象，當事人是否將諮商外和其他人的關係複製到諮商關係中；或者當事人在諮商中表現出不一致的行為，這些都是可以深入

探索的部分。

4.因為心理分析取向的諮商是一個人格成長的過程，所以心理
師要鼓勵當事人在諮商關係中去冒險、去試試看，並且從中
學習。

諮商的效果

晤談過程中，個案能夠按照約定的時間，前來諮商室做治療，
本身就存在著積極正向的潛力，當個案在諮商關係中，透過自己對
問題的澄清，也能夠試著勇敢的說出自己的感覺及想法，此一過程
即具成長的力量。

在諮商過程中，個案與心理師經歷的**人際關係歷程**，對個案也
是深具療效的，當個案能夠和心理師建立起和諧、信任的關係，自
然有助於啟發個案內在正向的力量。相對的，心理師和個案之間也
可能產生一些負面的情緒，這些時候，也是個案學習應付挫折，處
理負面情緒的時機。

個案於一小時的諮商晤談，所經歷的情感、坦然與無所不談的
經驗，和心理師建立和諧的關係，當個案經歷這些情感交流，以及
人際互動之後，願意降低壓抑、開放經驗，自然越能釋放出內在的
潛力。

有位個案在某次的晤談中，質疑他為什麼需要接受諮商，所
談的這些事情他都知道，在諮商情境中說出來和沒有說出來有何差
別？到了下一次晤談時，個案決定不管這個問題了，因為他認為他

的狀況的確好很多，諮商的確有效果，雖然他不知道成效是如何產生的。原則上，心理師不宜使用諮商理論去辯護諮商的效果，這樣做對諮商反而不好。心理師可以說：「諮商對你有沒有幫助，你會有感覺的，你對我們的諮商要有信心，效果自然會出來。」鼓勵個案將感覺說出來，鼓勵個案對諮商要有信心，這些話具有暗示性，個案受到鼓勵之後會更加投入諮商，展現更好的成效。

諮商實務 Q & A

Q7-3：個案問心理師心理諮商有沒有效？一個禮拜才談一次會不會太少？

A7-3：當個案詢問諮商有沒有效果時，個案對諮商顯然是不瞭解或是沒有信心的，心理師要肯定的告訴個案，諮商很有效，而且如果個案越努力則效果越好。如果心理師自己對諮商的效果都說的似乎沒有把握時，個案自然會質疑諮商的效果。個案希望增加晤談的次數則是一個好的現象，可以加以考慮。就心理諮商而言，一個禮拜晤談兩次，比一星期一次要好。如果個案的經濟可以負擔更密集的心理諮商，而心理師也可以安排出時間，這是最佳的處理方式。通常次數密集一些的心理諮商有助於快速的建立諮商關係，快速的促進個案的移情，這些因素自然有助於心理諮商的效果。

Q7-4：個案在諮商之後是否真的改變？要如何辨別呢？

A7-4：如果個案在兩三次晤談之間有了極大的改變，我們不禁要問個案是否真的改變呢？如果不是真的或持久性的改變，只能說是暫時性的改變。如果個案說不清楚真正改變的原因，那麼可能個案並

非真正的改變。因此，要知道是什麼促使個案改變，才能確認是否真的改變。心理師探討個案是否真的改變，可以參考下列的說法：

「是什麼讓你想開了？」

「什麼原因使你變得不一樣了？」

「你對自己的轉變有什麼感覺？」

「這樣的轉變對你的影響是什麼？」

「如果沒有轉變，對你的影響又是什麼？」

除了讓個案表達、敘述自己改變的原因之外，也要瞭解個案告訴心理師這些改變的動機是什麼？個案為什麼要告訴心理師這些話？

8 諮商技術

晤談技巧

當諮商的基本架構一致，心理師的態度也一致時，當事人對心理師的防衛會減低，個案對自我的探索就會增加，心理師建立與維持基本架構的過程，也就是一個治療的過程。在晤談時，當事人如果講得多而心理師講得少，當事人很少問心理師而是較多的自問自答，當事人在心理師面前探索就好像心理師不在那裡一樣，這樣自我探索能力的發展是十分重要的，即使在諮商結束之後，這樣的能力仍然在影響他、幫助他，他也會用各種角度來看問題。

與個案晤談時，心理師的話越少，個案自我探索的時間就會增加。這對於喜歡說話或教育別人的心理師可能是一個困難的調整。心理師說話越多，個案就越沒有說話的空間，尤其個案如果把心理師當作一位建議者或教導者，那麼個案自然養成一種洗耳恭聽的習慣，慢慢就不大愛說話，甚至久而久之就不來諮商了。

鼓勵個案養成主動說話的習慣是很重要的工作，讓個案主動的陳述是有多重意義的，個案何以在這個時候對心理師說某些事情，便有許多可以探討的。例如，個案為什麼告訴心理師某件事情？為什麼是現在？為什麼不對別人說？為什麼是這件事情？心理師可以協助個案瞭解其言行反應及背後的動機，必要時可以使用**面質**，例如：「你說你並不在意他，可是你卻提到他好多次？」

教育個案學習主動說話需要一點時間，慢慢的養成主動說話的習慣。晤談時給個案一段時間，他會對談話的內容自由選擇，選擇

其在意的主題談，而這也是心理師所期盼的話題。任何由心理師主動詢問的話題，總是不如個案主動提供的話題更值得探索。

　　心理師在與個案晤談前，是否應有明確的談話主題或構想？筆者認為不需要。心理師對於諮商只有一個籠統的諮商目標，即是幫助個案自我瞭解與更佳的心理健康。心理師即使有一些想要談話的主題，但是並不會執意堅持，總是尊重個案想談的主題或內容，心理師也許會希望在諮商過程中，個案想談的和心理師想談的會越來越一致。

　　心理諮商時，心理師的第一句話可以說：「我們今天從哪裡談起？」或「你今天想談什麼？」不必為個案預設諮商目標，看個案今天想談什麼就談什麼。心理師可以提醒個案諮商時間是有限的，所以最好從重要的事先談起。在每一次的晤談中，心理師總是繞著建立關係、心理診斷，以及心理諮商（幫助個案自我探索與自我瞭解），只要晤談內容有包括這三方面，這個晤談就是有建設性。心理師與個案剛開始晤談的時候，最好營造一個開放的空間給個案，讓他選擇對他而言重要的話題，心理師不需要急著問問題。心理師可以參考下列的說話方式：

1. 「今天想談什麼？」
2. 「我們還有一點時間，你想談什麼？」
3. 「你要不要試著說說看，今天想談什麼？」
4. 「我知道你比較希望我來問你，不過今天，我希望你可以試試看，想到什麼就說什麼？」
5. 「說說你現在的感覺？」
6. 「這種感覺熟不熟悉？」
7. 「以前有沒有類似的感覺？」

8.「今天你最想談的是什麼？」

經過一次次的晤談，當個案對自己的行為模式有所瞭解或領悟時，他的內外在行為的改變可能就會產生。**心理分析學派**認為個案對自身問題的覺察與領悟，是行為改變的前提。一個不清不楚的改變總是不會持久的，經過個案深刻覺察，進行有意識的改變才是真正的改變。

和心理師依照基本架構來談話，也是一項重要的學習功課，包括依照約定的時間，定期到心理師的辦公室，練習想到什麼就說什麼的晤談方式，練習去探索自己內心裡的想法和感覺，以增進對自己的瞭解。這種和心理師工作的方式，對許多人來說，或許是不容易或不習慣的。有些個案覺得基本架構很奇怪、很不方便，甚至不願意配合。抗拒基本架構的個案，可能代表個案在安排自己的生活、結構自己的時間，或者把自己安頓下來的這些方面是有困難的，亦即他沒有辦法把自己規律下來，為自己做決定。

有些無法為自己做決定的人，在接受諮商時，可能對於約定時間談話覺得有困難，甚至經常遷就心理師的晤談時間。在諮商關係中，心理師要讓個案經驗到自己要說話算話。心理師可以邀請個案做決定，而且尊重他的決定，讓他對自己的生活有掌控感，讓他覺得他是可以為自己做決定的。有些個案還沒有學會為自己負責，因為有選擇、決定，才會有接下來的負責。在諮商關係中，心理師需要安排一個環境，堅持基本架構，幫助個案在穩定的架構下進行談話。讓個案學會對一段關係負責，然後把這樣的學習應用到生活中，這才是對個案有幫助的。像學習面對及處理其他的關係，改變想做什麼就做什麼（例如蹺課打球）或是遇到麻煩就放著不管（例如諮商晤談愛來不來）的習慣。

個案對於基本架構的改變，心理師都應該做立即性處理。例如，結束諮商的時間到了，可是個案的情緒或話題還沒有結束，諮商晤談還是要盡量準時結束，個案的情緒即使還沒有回到正向也沒有關係，該結束就結束。有一位心理師向個案提到：「你連續兩週都有遲到的現象，你有沒有注意到？」個案回答道：「我喜歡早到或遲到，準時來就不好玩了。」個案的回答顯示他對於準時出席滿抗拒的。如果個案一直無法準時出席諮商，便要進行立即性的處理，探索準時出席諮商對於個案的意義是什麼？幫助個案瞭解抗拒準時背後的動機與意義。

「面質」（confrontation）是一種常用的諮商技術，主要使用的時機是，當個案出現表裡不一、言行不一、情緒與內容不一，以及不願意往自我瞭解的方向進行探索時，心理師可以用面質個案的方式，幫助個案面對自己的不一致，並進行探索和瞭解。例如，有一位個案說話的神情口氣，顯示他很喜歡那名男同學，但是他不願意明說。心理師問個案關於該名男生的事情：「你要不要談談這位男生？」個案總是不願意正面回答。這時心理師可以說：「好像每次我們談到這個問題，你都不想多說一些，是不是有什麼困難？」心理師遲早都要面質個案的，只有把問題攤開來講才能瞭解問題，只是心理師需要考慮到時機是否適當。如果諮商關係很好，心理師較有把握不會猜錯，而且個案也比較信任心理師時，心理師可以說：「聽起來，你似乎很喜歡那個男生。」如果是在諮商初期，心理師要用比較保留的口吻，猜測著說：「是不是你也對那個男生滿有好感的？」

根據心理分析理論中的「強迫重複」（repetition compulsion）原理，個案現在發生的困擾事件，在過去可能也發生過，心理師可

以帶個案去比較兩次或多次的經驗，以及過去處理的情形，心理師可以問：「你覺得你對這件事的處理如何？」若個案說：「糟透了！」心理師可以進一步問：「怎麼個糟透法？」讓個案自己去評價自己，心理師避免去評價個案。

在心理諮商時，若個案只是漫無目的的談，沒有組織性，心理師也跟著個案沒有目的的走，抓不到方向，這個時候，心理師可以和個案確認：「我們怎麼談到這裡的？這是你想談的主題嗎？」如果個案從未提起家庭，心理師可以問：「我們談了很多，但是好像很少談到家庭，你要不要談一下你的家人？」如果發現個案總是避免談某一個人或家人，可以在以後的諮商晤談中問個案：「你好像從來沒有提過你的二哥，要不要說一說？」若個案不願意說，可以進一步詢問：「是不是有什麼困難？」

對話實例 8-1

Cl./Co.	對話實例	Co. 更好的表達方式	督導的回饋
片段 I			
Co.	這星期過得如何？	今天想談什麼？	盡量用模糊的問句，讓個案自由聯想，想說什麼就說，也許個案想談的不是這星期發生的事情，因此不要去限定個案說什麼。
Cl.	過得不好！		
Co.	怎樣不好？	要不要談談看？	前面幾次的問句盡量模糊
Co.	這樣被人家冤枉你一定很生氣。	這樣被人家冤枉你一定很不好受。	不好受比生氣還要廣，因為個案的情緒不一定只有生氣，除了生氣，可能還有其他的情緒，不要限定了個案

（續）

CI./Co.	對話實例	Co. 更好的表達方式	督導的回饋
			的表達。
Cl.	對呀！後來我打電話跟我媽說我要轉學，不然就蹺家，我媽也沒說什麼，只是放學的時候來，怕我真的會蹺家，結果生教組長就說我沒種。		
Co.	他為什麼說你沒種？	什麼會讓他說你沒種？	盡量不要用為什麼（Why）的問句，這種問句會引起個案的防衛，讓他想找藉口，最好以什麼（What）代替。諮商老師用個案的話，如「沒種」，來同理個案，會讓當事人說的更多，願意作更多的自我表露。
Cl.	因為他說我要轉學啊，我也不想理他。反正我說什麼他也不會相信我。再跟你說一件事情，有一天我們班一個同學被他罵的時候跟他頂嘴，結果他就說：「有種我們來單挑，我不會跟別人說。」可是他是學體育的，我們怎麼可能打贏他？有一次他還打一個同學的胸口。		
Co.	所以他好像不只對你一個人這樣。		
Cl.	對呀！他都喜歡隨便打人，我們班上第一名、第二名的都討厭他。		
Co.	這件事爸爸知不知道？	還有其他人知道這件事嗎？家人知不知道？他們怎麼說？	還可以更模糊一點，不要限定對象，例如只問爸爸知不知道，也許對個案而言，重要的人不是他爸爸。

（續）

Cl./Co.	對話實例	Co.更好的表達方式	督導的回饋
Cl.	知道啊，他很生氣，說要找人來說，可是都沒有。		
Co.	現在你在學校，生教組長對你如何？	你和生教組長現在的關係如何？	問關係比較模糊，讓個案自由去說。可以進一步問個案對此關係有何看法，想要保持還是改善？要如何做？怎樣才會給生教組長有好印象？這些話也可以等到個案比較信任諮商老師時再說，或等到個案比較有改變的動機時再說。而在此階段，當事人有很多情緒，應先讓他宣洩情緒。
Cl.	他每次經過我們班，就一直看一直看，我同學都說他是在看我。上一次我們班有人丟東西，我也有丟，他來我們班，找不出是誰偷的，就偷偷跟我們班的人說可能是我偷的。		
Co.	所以好像他也不分青紅皂白，只要有東西丟了就認為是你偷的。		
Cl.	而且他很偏心，不公平，我以前看見他還會跟他說「老師好」，現在我看到他都不想理他。		
片段 II			
Co.	怎麼他會對你特別有偏見？		
Cl.	我也不知道。		
Co.	是不是有做過什麼不好的事，讓他對你印象不好？		
Cl.	以前有犯過錯啦！可是我改了啊！而且我們老師也不會		

（續）

Cl./Co.	對話實例	Co. 更好的表達方式	督導的回饋
	像他這樣。		
Co.	所以你說你已經改過了，可是他好像並不相信你。以前犯過什麼錯？		
Cl.	很大的錯，但是我已經改了呀！而且不是偷東西。		個案不願意去說過去犯的錯，可能心中還是不是很信任諮商老師，或者個案希望在諮商老師心中留下一個好的印象。諮商老師可以等待。諮商老師可以說：「好像你覺得不想談，也許以後想說時可以告訴老師。」表達想瞭解個案過去發生什麼事情的想法，但是也尊重個案不想說的心情。
Co.	什麼因素讓你決定要改？		
Cl.	因為不能一錯再錯啊！		
Co.	所以你覺得那是錯的。		
Cl.	對呀！可是生教組長還那樣。		
Co.	有沒有想過怎樣做可以讓他不要這樣對你？		
Cl.	盡量不要犯錯啊！不要讓他抓到小辮子。可是他都要找我麻煩，我覺得壓力很大耶！我晚上作夢都還會夢到他，已經夢到他兩、三次了。		
Co.	這個壓力是什麼？	你還記得夢嗎？要不要談一談？做這個夢有什麼感覺？夢到這個人，讓你想到什麼？你想這個夢的意思是什麼？	諮商老師可以詢問個案的夢境，因為夢是有意義的，被個案夢到的人，通常對他來說都有很深的意義。個案作夢對諮商老師來說，是很好的資源和線索，諮商老師可以藉由解析夢，來幫助個案

（續）

Cl./Co.	對話實例	Co.更好的表達方式	督導的回饋
			瞭解潛意識世界，幫助個案自我探索夢的意義。
Cl.	我也不知道。		
Co.	是害怕嗎？還是其他的……。		我們假設個案的行為模式會一直重複，因此在談個案和生教組長的關係時，也可以去看個案和其他人的關係，包括和家人、朋友等。藉由這種探討，我們會發現個案不斷重複的問題行為模式。
Cl.	害怕他找我麻煩啊！		

諮商實務 Q & A

Q8-1：每次諮商晤談應如何開頭？「你這個禮拜過得怎麼樣？」或「上禮拜我們談到……」似乎都不是一個很好的開始？

A8-1：一般而言，「你這禮拜過得如何？」比較像是醫師看診時的問法，因為醫師必須要透過這樣的問話來評估患者用藥的情形。但是，心理師在晤談時，通常會使用比較開放的問句，例如，「你今天想談什麼？」讓個案自己決定每次想要談的主題。有些個案甚至不用心理師起頭，自己就會開始表明本次晤談的主題。

Q8-2：當事人一直做認知上的陳述，對於情感的表達不熟悉，當心理師運用一些方法來促使當事人體驗情緒，感覺似乎在逼當事人，心理師可以怎麼做？此外，當事人不知道是什麼原因，覺得自己最近很喜歡回家，心理師應作何理解？

A8-2：當事人表達自己的方式，有很多種，有的傾向於認知上的陳述，有的傾向於情緒上的陳述，有的傾向於行動上的、非語言的表達。當事人是否用適當的方式來表達自己，是心理師值得觀察的一個重點。過於僵化、固著的用某一種表達方式，便需要回饋給當事人，幫助當事人增進自我瞭解，學習不同的表達方式。如果當事人不熟悉情緒的表達，心理師可以用適當的方式來幫助當事人熟悉情緒的表達，例如，使用教導的方式、角色扮演的方式、鼓勵的方式等，一步一步的教導當事人學習使用情緒的表達方式。

　　心理師在幫助當事人學習情緒的表達時，盡量避免採用強迫或規定的方式，而是要用邀請或實驗的方式，來鼓勵當事人用新的方式來表達自己。如果心理師擔心自己的態度過於強勢或勉強，可以直接詢問當事人，「剛才你在做情緒表達的練習時，你會不會覺得不舒服？會不會覺得我在逼你？」只要當事人表示還可以或不反對，心理師便可以比較放心的繼續採用直接而有效的助人方式。

　　關於當事人表示最近很喜歡回家，這樣的表示其實是一個很好的事情，當事人在生活上遇到挫折時，可以暫時退化一下，可以回家一下，讓自己休息安頓一下。如果經過心理諮商之後，當事人逐漸可以在心中也建立一個類似家這樣的地方，可以在挫折時暫時回家休息整裝待發，這是最好不過的事。

Q8-3：個案在一次晤談時說了很多的問題，這時要選擇哪一個問題來談呢？

A8-3：個案一次說很多問題，有時讓心理師不知道要從哪一個問題著手。我們認為這個時候，心理師所應該關注的不是個案的問題或說話內容，而是個案呈現出來的方式。比如個案所說的內容為何如

此雜亂？個案究竟要說什麼？讓個案看到這是不是他所熟悉的模式，常用這樣的方式在談問題，幫助個案覺察自己是如何呈現自己、表達自己，是自我瞭解的重要工作。有了這樣的瞭解之後，再針對個案最想談的問題來談。

Q8-4：個案說話遲緩，心理師問及探索性的問題時，個案往往回答「不曉得」，而且眼睛盯著心理師，心理師該如何晤談？

A8-4：個案盯著心理師看，至少表示個案在諮商中有參與，在諮商初期，心理師需要評估個案是否有足夠的能力進行領悟性的心理諮商，如果發現個案目前仍無法做領悟性的探索，則可以提供支持性的心理諮商，給回饋、支持，幫助個案維持目前的功能，再慢慢增加其探索的能力。

　　對於智力中下又罹患心理疾病的個案，通常比較不適合進行領悟性的心理諮商，如果再加上缺乏語言與社交能力，那麼心理諮商的方式就需要多一點結構，每次晤談可以針對幾個主題進行討論，如此可以避免無法聚焦的問題，也可以減少過多的沈默時刻。

▍歷程取向的談話技巧

一、處理的技巧

　　「**處理**」是英文 **process** 的翻譯，原文的意思包括經歷一個過

程、加以處理、整理、弄清楚、一點一滴的弄清楚，是一個動詞。「**歷程取向**」（**process-oriented**）即是運用處理技巧的方式來幫助個案進行自我探索。心理師跟個案晤談時，應多協助個案探索，多瞭解個案對事情的看法、感覺及行動為何，任何一個方向都有必要瞭解，探索時所使用的語言是催化的，而非質詢的，以多協助個案探索為基本原則。

有些個案不願意談起傷心往事，心理師可以告訴他：「現在的我們常受過去經驗的影響，要徹底改善自己，有時候必須處理過去的事，去克服，至少可以去面對，而非受其干擾。」

處理的目的在於增進個案的自我覺察。例如，一位個案初次來接受心理諮商，他一直以微笑來防衛自己的不安，心理師可以幫助他覺察自己的言行表現，因為個案也是有自尊，不喜歡被面質，心理師可以詢問個案：「你現在的心情是什麼？」但是在諮商初期，不宜對個案說：「你在笑，可是你的心情好像不是快樂的。」此外，也可以請個案去感覺表情和心情一致時與不一致時的不同。個案都希望表現他最美好的一面給心理師看，只是無法採取一個恰當的方式，幫助個案多一些覺察可以有效的使個案過得更好一些。

精神官能症的人最需要的是心理諮商，處理的技術是幫助他們最常用的方式。精神官能症個案對於一些一般人認為很簡單的事情，都會想得很複雜，對同一件事情或同一個人，總是無法擺平喜歡與不喜歡的部分，內心經常處於愛恨交加或趨避衝突的狀態。例如，有一位個案說自己不喜歡跟朋友出去玩，別人都說他這樣很奇怪，個案也覺得自己這樣很不好，結果個案便一直如此感覺到衝突。幫助此類個案的方式，便是以處理的技術來進行，心理師可以詢問個案以前是否有類似的感覺？最早有這種感覺是什麼時候？往

往是因為第一次的經驗不好，使個案往後遇到類似的情形，便採取過去用過的方法，但是這些方法往往不合宜了。心理師可以將個案呈現的經驗說出來，引起個案的好奇，詢問個案自己的問題是否與早年經驗有關，因為個案往往將記憶分割，以避免感受早年事件的痛苦，若能將兩者連結起來，就可以增加個案的領悟，當年是小孩子不會處理，現在已經是大人，比較成熟了，在觀念與作法上可以有所調整。人的認知能力可以發展與累積得很快，但是處理情緒或感情的能力則不容易改變，小時候的感覺和觀點常常影響人在長大之後的做人處事，例如，遇到類似童年發生的事情，情緒容易激動，幫助個案對這些現象的覺察是很重要的諮商重點。

筆者從事臨床工作多年，獲得下列幾項領悟：

1. 個案說出來的問題，不是問題；做出來的問題，才是問題。
2. 個案說出來的事情，通常不是最重要的；沒有說出來的，才是重要的。
3. 個案呈現自己的方式，不僅暴露了他的缺點，也表現了他的優點。
4. 個案與心理師說話時，不僅在說自己的故事，也在說兩人的故事（關係）。
5. 幫助個案覺察症狀，與幫助個案消除症狀一樣重要。
6. 有困難和心理師工作的個案，通常也是較困難的個案。
7. 個案有兩類，一類是需要心理諮商，一類是需要心理諮商師；前者做起來效果好，後者做起來不會有效。

處理技術的使用，通常在於增進個案對於自己感覺與想法的覺察。但是，任何人對於事情的感覺與想法卻是很複雜的，例如，諮商關係中，個案對於心理師的請假，便存在許多的感覺與想法，個

案的真實感覺多半是高興和失望參半,心理師可以鼓勵個案說出來,而不是一團莫名的情緒。如果個案習慣於壓抑對心理師的負面感覺,心理師可以問:「除了高興,還有其他的感覺嗎?」鼓勵個案自己講,重點在於個案的覺察,個案覺察之後心理師再同理,個案比較能感覺到被接納。

任何事情都有正反兩面的情感和想法,人心是複雜多向的,並非黑白分明,個案對於重要他人的感覺是如此,對於心理師的感覺又何嘗不是如此。心理師可以做的工作就是協助個案探索:「除了……,還有什麼感覺?」教育個案瞭解人的感覺是複雜的,並且進一步幫助個案在處理自己與他人的關係與感情上,可以更細膩一點。

諮商歷程中,心理師要隨時注意個案語言與非語言的一致性,幫助個案發現自己不一致的部分。有時心理師比較容易陷入個案的問題中,反而忽略諮商歷程正在發生的事,立即性的反應較少。心理師可以問個案:「你有沒有發現當你在說很難過的事情的時候,你的表情是在笑?」「平常遇到難過的事情時,你也常用這樣的方式表達嗎?」

心理師幫助個案探索感覺的時候,不宜只探索負面的情緒,而是要多方面的探索。例如,個案談到對父親的感覺時,心理師問他:「你不喜歡父親什麼?」這樣的問法會窄化探索的範圍,而且偏重負面,反而無法幫助個案覺察較多對父親的感覺。因此,較好的問法是:「你可以描述你對父親的感覺是什麼嗎?」「你期待可以與父親維持什麼樣的關係?」這些問法可以擴展個案的覺察,當他可以覺察時,個案比較會朝這個期待的目標去做,這樣比較容易產生改變,如果侷限在負面情感,就比較難以幫助個案覺察與調整

自己對重要他人的關係。

　　有些個案誤以為心理諮商就是要談自己的問題，因此一直避免談到自己的正面經驗，事實上，心理諮商並未有此限制，個案可以談任何他想談的事情，對於個案一直選擇負面經驗來談，也是一個值得探索的焦點，究竟個案是如何看待正面經驗，在其心目中是正面經驗不重要，還是不值得談？還是覺得別人不會瞭解？甚至會誤解他？還是誤以為心理諮商只能談問題？心理師可以問個案這個習慣是怎麼形成的？例如，男朋友在個案的生活中佔的比重很大，而個案卻不去談他，這是很奇怪的。

　　有些個案會在想像中，拿自己和別人做比較，甚至在諮商中，拿自己的心理師和別人的心理師做比較，然後說別人的諮商是完美的，自己的諮商是一塌糊塗的，懷疑自己沒有成長改變。這些想像造成個案的困擾，個案不重視自己的經驗，貶抑自己的經驗，或是太快否定自己，這是怎麼造成的？而這是否是他想要的？這些都值得在心理諮商中進行探索與覺察。對於自我限制很深的個案，心理諮商的重點在於幫助個案覺察他的困擾原因主要來自於自我設限。

　　心理師偶爾會遇到個案滔滔不絕的述說自己的遭遇，或者個案冗長的敘述事件或內心感受時，心理師常會有不知是否適宜打斷個案說話的猶豫。若心理師覺得有需要，可以適時介入，有時會打斷個案的思緒，但是通常不會傷害個案。重要的是心理師講的話、講話的方式和態度。心理師可以說：「對不起，我想打斷你的說話？」或「不好意思，能不能打個岔？」心理師如果要打斷個案的說話，最好先徵求一下個案的同意。這也是一般人說話的禮貌。有些個案會掉入其敘述中，滔滔不絕的說著自身的問題而看不見自己，心理師要幫助個案一邊講一邊聽，培養個案「**觀察我**」（**ob-**

serving ego）。例如，心理師可以說：

「你剛才講的地方能不能多講一點？」

「你剛才聽了你前面講的，你有什麼想法？」

「你講了很多，能不能用幾句話摘述一下？」

心理師適時的介入，有時會讓個案鬆了一口氣，個案可能會因為緊張或不知道在諮商時要做什麼，而不斷的說話。

當心理師肯定個案堅持自己的決定，並說：「我在你的決定中看到你很堅強，即使心中對這段感情非常不捨得，非常難過，但還是堅持下去。」到了諮商晚期，個案有較多的覺察及力量，心理師可以試著讓個案自己去增強自己，將心理師的增強內化。心理師可以說：「你覺不覺得你做這個決定也需要很多勇氣？」心理師也可以問得更模糊一點：「你對於自己做這個決定有什麼看法？」讓個案另一面的感覺也有陳述的機會。

心理師應幫助個案看清楚自己的感覺，再決定如何面對自己的多重感覺，而非引導個案只注意某方面的感受。一個決定的本身，必然包含了各式各樣的感覺在其中，如果心理師企圖改變個案的心太強烈，會使個案產生心理防衛。例如，個案的表達方式不妥，心理師可以問：「你是不是很清楚自己的表達方式？」不要太快去評價個案。

心理師可以說：「要做這種分手的決定，你的感受會是很複雜的，你要不要試著說說看？」一個抉擇會有各式各樣的心情，等個案各方面都探索之後就會更清楚。「你有沒有想過還有其他的感覺？」

因為人與人之間的潛意識會互相溝通，因此，和個案在一起時，心理師要保持一種舒適自然的態度，讓自己的這些輕鬆自在可以透過潛意識去影響個案，幫助個案放輕鬆。諮商晤談時，如果心

理師很緊張，個案也會不自覺的跟著緊張，不知道要說什麼好。

　　心理諮商的重點是培養個案探索自己的能力，並且在兩次諮商晤談之間，會自己繼續探索、思索與覺察，這樣的能力需要不斷的練習。這種增進個案探索、覺察能力，並培養個案自我探索的習慣，才是最重要的諮商效果。如此，個案不僅是解決了當下的問題，也增強了敏感度與解決問題的能力，不是給個案魚，而是逐漸訓練他釣魚的技術。

　　對於個案所陳述的所有事情（包括人、事、物等），心理師要和這些事情保持同等的距離，心理師只是看著這些事情的發生，需要時才給回饋或給予統整性的詮釋。心理師不需要特別認同個案的某種情緒，而是提供一個心理空間或諮商環境讓個案看到、學到一些什麼。

　　心理師要用七分的精神專注在個案身上，傾聽、同理、鼓勵個案，盡量去貼近個案的經驗；用三分的精神注意自己在想什麼，以及情感反轉移的現象，關注自己與個案之間的關係與互動，並且隨時覺察是否需要介入。心理師進出個案的內心經驗需要自覺一點，當覺察自己太融入時，記得退出一點。

　　心理諮商中，並非心理師的話在影響個案，而是在心理師所提供的氣氛、環境、空間、時間下，個案看到自己，對經驗有深刻的敘說和瞭解，當個案看到了自己觀點的盲點或死角時，自然會迴轉過來。心理師不需要講太多有智慧的話，經由個案自己講出來的體會與領悟，效果是最好的。因為同樣的話由心理師和由個案說出來的感覺不同，如果個案感受不到心理師所說的話的意義，他就享受不到那個好處。由個案的人生歷練所結晶出來的東西，對個案來講是最有意義的。

　　心理諮商通常會改善個案的語言表達與溝通能力，個案在諮商初期與諮商後期的表達方式如果有明顯的不同，表示個案已經將心理師的話內化，例如，能夠自我分析，看到自己如何與人互動，這些都顯示諮商對個案的影響。心理師說了什麼對個案在過程中有其特定的影響，而個案改變的主要原因則是心理師所提供的諮商情境與治療關係。

　　在心理諮商的過程，心理師需要學會使用語言來**重新框架（re-framing）**個案的經驗，不要講出過於批評性的話，心理師使用的語言和說詞，最好是要能切入問題，又要讓個案覺得好受。

　　心理分析學派的心理諮商，在晤談時，心理師鼓勵個案自由聯想，而不希望個案帶著準備好的主題來談。對於談話主題總是有備而來的個案，比較不容易放鬆壓抑，不容易開放自己進行深入潛意識的探索。採取自由聯想的晤談過程幫助個案放鬆自我的壓抑，可以減弱自我防衛機制，如此個案才會有機會進一步瞭解自己內心深處的慾望與衝突。

　　在諮商晤談時，如果心理師出現「卡住」的感覺，可以引導個案跳出卡住的談話主軸，轉移去談其他的主軸。從圖 8-1 可知，心理師與個案談話的主軸有三：

1. **現實的關係**：在這個主軸上，個案主要述說的是，他與當前重要他人的人際關係及其問題。例如，感情問題、婚姻問題、師生問題、工作問題等。這些通常也就是個案的求助問題，個案因為這些人際問題而尋求心理師的專業協助。個案通常使用較多的時間述說這方面的問題。

2. **原始的關係**：在這個主軸上，個案主要述說的是，他與父母親的關係，特別是關於個案早年與父母的關係，包括個案如

何被教養長大的，個案記憶中的早年親子關係，以及個案對父母的種種感覺和想法。有的個案會主動述說自己的父母，有的個案需要心理師的引導。由於親子關係是個案出生之後的第一個人際關係，也是個案日後各種人際關係的原型，其他人際關係只不過是親子關係的翻版，因此，鼓勵個案在這個主軸上述說，有其治療上的必要。

3. **轉移的關係**：在這個主軸上，個案主要述說的是，他與心理師的關係。這個關係包括兩部分，一是個案與心理師之間真實的人際關係與感情；另一部分是移情，是個案將對父母或重要他人的感情轉移到心理師身上。心理分析學派的心理師特別重視個案在這個主軸上的述說，並且鼓勵個案多花一些時間進行這方面的述說。

所謂移情的辨識與處理，便是透過個案在這三個主軸上的述說，心理師提醒個案覺察個案在這三種人際關係上，出現人際問題的類似性或模式，產生覺察與領悟。關於移情的辨識與處理將於第十章做進一步的說明。

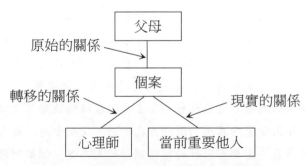

圖 8-1　個案與心理師晤談的三個主軸

案例討論 8-1

　　阿強是一位國中中輟生，曾經混過幫派，目前被社會局安置在社會機構，並且持續接受心理諮商。在心理諮商過程中，心理師以過程取向的方式協助個案進行自我覺察，以下的片段是摘錄自心理師的督導記錄，從心理師的細膩描述中，讀者將可以感受到個案在心理諮商過程中的內在衝突，也可以看到心理師如何在「個案與心理師」、「個案與女朋友」，以及「個案與父母」三個主軸上的轉移和連結，以幫助個案增進自我瞭解：

　　「個案過去認為自己是一個強者，這是個案硬撐出來的，不是真的，個案此時能夠看到自己的弱點，這是以前所沒有過的經驗，對個案而言是很深的覺察，會伴隨很深的失落感，感到悲傷。心理師此時的同理，讓個案看到他自己的勇氣，接近自己是很重要的。

　　個案提到害怕無法真正面對自己，怕自己就這樣子倒下來了，個案的體會很深刻，假如個案能夠看清楚自己的弱點，接受自己此時所有的真實感覺，體會真正的強者意味著個案能夠有勇氣來面對、接納自己的弱點。用自己身上所擁有的愛來滋潤自己，瞭解事實上所有的強弱和愛恨的情感都同時具有其優缺點，也同時在發揮對個案的保護功能，如此個案才能夠自由的運用自己內在的資源，能夠疼惜自己，關照自己，才能夠有真正的統整機會。

　　個案誤以為弱了自己就會倒下去，心理師要鼓勵個案繼續探索下去，假如個案能夠真正的看到自己的弱，反而會疼惜自己，這個過程並不容易，需要有很好的諮商關係作為基礎。個案迴避時，會跳開話題或沈默的時間很多，表示個案對自身或心理師的抗拒。個

案此次晤談所呈現的主題一貫，表示心理師對個案提供了足夠的支持，個案有足夠的信任感，願意冒險繼續探索下去，但仍害怕走不到底。

個案如果從小沒有被好好照顧、呵護，可能長大後仍然一直在等待、追尋這些早年未滿足的照顧與呵護，個案也可能理直氣壯的認為別人應該如此對待他，個案提到女朋友的依賴和期待時，心理師可以藉此協助個案有更深的探索，例如：『這會不會和你小時候的經驗有關？』『是不是小時候父母沒有好好的照顧你，讓你覺得很生氣？所以現在別人如果沒有好好照顧你，會讓你感覺自己像小孩子般的生氣？』引導個案如何看待父母對待他，個案如何看待自己和父母的關係，如何帶著這樣的影響長大？連結現在的感情困擾與早期親子困擾之間的關係，讓個案有深一層的領悟，瞭解女朋友並不是父母，增加對別人的體貼，設身處地為他人著想，減少對他人的侵犯。」

案例討論 8-2

個案是一位女大學生，因為人際困擾而求助於心理師，主訴的問題包括：不知道自己念大學以後要做什麼？分組寫報告時，不知道要如何與組員相處？不知道為什麼人際關係很差？以下是心理師提供的督導記錄，此一督導記錄可以呈現督導如何協助心理師處理個案的困擾，對於過程技術與諮商技巧，也有所說明。

個案問題的釐清：心理師要聽的不是個案主訴的每一個問題，而是要試圖去把個案的所有問題串起來，看看是否有一個問題模式存在，足以解釋個案所有的問題？尋找問題模式的方法如下：

1. 個案的語言表達：個案在諮商時，敘述事情的過程相當冗長，而且表達不清楚，很難把重點說明白→就像考試抓不到重點→心理師再類推：是否個案平常與人談話也是這樣，說話抓不到重點？甚至包括與心理師的互動中，是否也有相似的狀況？是否影響人際關係？

2. 個案的困擾模式：與同學分組做作業、寫報告的過程，與他人共同完成報告的相處模式→在其他的人際關係上，如父母、家人、朋友、工作上是否也會有同樣的問題出現？

心理師要怎麼做？如果心理師發現個案語意表達不清楚，可以採取下列兩個方式來回饋與澄清：

1. 內容取向：心理師可以針對個案所說的內容，要個案再澄清清楚。

2. 過程取向：心理師可以針對個案與心理師的互動過程進行探索與澄清，心理師可以立即反映對個案的感覺，例如，感到個案說話常常抓不到重點。幫助個案覺察自己的說話模式，表達方式，因為這可能是個案以前所未能覺察的部分。當他覺察後感覺又如何？讓個案自我評價，評估覺得自己的方式好或不好，如何保持或改善？

技術的使用：在這個案例中，心理師可以使用的技術包括：**具體化（concrete）技術、立即性（immediacy）技術**，以及練習技術。

1. 具體化技術：心理師要個案舉具體的例子說明，語意模糊的部分透過例子可以更清楚瞭解其意義。

2. 立即性技術：心理師可以針對當下兩人的互動做立即性的澄清，如個案覺得他人對他有不信任、不尊重的感覺，可以問

個案是否覺得心理師對他也有這種感覺？如此，不僅可以釐清兩人的關係，也可以幫助個案作此時此刻的覺察，覺察與心理師的互動和與他人的互動有何異同？

3. 練習技術：因為個案說話冗長、重點不清楚，因此，在諮商中心理師可以幫助個案在當下做練習，例如，將剛才所說的話用更簡潔的方式表達，練習具體、清楚的表達方式，讓個案學習新的講話方式，也更清楚覺察自己的說話模式。

諮商的層次：針對這個個案的困擾問題，心理師又可以分為兩個層次來處理：

1. 較淺的諮商層次：心理師只針對個案所提出的困擾做報告，幫助個案處理、解決與小組成員相處的問題。

2. 較深的諮商層次：心理師不僅處理個案當前的人際問題，也處理一些個案並沒有主動提出的問題。例如，個案與家人、朋友或工作同事的各種人際問題。心理師幫助個案所處理的問題範圍，不需要侷限在個案所主訴的問題上，而是類推到相關的、但是個案未覺察的問題模式。

諮商實務 Q & A

Q8-5：個案談及國中時候，因為壓力大，國二即開始有自慰行為，有時候會導致扭傷，自覺白天和晚上似乎判若兩人，白天給人很乖沒事的感覺，晚上自己會一直幻想不是自己這個年齡身份該想的事，上大學後接觸異性，會擔心自己分不清楚白天晚上，做出後悔的事情，覺得需要探索整合。

A8-5：個案跟心理師談過去的性經驗，主要的動機可能來自於個案

目前無法獲得性的滿足。心理師可以幫助個案去探索的主題包括：過去的經驗對現在生活的影響是什麼？個案體質對性的敏感度高，個案如何看待自己的身體與性生理？個案對於自慰行為的想法與感覺是什麼？有無特別的罪惡感？是否可以釋然地接受自己的性幻想和性行為？

通常焦慮程度較高的人，會對自己身體的訊號解釋的比較負面、比較嚴重。關於個案擔心自己做出幻想的事情，心理師可以詢問個案是否曾經發生過？瞭解個案在幻想時，可以讓他得到什麼？他是否有足夠的能力去節制自己將幻想行動化的衝動？人會有一些基本慾望，夜晚容易使慾望出來，幻想也是一種經常被使用來逃避現實問題的有效方法。個案有異性需求，但是因為某些原因無法交到異性朋友，性幻想變成為一種安全的替代方法。心理師與個案可以有一個假設：當個案開始結交異性朋友之後，此部分的幻想可能會減低，反之則提高。個案為了解決自己在性方面的問題，需要冒險結交異性朋友，重新看待自己的性需要，將幻想賦予新意義。心理師亦可以協助個案探索自己是否出現在個案的幻想與夢之中，藉此可以瞭解移情現象。

Q8-6：個案談話時容易岔開話題，無法與自己的感覺接觸，如何去引導個案？

A8-6：處理的原則如下：

1. 心理師可以運用「想像」的方式，幫助個案進入情境。

2. 當個案說不出感受時，心理師可以引導個案去談對心理師的感覺。這樣練習可以有幾個功用：

    (1)幫助個案練習表達感覺。

(2)可以藉此時此刻的情境，練習說自己的感覺，如果個案說不出來，心理師可以幫助個案描述當下的感受，幫助個案練習說出感覺。

(3)如果個案能夠學習，在諮商情境中，自在地表達對心理師的感覺，自然有助於幫助他自在地對他人表達自己的感覺。

(4)心理師可以藉此瞭解，並處理個案的移情現象。

3.在諮商情境中，當心理師遇到諮商瓶頸時，心理師可以藉由個案對心理師說出其對心理師的感覺，來瞭解與改善諮商關係。

4.當個案無法對其重要他人說出感覺時，可以在角色扮演中以心理師作為練習對象。

Q8-7：我的個案說話習慣總是要把事情的來龍去脈講得鉅細靡遺，讓我都很難插嘴，該如何處理？

A8-7：這個個案的說話習慣是把事情的來龍去脈講清楚，可是這樣可能會讓人覺得很厭煩，因此，心理師需要在晤談時打斷個案的說話，將這樣的情況反映給個案知道，可是這樣的打斷很容易引起個案的不舒服，覺得心理師在批評他。因此，心理師要適時的教育個案：「有時候我會打斷，希望你不要介意，因為我的工作就是要幫助你整理你說的內容，當我有看到什麼或想到什麼的時候，我就會打斷你，如果這樣的打斷讓你覺得不好受，也請你告訴我！如果你不瞭解我為什麼會打斷你，也可以問我。」或者，心理師可以說：「在這個諮商過程中，我們就是要一起來聽，一起來看看你遭遇到什麼問題，要怎麼處理，可以讓你以後不要再重蹈覆轍。」如此說

明的目的，在於教育個案對心理諮商有更多的瞭解，進而更有效的運用談話的時間。

對於個案解釋很多的部分，心理師可以回應：「雖然事情要講仔細人家才會懂，可是每一件事情都需要這樣說嗎？好像有些事情，我們是有需要說得很清楚，可是有些事情也許直接說結果就可以，如果別人有不懂的地方，他會問，我們再補充，也許你可以試著更精簡的表達你的意思，如果我有不懂的地方，我會問你。」這個個案在表達自己的部分缺乏彈性，大事小事都要交代得很清楚，短話長說，心理師可以協助個案試著長話短說。

自然，還要注意一點，有時個案會用冗長細節的說話方式，慢慢為自己準備談出一些較不好出口的事情。有時則會過度強調非關重點的細節，其用意在逃避重點內隱含的情緒。

說話很多的個案多少表示個案有待處理的焦慮。一般若是個案準備好來談的東西，比較不會引起焦慮，之所以會引起焦慮，是平常個案在外面比較沒有辦法對別人說的，所以心理諮商就是提供一個安全、可以說話的環境，透過不斷地確認個案的感受，鼓勵個案多說一點，讓個案可以去看到自己較深層的內在世界。當諮商關係走到後期，關係建立穩固、收集足夠的訊息時，心理師不再只是傾聽、同理、回應，而是較主動的做面質、詮釋、概念化、形成假設，將個案的某一種固定的行為模式，回饋給個案，試圖讓個案與過去的經驗作連結，找出問題模式的根源。

二、回顧與摘要

歷程取向的心理師有時會邀請個案針對某一次、某幾次，或整

個晤談過程作一個回顧或摘要。例如，在轉換話題之前，心理師可以先詢問個案：「你剛剛講了滿多的，你要不要先做一下整理？」回顧的方式最好由個案自己來做，尤其是在整理有關個案負面的資料時，讓個案自己來看自己，而非由心理師來做檢討。心理師可以說：「你要不要談談看這七次晤談的結果你有什麼感覺？對自己有哪些特別的地方？」如果個案只看自己的負面，心理師可以說：「要不要多談一點正面的經驗？」對個案沒有做到的部分，可以對個案的努力與辛苦說：「很不容易啊！你那麼努力，但有時候老毛病還是會跑出來。」

是否每一次晤談都要做結尾或摘要，原則上是不需要，除非心理師有一些理由。最好請個案自己摘述今天談話的心得，這樣的作法，可以讓個案重新回憶這次晤談的內容，心理師也可以藉此瞭解個案受益的程度。

當個案天馬行空的講，心理師較難全部記住，這時，心理師可以請個案自己摘要、歸納，順便給個案一個自我統整的機會。

諮商實務 Q & A

Q8-8：個案談話內容包括了許多的話題，怎麼辦？

A8-8：心理師可以幫助個案覺察自己「頻換話題」或「話題很多」的現象，問個案自己是否發現這一點？談許多的話題以致於無法朝某一、兩個話題深入談下去，詢問個案是否想如此？變換話題通常是個案的防衛表現，可以幫助個案探索什麼原因使他常常需要變換話題？是否個案自己也有許多的擔心，一旦深入談某一些話題會增加他的焦慮不安？心理師可以設法引起個案對自身變換話題的現象

產生瞭解的好奇，鼓勵個案練習集中的、深入的談一個話題，看看
會發生什麼？心理師只要保持中立、中性的態度，不去評價個案的
常換話題，只是盡一個心理師的本分，把自己觀察到的現象回饋給
個案，以及幫助個案加以覺察和瞭解。心理師可以問：「你是否有
注意到，你自己常常會一個話題沒談完就換另一個話題？你和別人
談話是否也一向如此？」「你真的喜歡這樣子嗎？你對自己講話常
常換話題有什麼感覺？背後是否有一些特別的考慮？」通常幫助個
案覺察自己的問題模式，探討問題行為的含意，以及增加對問題模
式的領悟之後，個案可以決定要不要改變，領悟之後的改變才是真
正的改變。

▌晤談相關技巧

在實務工作上，心理師會經常遇到有關互相聯絡、家屬介入、
家庭作業等問題，本節將說明處理這些問題的適當方式。

一、聯絡方式

與個案見面的時候，心理師可以給個案自己的名片，名片上的
資料包括心理師的任職機構、職稱、辦公室地址、辦公室電話等。
有些心理師會因實際的需要增加別的資料，例如：諮商心理師、臨
床心理師專技高考及格或其他專業執照名稱、最高學經歷、辦公時
間，以及約談時間等。

　　原則上，心理師不應該把私人家裡的地址或電話告訴個案，如此做固然可以增加個案與心理師聯絡的方便，但是心理師也同時開放自己的私人時間，容許個案介入心理師非上班時間的生活。心理師告訴個案家裡的地址與電話號碼，需要非常審慎的考慮其後果。比較模糊的地帶是，心理師適不適合告訴個案自己的手機號碼或電子郵件地址？理想上，心理師最好有兩支手機，以及兩個電子郵件地址，只告訴個案公務用的手機，以及電子郵件地址，那麼既可以增加與個案聯絡的方便，也不會影響到私人的生活。

　　在緊急的時候，是否可以告訴個案心理師家裡的電話或手機？理想上，心理師應該有一個個案可以使用的緊急聯絡電話，這個緊急聯絡電話最好與心理師家裡的私人電話分開。例如，心理師可以告訴個案在緊急的時候打心理師服務機構的緊急聯絡電話、緊急醫療網的電話、鄰近醫院急診室的電話、警消單位的緊急協助電話，或者生命線緊急熱線電話等。私人開業的心理師也可以租用 24 小時接線的服務，平常接線公司可以幫忙白天或下班時間的接線工作，下班時間遇到緊急的個案電話，可以馬上聯絡到心理師做緊急處理。提供心理師私人電話作為緊急聯絡電話仍然是下策，或不得已的選擇。

二、家屬介入

　　心理師在與個案工作的時候，家屬會以各種方式出現，有的以陪同出席的方式出現，有的以監護人的角色出現，有的以協同諮商者的角色參與。由於家屬的參與，使得心理師對於個案的專業保密變得十分複雜。不論個案是成人或未成年的兒童青少年，心理師

在處理家屬的介入時，要格外的謹慎。

在初次晤談的時候，心理師可以事先表明專業保密的必要性，以便取得個案當事人的信任。例如，心理師可以在兒童個案與父母都在場時說：

「我和小華的談話是保密的，沒有經過小華的同意，我不會告訴別人，包括爸爸媽媽和老師。如果爸爸媽媽想知道小華的事情，可以直接詢問小華，如果小華不想說，希望爸媽也能夠體諒。如果小華遇到一些重大的事情，例如傷害自己、傷害別人的事情，我一定會盡快告訴爸爸媽媽的。對於我的說明，不知道大家有沒有問題？」

心理師與個案諮商期間，如果家屬來找心理師或打電話給心理師，心理師最好在下一次與個案見面的時候，向個案略做說明，什麼人跟心理師談了什麼事，內容不需要詳細，如此的作法，主要在維護個案對心理師的信任，避免個案猜疑家屬接觸心理師的動機。原則上，家屬告訴心理師的任何事，心理師可以聽，可以問，心理師詢問家屬關於個案的事情，並不違背專業保密的規定。心理師需要做的是，避免在未經個案同意的情形下，去告訴第三者關於個案的事情。

原則上，心理師不宜主動、未經個案的同意就去邀約家屬來晤談。心理師若想要打電話或約談個案的家屬，最好先徵求個案的同意，並且能適當說明理由，如果個案不同意，則要先瞭解和處理個案的不同意。除非緊急的情況，需要通知家屬或有關單位，心理師為了維持專業保密的形象，總是被動的與家屬聯繫。如果個案是成人，心理師更需要如此，如果個案是兒童，那麼心理師主動與家長聯絡比較順理成章，至於青少年，則介於兩者之間。

　　處理家屬的介入，常常因學派之不同而異，一般而言，心理分析學派比較採取個別工作方式，因此比較不會主動邀請家屬的介入，家屬介入的程度也比較少。家庭系統學派則比較會主動邀請家屬的參與，並且家屬參與的程度也比較多。兒童心理師比成人心理師更會在工作中，主動去邀請家屬的參與，並與家屬保持聯絡。

三、家庭作業

　　心理諮商的時候是否要給個案家庭作業，一般要視諮商學派而論。心理分析學派的心理師比較不會給個案家庭作業，認知行為學派則會給個案一些家庭作業，其他學派則介於兩者之間。家庭作業是一種學校教育的輔助方式，在心理諮商領域，可能會使用不同的名稱，例如，人際實驗、親身體驗、技巧練習、角色演練，以及改變做事的方式等。

　　心理師給個案家庭作業，主要涉及兩個層面的問題，一是什麼作業，一是如何給作業。為了幫助個案增進自我覺察與行為的調整，心理師可以適時給予個案一些做練習的建議，但是，心理師最好是以建議的方式提出，再由個案決定是否要接受。如果個案有一種被規定去做作業的感覺，這樣是否會帶給個案一些壓力，而這些壓力對個案的影響是如何呢？因此，心理師在給作業的時候，要注意是否會造成個案的壓力，如果需要給作業的話，應該徵求個案的意願，是否願意去嘗試做一些生活上的練習，這樣的方式效果會比較好。有些個案中輟或停止諮商的原因，可能和個案因為作業沒有做，不好意思或不敢面對心理師，而中斷心理諮商，這是十分可惜的事情。

　　心理師給個案作業的時候，不一定要以家庭作業的名稱或方式實施，有時要視個案的教育背景而定。對於喜歡家庭作業的個案，可以使用家庭作業，邀請個案作一些行為演練或人際實驗。對於家庭作業比較排斥的個案，心理師可以用鼓勵、邀請的口吻，請個案回去之後，嘗試去做些練習或體驗，但是心理師在言談之間，並沒有提到「家庭作業」或「作業」這樣的名稱。

　　有些心理師會在晤談結束的時候，給個案一些下次晤談主題的建議，例如，「今天我們就談到這裡，回去以後，請你想一想生命中最重要的事情是什麼？下次我們再一起討論，好嗎？」心理分析學派的心理師通常不會指定個案下次晤談的主題或方向，因為如此指定或規定的結果，容易窄化個案的思考空間與探索主題，違反自由聯想的原則。心理分析學派的心理師並不會在晤談結束時，告訴個案下次要談什麼，只是很自然的說：「時間到了，我們今天就談到這裡，下週同一個時間再見。」心理師給予個案最大的空間，在下次晤談時，可以談任何個案想談的事情，而不是心理師指定的事情。心理分析學派認為，個案有準備而來的談話主題，有可能是個案經過詳細篩選，原來就已經知道的、安全的主題。這樣的主題對於增進個案對潛意識的瞭解並沒有幫助。

　　晤談主題應該由個案決定，最好是個案未經仔細思考就提出的主題。我們認為個案的問題所在，通常不在於個案缺乏知識或技術，而是由於個案內心的衝突與矛盾，以及對事物人際現象的認知扭曲而不自知。心理師的工作在於提供個案一個寬廣的心靈空間，在此空間個案可以做最大幅度的探索與成長，以增進自我瞭解和成長。

　　良好的心理師，是個案的一面鏡子，或是一個空白的銀幕，容

許個案自由自在的投射內心的衝突與問題，心理師透過這些個案真實的呈現，來協助個案自我覺察、自我瞭解，讓個案自己去發現自己的問題以及問題的癥結所在，學習用不同的觀點來看世間的許多事情，放鬆壓抑與防衛機制，來對一切經驗開放。無論如何，個案必須學習做選擇，選擇改變或不改變，如果個案願意充分的作自我覺察，心理師也需要學習尊重個案作改變或不改變的決定。心理師不需要替個案解決問題，在心理師的支持之下，個案會有能力處理自己的問題。

四、心理師的自我覺察

在心理諮商時，心理師要節制自己的說話，避免滔滔不絕的講話方式。心理師說太多的話，會有下列的反效果：

1. 容易作個人主觀的解釋。
2. 容易給個案太多的建議。
3. 容易滿足自己的慾望，認為自己懂的比較多。
4. 容易擔心沒話說，用講話來掩飾沈默的不安。

心理師晤談時，以最自然的表情來說話，來傾聽個案即可。心理師不需要經常保持面帶微笑。心理師保持自然、專業、放鬆的心情和態度，最能夠帶給個案安心與信任。

關於晤談技巧，我們對於心理師新手有如下的提醒：

1. 諮商的目的在於幫助個案用各種角度來瞭解自己：心理師需要把握的一個大方向，是幫助個案增進自我瞭解。只要把握住這個大方向即可，至於個案想談什麼，其實並不是最重要的。晤談的主題應該以個案想談的主題為主，而不是心理師

想談的、好奇的主題。心理師不僅幫助個案覺察自己所說的話、所探討的主題，更重要的，心理師要幫助個案覺察個案呈現自己的種種方式。

2. 心理師應避免在晤談時，緊緊跟著個案的談話：心理師應避免個案說一句，心理師說一句的晤談方式。這樣的方式會使彼此有一種窒息的感覺。心理師要懂得放鬆、等待與察言觀色，而不是盯著個案一說完話，馬上就接著說話。心理師可以學習在個案說完一段話之後，稍微等候一下，不需要緊接著說話，更不需要搶話。

3. 在晤談過程中，心理師在接話的速度上不要太快，不要與個案一句來一句去的很快接話，心理師的快速接話和解釋，是一種強力的干擾，會干擾個案的反思，不利於個案自我探索習慣的培養。**有限度的鼓勵**（**minimal encouragement**）（**Meier & Davis,** 1997）是最好的接話方式，心理師使用點頭、眼神或僅說「嗯嗯」等方式接話，才能夠讓個案在不受干擾的情況下，述說與探索自己的問題。因此，在諮商過程中，心理師必須注意盡量在不干擾個案的情況下，進行對話、引導，以增加個案對自身的覺察。

4. 心理師要避免評價個案：心理師是一面鏡子，而不是一個評價者。不論對個案是好的評價或不好的評價，心理師最好要避免。如果一定要評價，最好由個案自己來自我評價。例如關於個案自己容貌的美與醜、智力的高與低、職業選擇的好與壞等。

5. 諮商晤談宜盡量深入，不宜輕易另起新話題：只要是個案想談的話題，總是有意義的主題，心理師可以鼓勵個案在同一

個話題上，盡量的說話、聯想與探索。晤談要深入，可能的方式包括：鼓勵個案對同一個話題談得更具體、更細，也可以針對同一個話題談得更廣泛、更多，也可以鼓勵對同一個話題談更早、更久遠的記憶。

6. 注意個案如何使用語言與非語言行為表達自己：有經驗的心理師應該平均分配他的注意力，理想的情況是，心理師花七成的精神與注意力，傾聽個案的述說，觀察個案的言行表現，同時用三成的精神與注意力，覺察自己的身心狀態與反移情。

7. 心理師要盡量收集與**問題模式**和核心主題有關的資料：心理諮商的核心應該是去關心個案強迫重複的問題或困擾模式。如果心理師在傾聽的時候，有所謂重點的話，應該是去留意個案透過說話與行為反應去呈現自己的問題模式，掌握這個問題模式，並且幫助個案作覺察，才是抓到心理諮商的精髓。

8. 心理師不要去追晤談的主題，而是讓主題自然呈現：有時心理師會擔心個案晤談時，漫無主題，覺得十分浪費時間。心理師於是急於收集各種「重要資料」，結果反而將個案的問題鎖住。事實上，個案漫無主題的談話方式本身即深具臨床診斷價值。心理師需要耐心等待，對個案重要的主題，只要給個案足夠的時間，個案自然會說或做出來。在個案尚未做好心理準備的時候，不論心理師如何的積極，恐怕也是徒勞無功的。

9. 心理師傾聽個案述說時，要整體、全面的聽，而不是聽部分、聽重點而已：如果個案有所謂**問題模式**，問題模式會在

眾多談話主題中自然呈現，不需要心理師刻意去尋找。如果
心理師只聽自己想要聽的主題，自然聽不到個案想要說的主
題。

10. 只有個案才能夠深入自己的內心世界：只有在個案的邀請之
下，心理師才有可能進入個案的內心世界。幫助個案瞭解自
己，包括瞭解對諮商的期望、自己的人際模式、自己要的是
什麼等。心理師要以「完全的和個案在一起，在個案邀請我
的情況之下，做我能做的」態度來進行諮商。

11. 對於價值觀、人際關係與感情問題時，心理師要避免給個案
建議：對於一般比較有所謂正確答案的事情，例如學習問
題、生涯問題等，心理師可以適度的給個案一些建議，至於
那些攸關沒有絕對是非對錯的事情，如價值觀、人際關係與
感情問題，心理師要避免太快太早給個案建議。心理師可以
在全面瞭解個案之後，幫助個案自己先給自己建議，最後，
在不得已的狀況下，而且也是以一種參考的方式，提出心理
師的建議給個案做為參考。

諮商實務 Q & A

Q8-9：在一次諮商晤談中，心理師使用了**空椅技術**，而個案在過程
中常有抗拒的現象，應如何處理？

A8-9：心理師在進行任何一種諮商技術的**介入**（**intervention**）之
前，都需要對個案的狀況有所瞭解，而且也要清楚做此一介入的理
由（**rationales**）為何？是真的符合個案的需要呢？還是只是符合
心理師個人的需要？此外，就算是符合個案的需要，也要視個案的

準備程度而定，如果個案還沒準備好，則不該勉強去進行，否則容易對個案造成傷害。以本次晤談為例，心理師可以在進行**空椅技術**之前，先將空椅法以及接下來要進行的方式與緣由，向個案作一說明，讓個案有心理準備，同時可以評估個案的準備度如何，是否適合進行？如果個案出現抗拒現象，心理師可以再緩一緩，先處理抗阻，不要急著進行。

Q8-10：心理師是否應該給個案一些建議，以幫助個案解決問題？
A8-10：其實一般個案所需要的是我們的尊重、接納、支持與同理，大部分的個案不需要心理師的建議、資訊、忠告，給個案建議、忠告的人已經太多了。我們要幫助個案能夠自我探索與自我覺察。所以不要太快太早給建議，也盡量避免主動給個案建議，最好請個案自己給自己建議。我們把諮商目標訂在幫助個案自我瞭解，個案瞭解自己之後，就會做一些調整，每個人都有解決問題的能力，諮商的首要目的並不是在改變個案的行為。過度給個案建議或答案，會讓個案對心理師產生期待與依賴，不再想去探索自己，為自己解決問題。

我們可以在諮商一開始的時候，就教育個案如何成為一個好的個案，他也會從我們對待他的方式去學習自己應該表現的方式，他會在會談的過程中，學到如何負責的自我探索，以便得以更加瞭解自己。所以心理師可以在一開始時，就很清楚的告訴個案，我們只能幫助他自我探索和自我覺察，並且期待個案願意接受這樣的諮商方式，心理師不需要按照個案的要求來做諮商。

Q8-11：我們是否可以在個案悲傷時，對個案有一些身體上的接

觸，如拍拍個案的肩膀？

A8-11：以心理分析學派來說，對於一般成人個案，通常是不鼓勵與個案有身體上的接觸，除非心理師有一些治療上的理由。對於一般兒童和老人則是例外，心理師比較會使用身體的接觸來表達支持，例如給小孩一個擁抱或扶老人一把等。基本上，心理分析學派認為心理師可以用語言去照顧個案，而語言本身就是一種安慰、一種工具，不見得一定要用身體或行動去表示，動作容易造成移情，會讓個案有退化的表現，心理師以身體去接觸個案，總會給個案許多想像的空間。

9 沈默、生理症狀、缺席與夢的處理

沈默的處理

沈默在心理諮商過程中是很常見的現象，有些個案很少沈默，有些個案偶爾會沈默，有些個案沈默的時間只有幾秒鐘，有些個案沈默時間長達五、十分鐘，甚至長達半小時。心理師面對個案的沈默一如面對其他的言行，需要加以瞭解與處理。

雖然沈默也是一種溝通，如果個案在諮商一段時間之後，第一次在晤談中出現很長的沈默，可以說是違背諮商時個案要負責說話的基本架構。這樣的行為自然需要加以探索瞭解，例如，這樣的沈默是否與其在諮商室外面的生活類似，重複出現在諮商室裡？還是另有其他含意？如果個案有說話的困難，心理師可以加以關懷並協助他克服說話的困難。如果在諮商初期出現沈默，有可能是個案不知道如何說，若是已學會就會一直說，對於這樣的沈默可視為一種情感轉移，此時可以與個案一起探索：「前幾次沒有這樣的沈默，對於這次較長的沈默是不是有什麼意義？」若是個案說沒有特別的意義，或不接受這樣的探索，則先將其擺在一邊，仍接納個案的決定及其情緒，並保持持續的關心，由於沈默實在是充滿不確定性，諮商的時間與機會並不是天天有，可以鼓勵個案一起討論是否有比沈默更好使用此時此刻的方式。

對於個案覺得心理師沒有主動，產生失望的心情，將使諮商情境變得越來越真實，其心目中心理師也就越來越真實，其情緒會出來的更多，也有機會在此學習以成熟的方式來對待，心理師可以鼓

勵個案表達對於沈默的感覺，以及對於心理師失望的心情：「沈默時有什麼感覺就說，與我說話的感覺是什麼？怎樣來使我們的感覺更好？」

有些心理師對於個案沈默或不說話的現象，感到不知所措，甚至覺得個案不合作，以致於諮商不下去，這其中常有心理師自己的問題要覺察。事實上，個案說話的內容有時不是很重要，反而是個案在諮商過程中的非語言行為很重要。例如，個案沈默時的表情、態度、動作，以及情緒等，也是一些值得心理師觀察與瞭解的重點，若能適當的回饋給個案，一樣可以幫助個案增進自我覺察。

當個案好像有些話想說，又說不出來時，可能是個案對心理師的信任不夠或擔心說出來的後果，這時可以詢問個案對心理師的感覺是什麼？是不是不知道要不要信任心理師？如果把事情說出來會有什麼擔心？幫助個案探討為什麼無法對心理師述說自己的心事，以及如何建立對心理師的信任是很重要的，當個案能夠信任心理師時，才能夠暢所欲言，增進諮商晤談的效果。當心理師覺察到，個案似乎有困難信任心理師時，心理師要加以處理、澄清兩人的信任關係，並且鼓勵個案冒險，嘗試信任心理師，使諮商晤談可以進行下去。諮商最重要的目的是要幫助個案瞭解自己，所以要幫助個案將自己的感覺、想法說出來。個案如果經常沈默不說話，諮商的效果總是比較有限。

對話實例 9-1

當事人（女大學生）表示目前與家人的情況說起來也很簡單，就是沒有什麼交集，沒有說什麼話。晤談剛開始當事人即陷入沈

思，表示在想要說什麼。心理師主動問當事人有無讓其想到與家人互動間印象深刻的事，當事人表示自己在國中時有很單純的叛逆，並形容有一次要參加學校籃球隊，老師要其回家問父母，後來媽媽反對，讓他感到很生氣，就吵起來，媽媽就打他（爸爸好像也有），當事人說很討厭人家打他的頭，而媽媽就是打他頭，剛好打到臉，臉上有受傷。當事人說記憶中，國中時常常被揍，想不起來為了什麼事，就是常常被打。當事人說事實上記得的只有三次，有一次只是很無聊的事，只是說等忙完才去做媽媽說的事就被打，是被爸爸打，爸爸說不准哭，他哭的越大聲，後來回房間，哭一哭就睡著了。當事人覺得很奇怪怎麼想到很多次，記得的只有三次。

Co.：你現在的心情如何？

Cl.：嗯……還好啊，只是覺得那麼大還被揍覺得有點丟臉，因為人家都是小時候被打，只有我是國中被打。

Co.：那你會不會擔心我的看法？

Cl.：不會啊！

Co.：我不會覺得丟臉，反而覺得心疼，在國中時被打，心裡的難過是可想而知的。

Cl.：那時不是難過是覺得生氣。

Co.：我想那時你一定希望家人可以尊重你。

Cl.：嗯，應該是。

（一陣沈默）

Cl.：要講什麼嗎？

Co.：嗯，你想講什麼就講什麼。

Cl.：我在想還有沒有其它被揍的經驗，但是想不起來。感覺上好像那陣子常常被揍。

（一陣沈默）

Cl.：很久沒講話突然講話覺得有點奇怪。

Co.：我覺得還好。

Cl.：我覺得非常奇怪。

Co.：你會希望這時候我講點什麼嗎？

Cl.：我也不知道，只是覺得這種沈默會讓我覺得侷促不安，有時候不會有時候就會。

Cl.：其實身為人家的女兒，這樣的作法其實是不大應該的，……其實我會覺得比較對不起的話，比較對不起我爸爸，因為我覺得，他是那種非常疼愛小孩，會因為我們小孩子而跟我媽打架，……而且我媽好像很早以前，就信佛教，花很多時間在精舍，我也覺得這樣比較好，我媽可能覺得我這樣就算了，我爸就是比較傳統這樣，我會覺得我這樣做他會比較難過。

Co.：聽起來你似乎有點自責。

Cl.：自責？其實會啦！

Co.：好像你也感覺到爸爸滿牽掛你的。

Cl.：應該是吧。

Co.：好像也想為他做點什麼，（嗯）雖然外表是滿不在乎的樣子，可是你也想為他們做點什麼，也有點自責。

Cl.：這整件事情並不是某個人的錯，……自責是有一點，不是非常。

Co.：尤其是那麼小的時候，去頂撞家人是因為你很生氣，並不是因為你壞，你不好，你不是一個壞孩子，也不是一個不孝順的孩子。（嗯）

（沈默約五分鐘）

Co.：如果你這時候感覺到什麼我在這裡陪著你。（嗯）

Cl.：剛才那麼長時間沒講話，其實我是，我是在想，這次好像比上一次穩定一點，我覺得上一次心情好像有點亂，這次我就不管了，就想自己的事，會覺得自己畫一個圈圈，跟外界隔開，這樣我比較安心。自己在那邊想，不過我還是覺得旁邊有人，我還是有感覺。

Co.：是說這個時候你跟你自己在一起？

Cl.：不是不是，因為我不想再像上次一樣覺得很不安，所以把自己圍起來這樣，可是還是知道圈圈外面有一個人。

Co.：所以你在練習，沈默的時候可以比較自在一點？

Co.：不過就剛剛的話題你想再繼續談下去嗎？

Cl.：談下去，其實滿想談，滿想解決問題的，覺得很煩，他（它）就一直在那邊覺得很煩……。

Co.：你想說什麼？

Cl.：這好像說，好像在解數學題，他（它）在那邊就覺得很煩。

Co.：剛剛在談這話題時，我覺得你似乎有點煩，有點不想再談下去，不曉得我的感覺對不對？

Cl.：不對，就是不曉得繼續談下去問題是不是能解決這樣。我是不會害怕去談這個問題，只是在想繼續談下去會不會有結果這樣。

　　心理師接下來告訴當事人，會有一些擔心是正常的，並且選擇用等待的方式來陪伴當事人。當事人表示很想講，可是卻想不起來要講些什麼，很想一次把它講完，因為情緒才有連續。當事人覺得好像有很多要講的事，可是卻不知怎麼講。當心理師想談到當事人

的情緒，當事人表示剛剛談的還好，不會覺得太激動，覺得很多時候都只是在敘述一件事情，腦中會出現一些畫面。心理師回應當事人有點委屈，當事人表示是有點委屈，也覺得有點不安。他認為可能是從沒講這樣的事情覺得不大習慣。當事人講到爸爸時會覺得蠻對不起的。心理師接下來提到當事人在敘述事件的表情也有些不同，有時凝重，有時卻笑得很開心，當事人表示這好像是自己的習慣。心理師接下來告訴當事人自己的感覺，告訴當事人，那時他只是一個小孩子，只是想獲得家人的肯定與尊重，心理師認為這很正常，並且肯定當事人是很勇敢的……，當事人在此時流下淚來。……接下來當事人與心理師說到好像在國中或高中時就告訴自己絕不能流淚，流淚是懦弱的表現，可是上大學後，有時想哭卻已經不知道怎麼哭了。

督導的回饋如下：

1. 當事人沈默的原因可能是對於談話的主題滿保留，一方面從來很少與人談被父母揍的事情，一方面講父母的壞處也會有罪惡感。尤其，當事人並不確定如此談話是否真的有助於解決問題，因此當他沈默時，多半是在沈思講什麼、如何講記憶中的傷痛。

2. 當事人其實代表一般人，心裡滿矛盾的，想要講下去，卻又想要保護自己和父母，既衝動又有防衛，在諮商中講了若沒有不良後果，其經驗就會越來越開放。心理師的態度很重要，因為心理師的反應就是代表一般社會現實的反應，只是這是刻意經驗的現實，是比較有治療性的經驗。讓當事人覺得可靠與被接納，很多是來自非語言，包括不打斷當事人使其繼續講下去。

3. 心理分析學派的觀點認為，心理師要作為一個「剛剛好」（good enough）的心理師，而不是完美的心理師，在當事人探索內心

材料，覺得痛苦不安時，渴望心理師的撫慰，心理師只能很同理的看著他在掙扎、在受苦，只是在旁邊陪伴他，慢慢等待當事人使用自己的力量一步一步站起來、走出去，若此時心理師等不及去安慰他、援助他、幫他減輕痛苦，有可能會使當事人沒有足夠的能力自己走過來。

4. 當事人講到「身為人家的女兒，這樣的作法其實不大應該……」這段時，其實當事人講的很深，此時心理師應保持中立，不要站在當事人這邊或其父母那邊，保持中立可使當事人更自由的呈現情感，因為當事人有機會用成人的眼光看事情，對於往事的經驗與觀點可以得到較好的修正。

5. 當事人接下來的沈默，也是在治療中，當事人正辛苦的在工作，對於自己所說的話，當事人需要時間去思考，試著釐清事情的本來面目，不管心理師在或不在，當事人皆能獨立去思考、去解決問題，這是很難得的能力。當事人所謂的「圈圈外仍有人」，可說是一種自我防衛，因為其想法自認與社會期望不符合，有圈圈可以保護自己，當事人因而經驗到自己處理此事的經驗，這能力是不錯的，因為在現實中把自己照顧好，是很實際的，而有內在發展出來的資源，比向外尋求的資源來得難能可貴。

6. 在治療中，當事人與心理師皆在培養能力，像是嬰兒感覺母親在旁邊，就有安定的作用，即使沈默，潛意識仍在溝通，所以即使沈默時刻難耐，仍有治療的作用。當事人在諮商中透過哭泣的經驗，對過去僵化的教條具有溶解的效果。對於當事人立志不哭，其實他付出了很大的代價，使得他無法做自己，失去自己，而花了極大的力氣在防衛自己，諮商經驗可以使當事人瞭解他無須防衛即可做自己。

7. 對於這位當事人，目前的處理已觸及核心問題，即與父母的關係，心理師晤談的態度要持續保持中性，當事人內心的矛盾就會如實呈現。就當事人而言，其父母或許沒有很大的智慧來面對孩子，而孩子就會認為那是否定，並帶著否定成長，因而形成現今的問題。

諮商實務 Q & A

Q9-1：當心理師在晤談中已經不知道要講什麼的時候，該怎麼辦？

A9-1：首先心理師要學習覺察自己怎麼進入不知道要講什麼的互動狀態裡？該狀態怎樣令心理師技窮詞窮？此外，技術上心理師要學習幫助個案多說話，當雙方都沈默的時候，心理師可以用簡單的問句：「你現在想到什麼？」讓個案繼續說，因為心理諮商的談話並不是一問一答的方式，而是透過個案的自由聯想，去瞭解個案的資料，找出個案生活中重複的問題模式，再將這樣的發現回饋給個案，幫助個案自我瞭解。

　　當個案談的都是別人的事情時，心理師是比較難以著力的，因為那些都是發生在諮商室以外的事情，心理師很難去瞭解實際狀況，所以有時候，當個案提到與他人的關係時，心理師可以請個案舉例，或將個案帶進來看當下的諮商關係，透過這樣具體的討論，才容易幫助個案自我覺察。

▌生理症狀的處理

　　有些個案求助於心理師時，會抱怨生理上的病痛，這些生理症狀是真實的，有的檢查不出來身體的原因，有的是可以找出身體的原因，但是常常因為心理原因而惡化。對於抱怨生理症狀的個案，心理師處理的原則如下：

1. 初步瞭解個案的醫療史，包括生理與心理的疾病史。
2. 關於生理症狀，心理師先鼓勵個案諮詢自己原有的醫師。
3. 如果個案最近一段時間沒有做過身體健康檢查，可以建議個案去做身體檢查。
4. 如果身體檢查排除生理因素，心理師可以比較放心的推論個案的生理症狀是屬於心因性的問題，並考慮是否患有可診斷的心理疾病，如**身心症**（**somatization disorder**）。
5. 進行心理學的處遇，協助個案探討對於自己生理症狀的感覺與含意，以及生理症狀對個案生活上的意義、可能的好處與壞處。
6. 協助個案瞭解某些生理症狀可能是一種保護自己的自我防衛，並且學習使用更適應的方式過生活。

　　例如，有一位國二的女學生，接受心理諮商約有半年之久，經常在晤談中，抱怨身體的不適，包括氣喘、手發抖，最近又抱怨腸胃不適。就診斷而言，心理師要先排除生理上、醫學上、或藥物上可以解釋的症狀，如果無法從生理上獲得解釋，心理師可以推論個

案的生理症狀可能是由心理因素造成的,並進行心理診斷,看看是否為身心症等心理疾病。如果個案所抱怨的生理症狀包括許多的疼痛、腸胃症狀、性功能的症狀,以及神經學上的症狀,這些生理症狀都是身心症的主要症狀,如果個案的生理症狀可以由身心症來解釋,那麼個案很可能是一位身心症的患者。

與這樣的個案諮商晤談時,心理師可以協助個案追溯早年的生活經驗與生病史,心理師可以問:「是否還記得,小時候你生病時,母親如何照顧你?」「提到自己的病,你想到什麼?」「生病帶給你什麼好處?壞處?」有些個案可能從生病獲得許多的好處,包括家人的關心、免除家事或工作、享受營養美味的食物、免除上學的痛苦,或者獲得許多自由的時間等。個案對這些**次級增強**(secondary gain)需要有所覺察,透過清楚的覺察與評估,來決定是否放棄。

諮商實務 Q & A

Q9-2:個案表示身體不舒服,吞嚥困難,身上有許多小顆的肉瘤,曾於上學期去看喉嚨,醫師表示沒怎樣,並告訴個案是緊張引起的。個案近來對自己的身體十分擔心(喉嚨又開始痛了),對此心理師可以如何看待?

A9-2:心理師仍須鼓勵個案去看醫師,做徹底的健康檢查,若沒有生理的病因可能是心理層面的問題,那就以心理問題來對待,進一步瞭解症狀與個案之間的關係。個案認為自己的生命極為脆弱,這可能其來有自,可能是過去經驗造成的,或是將身體的病症解讀成嚴重的病症,需要多方面去瞭解。若是**慮病症**,則每一症狀都可能

有心理的原因與含意。例如，喉嚨痛可能表示其害怕講話時講錯話，所以痛的時候就不需要講話。心理師可以從個案早期經驗去探索，或者採用完形學派的技巧，邀請個案與其疼痛對話等。透過聯想類似的經驗及探討症狀的含意，或在探索症狀的現象時賦予某個意義，其心中防衛機轉將可以獲得放鬆，從而使用更健康的生活方式。

　　有些個性較壓抑的個案，在面對衝突時，例如想要討好心理師又覺得自己委屈，無法解決的心理衝突有可能轉變成生理的症狀。無法處理自己的情緒的結果有些會變成心理的毛病。心理師可以協助個案去直接經驗衝突與痛苦，而不只是去談它，純粹的經驗和談它是不一樣的，直接經驗才能獲得深刻的覺察。在心理諮商中，若因為良好的諮商關係使個案放鬆自己的壓抑，如實的呈現完全的自己，也有可能因為無須再使用自我防衛而使身體症狀獲得改善，只要個案能夠學習在關係中做他自己（to be of himself or herself），將心理衝突**身體化**（**somatization**）的需要減少，身體的症狀也自然會獲得改善。

█ 缺席的處理

　　人會對生活中的約會缺席，個案也會在約好的晤談時間中缺席，心理師不宜太早懷疑自己的能力，或擔心自己做錯了什麼。個案未按約定時間出現，有許多的可能性，常見的原因如下：

　　1.因為上一次晤談個案說太多了，產生後悔而缺席，有些個案

因為一時衝動，告訴心理師許多內心的話，可是事後又覺得很後悔，潛意識的作用促使他缺席來保護自己，免得又說的太多。

2.個案可能臨時有事，無法出席諮商，可是又不知道要如何向心理師請假，心裡也知道心理師可能在等他，可是他就是無法直接面對心理師，因為個案在潛意識裡，可能把心理師想像成其重要他人。

3.個案平常即有不告而別的習慣，不知不覺中把這個習慣用到心理師身上，個案也沒有覺得不妥，反正他沒有來，心理師還可以做其他的事情，他來和不來並沒有很大的差別。

對於缺席的個案，心理師應如何處理呢？心理師要瞭解個案的缺席即代表個案需要我們的幫助，對於個案的缺席，個案需要的是心理師的包容與瞭解，而不是責備個案或責備自己。心理師需要有足夠的能量去包容個案，允許個案的移情，不要太早懷疑自己是不是做錯了，沒做好之類的。

個案缺席的處理涉及到心理師工作時間的調配，因此處理的重點之一是釐清個案下個星期要不要來談？是否需要繼續保留固定時段給個案？個案是這個星期不來，還是以後都不來？通常個案在諮商關係中最大的抗拒，就是缺席和中輟，如果有機會澄清個案是否繼續諮商的意圖，可以避免心理師與個案之間諮商關係的不確定感。假如個案想要暫停諮商一段時間也可以，心理師可以鼓勵個案把這種想法提出討論，然後一起決定要暫停多久，或等到個案將來需要時，再和心理師聯絡。當個案缺席時，主要可能是因為個案在重複其舊有的問題解決模式，這和心理師本人的特質或處理技巧不一定有很大的關係。

　　針對個案未出席諮商的處理方式是，等下次再見面時，直接問個案：「什麼事讓你無法過來？」心理師以提醒的口吻，關心的態度來詢問個案，盡量就事論事，避免針對個案個人的指責。心理師如果擔心個案的缺席是和前一次的晤談有關，可以與個案澄清：「是不是我們上一次說了什麼？或做了什麼讓你不想來？」

　　接著，心理師可以教育個案，與人約好約會時，臨時有事不能來的時候有哪些處理方法？例如，個案可以打電話、可以請人代為轉告，也可以試著直接告訴心理師今天不想談。如果忘記了約談，個案也可以在事後想起時，盡早告訴心理師，免得心理師擔心。這樣的學習，對於個案的一般人際關係也會有幫助。他可以學會讓別人更瞭解自己的情況，減少可能的誤會，也可以增加個案比較負責的一面。成熟的人必須學會安排自己的事情，與別人約會，知道如何適當的約會和如何適當的取消。個案可以把在諮商關係中學會的，應用到日常生活中，與其他人的相處上。

　　在處理個案缺席的過程中，也可以詢問個案自己是否也有一些可行的想法和作法，也可以詢問個案，當個案缺席時，會希望心理師如何處理比較好？最終，希望可以找到心理師與個案兩人都可以接受的處理方式。

　　有時候個案會因為對於心理諮商或心理師懷有潛意識的抗拒，於是以缺席的方式來表達他的生氣或不滿。如果有這種可能，心理師可以在下次見面時，以假設性的口吻詢問個案：「當你沒有來晤談的時候，會不會是因為你在生我的氣？你要不要說說看，什麼讓你上次忘記來？」一般而言，個案如果對於心理師產生很大的情緒時，由於不方便直接對心理師表達，於是會拐彎抹角，以不適當的行為表現出來（**acting out**）。心理師可以說：「似乎你來和我晤談

時，會因為有一些事情你沒有辦法跟我講而跑掉，一如你在平常與人相處的模式一樣？」

▌夢的處理

　　當個案在晤談時表示其做了夢，心理師可以鼓勵個案談夢，因為這是很好的談話材料，因為是夢，所以可以很安全的談它，而且夢常常反映了當事人的需求、情緒、衝突與慾望等，也可以去探討由夢聯想到什麼？並將夢和現實問題作一結合，如此自然提供更多瞭解個案的材料。

　　個案在談夢的同時就是心理治療，夢並非憑空而來，夢的內容多少可以提供瞭解當事人潛意識慾望的蛛絲馬跡。透過對於夢的內容的自由聯想，通常可以獲得更多瞭解自己的材料。如果當事人具有豐富的內在資源，在夢中出現的潛意識問題，也有可能在夢裡獲得解決。

　　當個案提到他做了一個夢的時候，心理師先請個案很詳盡的描述夢境，然後再就夢的細部內容做自由聯想，例如，「夢裡那個教室讓你想到什麼？」「夢裡你收到一張紙條，紙條讓你想到什麼？」心理師對於個案夢的解釋，可以當成一種假設性的看法，如果個案不同意，那就先擺著，等到以後收集到更多的材料時再進行夢的解析。心理師也可以鼓勵個案，對夢做自由聯想，然後請個案自己做主觀的解釋。自由聯想主要是讓個案就夢的內容細節做聯想。

　　由於夢會越說越模糊，因此心理師可以鼓勵個案把夢記下來，在諮商晤談的時候再說出來。對於夢的探討方式可以從情緒和內容兩方面來進行，心理師可以詢問個案在夢中的感覺，因為夢中的感覺往往和生活中的感覺、個案平日的情緒很一致，雖然夢的內容會變化，但是夢中的感覺是不會變的。現實生活中的焦慮會反映在夢中，因為夢是比較安全的表達方式。心理師可以問個案對於夢的狀況和感覺，是不是很熟悉，或是夢有沒有給你什麼啟示？另外，心理師可以從夢的內容進行探索，心理師可以引導個案針對夢的內容進行自由聯想，通常是針對夢中的主要人、事、物進行自由聯想。例如，個案夢到騎著腳踏車闖進總統府，被憲兵追，追到無路可逃，然後嚇醒過來。心理師可以請個案針對「腳踏車」、「總統府」、「憲兵」、「無路可逃」等進行自由聯想，也就是提到「腳踏車」想到什麼？如此類推。對於夢的解析，要適可而止，不宜過度強求，如果經過探索夢的內容，仍然無法明白夢的意義，也無須感覺失敗，更不需要過度追問個案夢的內容，個案被逼問急了，難免會虛構來滿足心理師的需要。

　　值得一提的是，個案在夢中的人際關係，有時也可能在講他和心理師的關係。有些個案潛意識視會希望轉化諮商關係為男女朋友關係，或是一般社交關係。這是個案不自覺的，有些個案會夢到心理師，這表示晤談已經開始對他的生命產生影響了。

諮商實務 Q & A

Q9-3：個案常夢見被追殺，追殺的人中有一個是父親，個案覺得自己在現實生活中也會躲避父親，依稀記得小時候父親很兇，但記憶

模糊。個案覺得自己總會嚇自己，當父親敲房門時，個案就會嚇得很嚴重，開始想到自己是不是做錯事？是不是成績不好？結果父親只是問一些事情。心理師可以怎樣去幫助個案瞭解自己的夢？

A9-3：夢是增進個案自我瞭解的最佳材料，在諮商初期時，心理師可以暗示或鼓勵個案將夢拿出來作為晤談的主題，以便增加對自己的瞭解。也可以建議個案平常養成記錄夢的習慣，然後在晤談時，將夢的內容說給心理師聽，心理師可以一邊聽，一邊記錄。由於夢的內容通常過於荒謬、簡略，心理師可以針對夢的每一個部分，請個案做自由聯想。例如夢中出現過「被追殺」、「父親」等，可以詢問個案：「想到被追殺，讓你想到什麼？」個案說完對於被追殺的聯想之後，心理師再問：「想到父親，你想到什麼？」依此類推。

　　個案這個與父親有關的夢，如果進行聯想與探索的話，相信有助於個案增進對於自己與父親早年關係的瞭解，也有助於瞭解早年與父親的關係和對父親的想像，是如何影響自己的個性，以及目前的心理困擾。

Q9-4：個案談到夢，如何解析較好？

A9-4：一般心理分析學派的作法是，鼓勵個案對夢中的要素作聯想，譬如，個案在夢中提到船、無法靠岸、腳踏車、隔壁班導師等，心理師可以請個案作自由聯想，另外，可以請個案談談夢中的感覺，心理師可以把這些夢、聯想和感覺記下來，作為將來解析之用。根據心理分析的說法，個案夢中的每一部分都代表個案自己，例如，夢中出現嬰兒代表新生，在個案的夢裡，嬰兒躺在船上，無法靠岸，那代表很大的焦慮，後來的夢出現在治療後，夢中出現小

孩子騎單車，代表新生的自己雖然跌跌撞撞不穩定，但是出現了腳踏車，夢中的交通工具通常意涵「動」的意思，有前進的意思。此外，心理師也有可能會出現在個案的夢中，就這個夢來看，隔壁班的導師可能代表心理師，通常在夢中會出現時空倒置的混亂情景，心理師可以去看夢中出現的事物所代表的意涵並作解析，同時詢問個案的看法，看看是否合情合理？或請個案自己解析看看。在心理分析學派中，夢境通常也有代表心理治療的含意。

10 移情

移情（transference）或情感轉移是心理分析學派治療的重要概念，也是區別心理分析學派與其他非心理分析學派的主要依據。在心理諮商過程中使用到移情的概念，包括移情的發展、辨識，與解析，都可以說是心理分析取向的心理諮商或心理治療。

移情是人世間普遍存在的現象，不論你是否運用心理分析的理論與技術去諮商個案，移情還是存在於個案與心理師之間，因此，熟悉並瞭解移情的現象是每一位心理師必備的條件。本章將分別說明移情與強迫重複的臨床現象、移情的覺察，以及如何處理個案的移情與抗拒。

▌移情與強迫重複

移情的定義是：「移情是一種臨床和日常生活的現象，是指人有一種重複的傾向，將他對於早年重要他人的態度、感覺、衝動與慾望，不能控制的重複在當前的人際關係之中」（**Stone,** 1995）。在臨床上，移情是指個案將對父母或早年重要他人的情感轉移到心理師身上的現象，這種現象也是一種**強迫重複**（repetition compulsion），也是一種屬於潛意識的活動，由於移情與強迫重複是兩個意思十分相近的概念，因此在本節一併加以討論。

一個自稱表達能力不好的個案，在諮商晤談時必定也會有與心理師談話困難的現象。一個平常與人約會總是遲到的個案，來找心理師晤談時，大概不會很準時。一個跟人講話眼睛不看人的個案，和心理師晤談時，眼睛可能也是看著別處。這些現象即是移情，也

是強迫重複。心理師和個案直接面對面工作的必要性，在於觀察個案的言行表現，然後適當的回饋給個案，以幫助個案增進自我覺察與自我瞭解。

　　個案來諮商室談話，不僅是「說」出他的困擾，而且也「表現」出他的困擾，表現出來的部分通常就是個案對心理師的移情，這種移情現象個案通常是不知情的，也是個案不自覺的行為現象。例如，一位個案因為人際關係很差而求助於心理師，個案說他沒有辦法跟人相處，這個時候，心理師要懂得聽言外之意，因為個案說話時，不僅在說自己的事，也在說兩個人之間的事。個案在說自己的人際關係不好時，自然包括他在擔心無法和心理師好好相處。在心理師面前，個案這種擔心雖然是不需要的，可是個案還是會不自覺的擔心，甚至表現出「在你排斥我之前，我先排斥你」的防衛機轉，心理師如果對於個案的移情有心理準備，比較不會把個案的問題（移情）誤會成個案抗拒接受心理諮商。

　　移情是指個案在接受心理諮商，與心理師互動的時候，表現自己的種種，包括想法、情緒、態度，以及行為等，因此，廣義的移情是指個案在心理諮商時，所表現的一切行為。狹義的移情是指在臨床上，個案將對於早年重要他人的想法、感情、態度與行為，重複表現在心理師身上。

　　每一位個案在晤談的時候，所表現的行為多少都是一種移情，只是有的比較明顯，有的比較不明顯而已。舉個例子來說，有一位因為焦慮症而在精神科就診的青少年個案，接受心理治療時，表示家庭環境給他很大的壓力。個案的家長除了會給個案壓力外，同樣也會給心理師壓力，期待心理治療能夠盡快有成效。有一次晤談時，心理師詢問個案，對於上次治療後的感想，個案表示有罪惡

感，覺得自己好像是來告狀的，上次說了那麼多父母親的壞話，因此回家後都不太敢面對父母，而且當父母問及治療內容時會有壓力。個案表示自己相當會忍受，從小便是如此。個案又說，他自己一向都很會討好別人，不敢拂逆他人的意思。

　　對於上述個案的問題或人格特質，在接受心理治療時，自然會在不知不覺中表現出來。根據個案平常的行為模式，我們可以預測個案對心理師也會表現出類似的行為。例如：個案會討好心理師、會忍受心理師的不當對待、在心理師背後說心理師的負面事情會有罪惡感、即使不滿意心理師也不會說出來。個案曾說，即使心理師給他很差的待遇，雖然心中不甘願但是也會忍受，怕表達心中真正的想法會傷害到他人。個案如此對待心理師的行為，並不能夠從心理師的言行來解釋，而是個案的移情，個案把對父母的想法、感情、態度和人際模式轉移到心理師身上，是一種強迫重複的行為，也是一種移情的現象。

案例討論 10-1

　　某大學諮商中心的心理師與一位外文系的學生進行諮商，個案的主訴是：對英文老師很害怕，不知道要如何找老師幫忙，唸英文時覺得唸錯字是很丟臉的事，覺得自己的功課很爛，對不起老師，所以不敢面對老師。諮商時，個案每次都抱怨英文課和英文老師，諮商的主題總是固定談學英文的困難和焦慮，很少談到其他的主題。心理師覺得諮商晤談的進展很有限，似乎總是在原地踏步，因而求助於督導。

　　督導給這位心理師的建議如下：

1. 與個案晤談時，不要一開始就限定個案要講什麼，主題由個案決定，也許他這次有新的東西要講，不要太快像漏斗式縮小談話範圍。心理師除了傾聽個案的主訴問題，也要傾聽字裡行間所代表的、底層的、核心的問題。個案底層的、核心的問題，個案不見得有覺察，也不見得會說出來，通常是透過與心理師互動、不知不覺時，以非語言的方式表現出來。諮商談話時，個案或許會東拉西扯，或許會講得很沒有效率，但是如此讓個案自然的呈現他自己，心理師才有機會看到個案的整個問題或核心問題。如此的談話方式即能符合自由聯想的原則。

2. 以此個案為例，心理師應該鼓勵，甚至教導個案不受拘束的談話，包括個案對英文老師的想法與感覺，甚至對英文老師的想像或幻想。影響個案的癥結通常不是別人，而是個案對人對事的想法和感覺。因此探索的重點應該是個案自己的想法與感覺，而非英文老師本身。

3. 至於個案提到害怕唸錯字的問題，督導認為這不是一個新問題，而是一個老的、核心問題的新呈現。因此心理師可以試著鼓勵個案探索過去類似的經驗，例如，個案小時候是否也有類似的經驗？他是否曾經因此而受到處罰？提到犯錯，個案想到什麼？根據移情與強迫重複的原理，個案當前的主訴問題，可能只是過去老問題的重複出現，如果個案不瞭解底層的、核心的問題，自然會不自覺的再三重複以前的問題。

4. 個案所焦慮的其實不只是當前的唸錯字或害怕老師，而且也受到過去經驗的影響，使得個案不自覺的把早年的想法和感覺加在當前的客體上。接受心理諮商時，個案必須自己看到

他是如何的看待事情，如何的覺知重要他人，這些是個案自己要去探索和覺察的。這也是為什麼別人對個案的問題，即使看得清清楚楚，可是個案如果沒有覺察和領悟，就是看不到。例如，個案必須探索自己對英文老師的種種想法和感覺，包括對於英文老師的想像和感覺是如何，以及何以會有這些想像和感覺。

5. 個案對於害怕犯錯，以及害怕老師，其實不是完全沒有好處或道理的，只是個案不願意去探索和瞭解罷了。當然，心理師的態度顯得非常重要，心理師的態度通常決定個案如何看待自己的問題、缺點和黑暗面。對別人所謂的問題、缺點和黑暗面，或許曾經是個案的優點和生存技巧，只是時間久了或者情境變了，這些原本是優點與生存技巧逐漸僵化而不適應了，如果個案領悟到這一點，要個案放棄原有的問題和缺點，或許就沒有那麼困難了。例如，逃避問題的方式曾經在個案童年的時候，發揮極大的幫助，幫助個案度過無數的困難，並且保護個案免於創傷。長大之後，個案卻仍然繼續使用逃避的方式來面對問題，久而久之自然行不通而出現更大的問題。

6. 當諮商關係比較好的時候，心理師可以嘗試去面質個案是否在問題與現實之間，無端增加了許多自己的想像、恐懼和焦慮。即使處於害怕的狀態，他是否也多少獲得一些方便和好處，這些方便和好處與問題的影響比較會是如何？個案會重複的問題或症狀，多少也會帶給個案一些好處，這些都是心理諮商時可以探索的主題。

7. 個案害怕英文老師或其他權威人物，是否表示個案對自己的

父母也有類似的感覺？個案的人際問題會不會是從對父母的感情轉移過來的，但是個案卻毫不知情？英文老師和個案的父母是否有一些神似的地方？鼓勵個案多談，當個案提供越多的材料時，心理師自然有機會瞭解個案，以及幫助個案瞭解他自己。

8. 在心理諮商的時候，心理師不僅提供個案一個可以探索與覺察自己的安全空間，也可以提供個案一個練習使用新行為的保護情境，在心理師的指導與鼓勵之下找到更好的方式來表現自己。說心理諮商是一種談話的治療方式，其實不完全正確，個案在心理諮商的過程中，需要更多的練習，在心理師面前練習以新的方式來表現自己。如果個案想要改變對英文老師的想法和作法，必須從改變對心理師的想法和作法開始。個案的心理與情緒問題如果有改變的話，必然先出現在諮商室中。個案想要練習新的行為，自然可以先以心理師為對象進行練習。個案可以練習的部分包括新的想法、新的表達自己方式，以及說話的技巧等。

9. 本案例的個案認為問題的癥結在於英文老師，但是督導認為並非如此，即使個案的生活中沒有了這位英文老師，個案的焦慮問題就會消失嗎？接案心理師的回答是：「不會。」從這個案例可以告訴我們，個案底層的、核心的問題，才是真正的問題所在，心理師要關心的不是個案的主訴，更不是提供個案表現問題的舞台或客體。

10. 在此案例中，心理師與個案晤談的主題集中在個案的英文課和英文老師，督導建議心理師可以鼓勵個案多談談學校功課與英文老師以外的話題，包括個案的家庭、童年、人際關

係、嗜好、夢想等等。當個案只提供極為有限的材料，心理師對於個案的問題、家庭與人格無法全面瞭解時，心理師又要如何去幫助個案理解他自己呢？個案以為只要告訴心理師他的問題是什麼，心理師便知道如何解決，這是對心理師的工作一個極大的誤解。事實上，個案所能覺察的、所主訴的問題可能不是真正的問題，因為根據心理分析的理論，真正的問題因為是潛意識的，個案自然不知道，也說不清楚，但是個案卻在不知不覺中表現了他的問題，這也是為什麼心理問題的治療很難自己做的緣故。

諮商實務 Q & A

Q10-1：有一位大學生個案與心理師晤談了將近一學期，突然告訴心理師他要搬家，使心理師感到有點錯愕，在晤談時說到傷心處，表示需要去洗手間一下，對於個案這些行為是否有特別的含意？
A10-1：在諮商初期，心理師可以提醒個案，在諮商期間若有重大決定要做，像是轉學、休學或結婚等，最好等到諮商結束之後再做，這是因為諮商期間個案對於事情的看法容易搖擺，通常還未經過深思熟慮，容易因為衝動而做錯決定。

　　個案對於重大決定沒有在諮商過程中主動說出或提起，有可能在潛意識中防衛心理師，或者是自己在防衛自己，也有可能個案沒有習慣與他人討論生命中的重大決定，於是心理師可以藉此給個案充分的時間與機會，回饋給個案他有這樣的行為模式與習慣，幫助個案瞭解這種習慣的意義與優缺點。

　　當個案說：「沒什麼好講的，也不知道為什麼搬家。」可以說

個案是被莫名的情緒牽引，對自己所作所為不清不楚，個案很容易吃虧而不自覺，因為對問題不自覺、不清楚，這些問題很容易在個案身上一直重複。

搬家其實是象徵個案的過去與現在，對於家想回又不敢回，回宿舍的感覺很像回家的感覺。而對於個案此時的哭泣，是比較像小孩子的哭泣，退化像小孩子，希望回到最原始的母親（心理師）以便獲得安撫。

搬家的事不會使個案這麼難過，讓其難過的是對過去的記憶與牽動，此時心理師可以不用做什麼，個案在不用防衛自己並且看到最原始的自己之後，才會疼惜自己，變成是自己內在的母親，內在的母親在安撫內在的嬰兒，在看到自己的無助與可憐並明瞭原因後，自我防衛逐漸去除，潛力才容易發揮。

個案在哭泣時，徵求心理師的同意時說：「我可不可以去洗手間一下？」對於此舉的含意可能是：(1)人其實並不脆弱，述說創傷的經驗，並不會使其崩潰，個案會想辦法復原；(2)個案此舉表示他還是很在乎心理師，想在心理師面前留下好印象，也有可能有一些顧忌，如果將來有機會觀察個案是否可以比較自在的在心理師面前呈現自己，而不用顧慮心理師的眼光，若能如此，將是一個很大的進步。

個案將諮商關係看成是特例，表示這樣美好的關係對其而言是特殊的。若個案對心理師有所移情、想像或投射，這樣對個案才有幫助。心理師說太多的保證，反而是脫離現實，讓個案認為諮商關係是特殊的，以致於個案對於諮商關係的詮釋，也認為是特殊的。若心理師想要避免讓諮商關係被個案認為是特殊的，心理師可以鼓勵個案表達他對心理師的各種感覺，包括對心理師不滿、憤怒或害

怕的感覺，鼓勵個案說說看，對於諮商關係中不喜歡的部分也可以講出來，這樣個案才能學到如何於現實生活中去處理衝突。心理師給個案太多的保證其實是超乎現實的，我們要提供的經驗是個案與我們相處中也會有的挫折與負面的情緒，這樣才有機會使個案明白心理師也是人，個案能處理與心理師的關係，也會有信心處理與其他人的關係。如果個案連心理師也要防衛，無法學習和心理師自在的述說自己的感覺與想法，反而還要壓抑自己，這樣的諮商關係終究是不會長久的。因此我們可以說，要做一個剛剛好（**good enough**）的心理師，而不是要做一個完美的心理師，剛剛好的心理師容許諮商關係有人際之間常有的挫折與衝突，個案透過與心理師的人際挫折與衝突的覺察與處理，而獲得心理諮商的效果。

Q10-2：個案每次來談的主題都不一樣，而且不會主動開口說想談什麼，若要個案主動去談，個案會沈思很久答不出來，這個現象代表什麼？

A10-2：諮商的重點之一即是幫助個案去看到自己這個問題，有困難想到什麼就說的問題，在幫助個案改善這個問題之前，要先幫助個案能覺察此一問題的存在。心理師處理的原則如下：

1. 心理師可以將所觀察到的現象，直接的回饋給個案，回饋時的態度最好是比較關懷的、同理的，以及令人好奇的口語。
2. 心理師可以在個案所說過的、許多不同主題中找出重複出現的核心議題。因為核心問題會以不同的面貌，重複地出現在個案所說的話題中，重複多次之後，個案的核心問題自然會出現。
3. 心理師通常無法事先設定每次晤談要談哪一個主題，而且心

理師如果刻意想談某個主題，往往不容易談的很深。因為當個案心理沒有準備好或心理有所防衛時，心理師的積極追問只會招致來自潛意識更多的抗拒。

4. 在諮商初次晤談時，有些個案習慣於東拉西扯，談論一些互不相干的話題，這個時候，心理師要有點耐性，容許個案用他自己的方式來呈現他自己的許多面貌，雖然個案每次晤談的主題不同，可是他述說的還是他自己，有關他自己的不同面向，心理師再把這個觀察回饋給他，幫助個案覺察這個現象。

5. 當然，個案每次都談不同的主題，也可能是個案的防衛機制在作用，包括使用迴避與蜻蜓點水的方式談話，潛意識裡認為與心理師淺談是在當下對自己最好的保護。當心理師有此觀察與假設時，可以詢問個案對於深談是否有所顧忌，個案是否也注意到自己講話經常會轉換話題，背後是否有一些特別的想法和含意。

6. 心理師也可以建議個案歸納出他最關心的幾個話題，然後選擇先從哪一個話題固定談一段時間，幫助個案可以學習有聚焦的談話方式。例如，每次晤談只談一個主題，先練習幾次，體驗一下固定主題的談話方式是否比較好？

7. 心理師也可以在每隔一段晤談時間之後，詢問個案是否他想談的事情，都有機會談到，是否有哪些話題心裡想談，卻一直沒有機會談到，怎麼會有這個現象？或者詢問個案，如果有機會重來一次晤談，他是否會談不同的主題，如果重來一次，他會希望是怎樣的晤談？

8. 最後，心理師不妨在每隔一段諮商晤談之後，詢問個案：

「來談這麼多次，對於諮商晤談有什麼感覺？諮商晤談如果需要調整，你會希望調整成什麼樣子？諮商晤談一陣子之後，實際經驗的諮商和你想像的諮商有哪些不一樣的地方？」

Q10-3：有位個案來諮商時，會期待甚至明白的要心理師不要去分析他的問題，只要告訴他怎麼做，他一定會去嘗試，對於這樣經常要求建議與答案的個案，心理師要如何處置才適當？

A10-3：處理這一類型個案的原則如下：

1. 對於要求心理師直接給建議與答案的個案，心理師要先教育個案有效的心理諮商需要花時間去檢視自己問題背後的種種想法和感覺，直接給他建議與答案並不能真正有效的幫助他。更何況許多涉及人際關係與感情的問題，並沒有固定的建議或答案，主要還是看自己的需要與情況而定。

2. 心理師從個案要求直接給予建議和答案的觀察，可以推論個案可能缺少自我探索的習慣或能力，甚至可以推論個案有依賴他人、害怕自己做決定的傾向。這樣的個案喜歡別人告訴他怎麼做，他就照著做，因為不需要自己做決定，如果失敗了，那是別人的建議沒有用，不需要自己負責。

3. 心理師可以適時的把上述這些觀察回饋給個案，詢問個案自己是否也覺察到，自己喜歡別人給他建議，而不喜歡自己給自己建議，不喜歡自己做決定，什麼讓他不喜歡自己做決定？不喜歡自我負責？

4. 對於個案的要求，心理師不需要有壓力，只要把個案要求建議的行為回饋給他即可，幫助個案覺察自己有問題的行為模

式，才是最重要的事情。

5.有些自我概念不清楚的個案，在心理諮商時，會經常詢問心
理師的建議，好像自己真的不知道自己要什麼一樣，這些涉
及自我概念的問題，本來就沒有速效的建議。自我概念的澄
清需要長時間的心理諮商與自我探索。對於自我概念不清楚
的個案，心理師的任何建議其實對他是沒有幫助的，因為個
案根本不知道自己要的是什麼。

Q10-4：心理諮商時，個案談論許多生活周遭他人的瑣事，如何予
以導向？

A10-4：心理諮商時，對於經常談論他人、他時，或他事的個案，
處理的原則如下：

1.諮商初期，心理師可以容許個案以個案喜歡的方式呈現自
己，如此作法的目的在於蒐集個案的資料，以便增進對個案
的瞭解。因此，諮商初期，心理師可以只觀察而不需介入個
案的呈現方式。

2.等到一段時間之後，心理師可以試著把已觀察到的、個案比
較獨特的運用諮商時間之方式回饋給個案，一方面提醒個案
是如何運用諮商時間，另一方面在於確認個案想談的主題是
否被忽視。

3.心理師可以說：「什麼讓你特別喜歡談這個人（話題）？」
「這個話題你談了滿久了，你想不想談點你自己比較關心的
話題？想不想談談自己？」

4.心理師也可以直接建議個案以自己為談話主題：「以後盡量
談自己，效果比較好，可以比較瞭解自己。」

5. 對於個案堅持談論他人、他時與他事的主題，心理師無需為此而感到生氣。畢竟時間是個案的，個案可以選擇自己想談的任何主題。心理師的工作主要在於提醒個案是否善用諮商時間？是否對諮商抱持錯誤的期待？是否不瞭解諮商可以直接談到最關心的主題，而不需要先談客套話？個案在充分瞭解心理諮商之後，仍然選擇談他人、他時與他事時，基本上，個案是要自己負責的。對於不願意以此時此刻來談自己的個案，心理師自然可以很真誠的告訴個案，繼續談論他人、他時與他事的主題，將無助於個案的自我瞭解，並且建議等個案做好談自己的心理準備時，再開始心理諮商。

Q10-5：與青少年個案晤談的內容好像在聊天，該如何看待？

A10-5：與青少年個案晤談，即使是聊天、下棋，本身也可能具有治療性，心理師處理得當的話，可以藉此讓經驗到完整的、自主的、沒有成人干預的談話時間。這對於那些經常遭受成人打斷或干預的青少年個案，具有很深的意義。例如，有些兒童以往的遊戲經常被大人打斷或分割，所以過去與大人相處的經驗並不好。心理諮商提供青少年個案一個非常自主的、自由的時間與空間，讓個案可以嘗試做自己，並且學習運用這樣的時間來進行自我瞭解。與青少年個案諮商時，要用個案的速度去瞭解他的意義，設想他心裡感覺的是什麼。例如，個案連續五、六個星期都在講同一個話題，則他講的方式、表達的態度會不同，如此的諮商經驗，會讓他越講越成熟，等於在練習作自我表達。

Q10-6：個案連續幾次晤談，都在重複講他與單戀對象的事，心理

師很明顯的覺得不耐煩，很想阻止個案的重複，是否還有更好的處理方式？

A10-6：個案重複講他與單戀對象的事，心理師覺得不耐煩，很想阻止個案重複的談話，但事後心理師發現誤會了個案，因為個案雖然講同一個主題，講法的確有所不同，個案陳述的是，他很擔心依賴對方會成為生活的全部，個案訝異自己的生活居然被對方左右，個案希望徹底解決這件事。心理師幸好沒有阻止個案去重複講與單戀對象的事情，由於這一段時間，個案的生活整個被單戀的對象佔滿，除了這件事，其實並沒有其他的事情可以談，可以讓個案如此關切。勉強要個案去談別的話題，可能是心理師想滿足自己的慾望，想聽一些新鮮的故事，忘記了諮商時間是屬於個案，個案可以自由選擇任何想談的話題。在這個例子中，個案雖然講的是同一件事，但是個案陳述的方式與覺察的層次是不同的。好比兒童看心理師，每次都是玩跳棋，但是玩的方式則會隨著諮商時間的推移而不同。心理師不能只注意到話題是否變化而已，更應該注意到個案透過同一個話題，他在表達自己的方式上，亦即處理同一個主題的時候是否有所不同。

　　心理師鼓勵個案談談對諮商關係的感覺時，個案常常迴避，但是有時候個案會主動透露與心理師的關係，但又會避免深談。個案在述說其單戀對象時，心理師應該警覺個案的移情，亦即個案與心理師的關係，似乎與單戀對象的關係很像，都一樣顯示個案無法直接面對，心理師在適當的時候可以試著反應這個部分。大部分的個案會否認與心理師也有類似的地方，但是這樣的假設可以讓個案想想這個可能性。個案想找單戀的對象出來談清楚彼此的關係，個案首先需要學習與心理師談清楚彼此的關係。個案如果持續採用迴避

與壓抑的人際模式，要改善他的人際問題將會十分困難。

移情的覺察

　　幫助個案覺察移情的現象，可以從鼓勵個案述說早年的生活經驗開始。如果個案在諮商唔談時，願意述說兒時的家庭經驗，將有助於引導個案進入問題的核心，鼓勵個案重述早年的經驗，可以幫助個案逐漸看清楚自己的個性是如何形成的，然後，使個案明瞭小時候的所作所為，在當時都是合情合理的，個案現在已經長大了，可是個案仍然使用小時候的眼光和態度在處理事情。心理師提醒個案他現在已經是大人了，更有能力去處理事情，看待事情的眼光和角度也會不同，如此的諮商歷程有助於幫助個案擺脫強迫重複的困擾。

　　心理分析有一個很重要的概念叫做「**心理現實**」（**psychic reality**），是指影響個案困擾的主要原因，不是物理現實所發生的事件，而是個案如何在主觀上的理解與認定。例如，父母在小孩子的心中好像是一個巨人，小時候每個人都有類似的感覺，因為在小孩子心目中，父母似乎是無所不能一般。可是有些人長大以後，還是如此的認為，即使自己早已為人父母了，可是在父母面前，自己似乎總是矮一截。雖然物理現實上，父母年邁體衰，可是在子女的心理現實裡，可能仍然是一個巨人。

　　心理師要知道的是，每個有親子衝突的個案，影響個案的父母，通常不是物理現實的父母，而是心理現實的父母。心理諮商

時，在個案述說早年親子關係的過程中，其實改變已經產生，當個案有自覺的用成人的眼光去看過去的親子經驗和心理現實中的父母親，現實就會改變，許多個案深信不疑的事情，可能沒有想像中的可怕，因為可怕的想法其實是個案自己給自己的，當個案有此覺察時，便能夠用不同的眼光去看待事情，從過去的、心理的束縛中解脫出來。

根據強迫重複的原理，個案當前的人際問題，通常與早年的親子關係有關，幫助個案覺察他是如何把對父母的感覺、態度、衝突與慾望，投射到目前的重要他人，以及心理師身上，這些都是心理諮商的重點工作。幫助個案培養「**觀察我**」（**observing ego**）也是心理諮商的重點工作之一。個案在諮商晤談的時候，他一邊談一邊也在聽自己的述說，心理師可以提醒個案：「看到自己在哭泣，有什麼感覺？看到自己在難過，有什麼感覺？」如此可以訓練個案觀照自己的能力，與自己的經驗進行深刻的接觸與觀察。

接受心理諮商時，個案對於問題會有想逃避和想面對的矛盾，這種矛盾即是他的困擾。個案有時是不知道如何去面對這種矛盾，此時心理師可以透過諮商關係協助個案去看清楚，並嘗試去統整或解決這種矛盾的困擾，心理師可以問個案這種矛盾感覺是不是很熟悉？這次是不是有意識的在做逃避的準備？明知逃避卻仍然如此做，代表什麼含意？這樣晤談可以比較深入。藉由心理師不斷的提醒與反映，個案可以思索其問題，並獲得更深入的覺察。

曾經有心理師問到，幫助個案覺察是否有時機的問題，事實上，並沒有何時介入才是對或錯的問題，心理諮商通常藉由個案主動談，鼓勵個案對所談的主題或問題進行覺察即可，因為只要個案願意，通常可以越談越清楚，越談越深入。如果發覺個案是在兜圈

子或迴避對主題的探索，心理師可以適時介入，提醒個案是否自己也覺察到自己在兜圈子或迴避問題。即使心理師的介入不適當，個案真正的問題或關心的主題，還是會再伺機出現的。只要諮商關係穩固，心理師偶爾的犯錯或失誤，通常是不會影響整個心理諮商的過程與成效。

幫助個案覺察移情，即是幫助個案覺察諮商關係，也是幫助個案覺察他和心理師的互動現象。例如，一位個案說他很擔心在陌生人面前出醜。心理師可以直接問個案：「和老師談話時，你會不會也擔心在老師面前出醜？」「我們在談話的時候，你會不會擔心老師在打量你？」個案和心理師之間的人際互動是活生生的。個案從對心理師不敢談當下的感覺，到可以坦然的對心理師談自己當下的感覺，就表示具有治療效果了。

某位個案很在意別人的看法，無法在別人面前自在的表現自己，別人的看法對其而言，像是父母，而他的內在卻像是一個長不大的小孩。個案在心理諮商時，同樣的問題一直重複出現，心理師重點應該放在幫助個案對自己的接納上，讓他可以很自在的接受自己、悅納自己，不會太在乎別人的想法，以致於自己的想法跳來跳去。幫助個案悅納自己的方法，是可以在諮商關係中獲得的，在這樣的關係中，個案可以比較沒有顧忌的呈現自己，因為在諮商關係中所獲得的都是比較正面的回應，會漸漸被個案吸收內化，個案逐漸感覺在心理師的眼中，自己是不錯的，於是看事情的角度會不一樣，同樣的問題也會顯得不一樣了。移情通常是個案問題的核心，如果在心理諮商的過程中沒有觸及，總是去談那些周邊的事情，諮商過程沒有抓到重點，自然效果不會太大。

對於自我概念有困擾的個案，應該如何去看待呢？自我概念是

從小發展出來的，可能在發展過程中就出了問題。心理師在晤談時，可以問：「想到父母，會讓你想到什麼？」「父母最常告訴你的三句話是什麼？」「會不會這些話聽起來像聖經一樣，而現在的情況和這些話有什麼關係？」幫助個案將當前問題與早年經驗作連結，兒時不好現在未必不好。將談話的重心盡量放在個案自己身上，並探索問題的源頭是什麼。透過重新領悟，來取代父母不好的影響。

　　對個案而言，放鬆壓抑也需要一些冒險，所以要給個案寬裕的時間。每次晤談談一點，如果個案在放鬆壓抑之後，沒有看到不好的後果，就會再進一步放鬆和冒險。例如，心理師可以建議個案，想哭就哭、想笑就笑，有任何感覺都可以試著說出來。心理諮商的目標在於幫助個案增進對於自我的瞭解，心理師幫助個案自我瞭解的主要方式，便是不斷去提醒個案，去覺察自己的想法、感覺與行為。對於移情的覺察，有時心理師一次的提醒和回饋是不夠的，因為移情是潛意識的現象，需要經過反覆再三的提醒與回饋，個案才會慢慢覺察，慢慢接受。個案說話的時候會聽到自己所講的，這是第一層覺察，經過心理師的同理反應與回饋，這是第二層覺察。對於某些比較複雜深層的問題，心理師可以針對個案的迴避或抗拒提供回饋，例如描述個案的反應模式，個案晤談時經常出現的言行習慣等。

　　例如，經常使用微笑面對一切的個案，微笑本身便是一種防衛機轉，也是一種移情。個案用笑來保護自己，用笑來保持友好關係，個案擔心別人怎麼看他勝過於關心自己快不快樂。此時，心理師可以協助個案覺察，鼓勵個案作自己，因為假如個案連在諮商情境都要討好心理師，如何能夠真實的呈現自我？對於有人際問題的

個案，個案最重要的功課是要看到自己既是問題的「貢獻者」，也是問題的「改善者」。個案本身是生活的參與者，是主動的，也是被動的，心理師要幫助個案看到個案自己對於問題的「貢獻」，假如個案有僵化使用微笑面對一切的現象，不論用微笑面對一切是否好壞對錯，心理師要先幫助個案覺察自己有僵化使用微笑的現象，等個案對此有了充分的覺察之後，再讓個案決定要不要調整或改變。個案在述說自己時，如果有心理師的提醒與回饋，比較有助於對於自身行為模式的覺察，但是不論如何，要調整與改變個性或行為模式，終究是一個漫長的過程。

在心理諮商過程中，心理師將個案的行為模式、想法，反應給個案知道，有其正面的意義，有助於幫助個案覺察，對於自己未曾覺察的事產生好奇與想進一步探索的興趣。不過，如果在反應的過程中，遭受到個案的抗拒及防衛，也要尊重個案的抗拒，允許他自己決定要探索的，以及不想探索的事情。

人們所有的行為，不論健康或不健康的行為，均有潛藏的美德存在，防衛是保護自己的行動，心理師必須要能夠尊重個案保護自己的行為，並且能夠給予諒解。心理師如果能夠看到個案堅持防衛的背後理由，瞭解個案緊抓令其痛苦的防衛機制，為何個案長久處於一個不健康的情境，將會更清楚如何幫助個案度過難關。

能夠觀照自己的自我防衛，需要很多的覺察和內省，心理師幫助個案的層次至少有兩個，第一個層次，是幫助個案覺察和觀照，第二個層次，是幫助個案適當的詮釋自己所覺察和觀照的行為。無論如何，細膩的作自身的覺察與觀照，是通往領悟與改變的第一步。心理師的主要工作便是不斷的回饋和提醒，個案可能出現的、但是沒有覺察的、強迫重複的行為模式。

　　個案與重要他人的人際問題，以及個案與心理師的諮商關係，常常是一種平行的現象。換句話說，個案的問題也會不知不覺的重複在心理師身上。例如一位女性個案擔心自己不夠完美，男朋友不會真心喜歡他；同樣的，個案也會擔心自己不是一個完美的個案，心理師不會真心喜歡他。一位對於父母親忍氣吞聲的個案，在心理諮商時，可能也會對於心理師忍氣吞聲。這是一種移情的現象，也是一種強迫重複。幫助個案覺察這些移情與強迫重複的現象，才是心理諮商的重點所在。

　　心理諮商時，心理師不僅要詢問個案與重要他人的關係及其變化，也要詢問個案如何看待自己在諮商期間的變化與改變，更要詢問個案和心理師的關係及其變化。鼓勵個案更自在、更流利、更有感情的表達自己，才是朝向積極正向的諮商目標前進。如果個案經過諮商之後，可以自在的在心理師面前表達自己，我們可以比較有信心的說，個案也會比較自在的在其重要他人面前表達自己。

　　當個案在訴說別人時，心理師要知道，個案在說別人時，也同時在述說心理師與心理諮商。這話怎麼說呢？因為個案無時無刻不在投射，因此個案的言行自然包括了對心理師的移情。辨識移情的方法之一，便是去假設個案在說別人時，其實是在說心理師，因為個案不方便直接對心理師表達其內心真正的想法與感覺，因此會拐彎抹角，以間接的方式來表達對心理師的想法與感覺。舉以下的例子來說吧：

　　例一：當個案說：「若媽媽不快樂，自己也不會快樂」。這個時候，心理師可以試著聽成：「若心理師不快樂，自己也不會快樂」。當個案說他很容易受別人的影響。這個時候，心理師可以假設個案很容易受心理師的影響。個案說他很難信任別人，這個時

候，心理師可以假設個案很難信任心理師。

例二：個案表示：想要找某某老師談心，又怕對方工作忙，會擔心某某老師覺得自己煩。心理師可以詢問個案：「似乎從你講的，不知道你對我有沒有這種感覺？試著說說看，你和老師談話時有沒有類似的擔心？如果你願意說說看，或許我們會相處的更好，你也可以更瞭解你自己。」「當你對我有這種感覺時，你會不會講？」

換句話說，根據強迫重複的原理，個案會把投射在別人的想法與感覺，一樣的投射在心理師身上而不自覺。心理師辨識個案移情的要領，便是假設個案的主要問題是出在他不適當的移情，而不是任何的其他人事物（客體），更不是心理師。

案例討論 10-2

有一位在醫院精神科實習的心理師，接受督導的時候，提到一位晤談時滔滔不絕的個案，心理師幾乎沒有插嘴的餘地，感覺不知如何切入來幫助個案。個案有幾次因為沒有什麼話想說，就要提前結束諮商，心理師似乎也留不住個案，感到十分為難，於是求助於督導。督導對於這一類個案的處理，提供以下原則性的建議：

1. 個案說很多話這件事本身，並沒有絕對的好或壞、對或錯，關鍵的地方在於個案述說自己的時候，會不會增加自我覺察。如果個案這樣的滔滔述說有助於個案整理過去的經驗，則會是一個有療效的晤談。此時，心理師只需要專注的傾聽、陪伴，適時以眼神回應就夠了，不需要太多的介入或打斷。

2. 個案說很多話的現象，可以提供心理師許多評估個案的訊息，包括可以在很短的時間內蒐集到很完整的資料，從個案的生命故事中找出其生活模式或問題模式。另外，還可以做人際關係的評估，若個案跟每個人都可以講這麼多話，「一直說話」可能會是個案與人相處的應對模式，如果個案只有在心理師面前才這樣，表示個案滿信任心理師的，但也可能是個案與人的互動方式就是不停的講話，如果是這樣，那麼也可以推論個案的人際界限比較不清楚。

3. 有些個案因為不瞭解心理諮商的工作方式，誤以為自己的工作就是盡快的把問題的來龍去脈說清楚，接下來就等心理師的分析與解答。如果心理師覺察個案心理諮商的第一、二次說很多話，可是之後就不大說話，並且期待心理師的建議，這表示個案並不瞭解心理諮商的工作方式，心理師有必要澄清個案的期望，教導個案來晤談時，養成想到什麼就說什麼的習慣。如果心理師覺得個案誤以為諮商就是只要一直講話而不需要思考，甚至對於心理師有一些錯誤或負面的刻板印象，心理師皆可以對個案再教育，說明諮商不是只要多說話，說話的目的是要增加對自己有多一點的覺察。

4. 當個案滔滔不絕的述說時，心理師只要覺得有需要，可以請個案暫停一下，引導個案去說一下滔滔述說自己的時候，有哪些感覺？或者邀請個案對於剛才的述說做一個整理，以便幫助個案有機會可以重新看看自己的說話方式，並且探索如此述說方式的經驗。心理師不需要擔心因為打斷個案的述說，會造成無可挽回的後果，即使重要的問題被打斷，心理師也不需要擔心，因為對個案重要的東西，將來還會再出

現。

5. 本案例的個案被醫師診斷為憂鬱症，但是個案滔滔不絕的說話方式，反而會使人排除憂鬱症的可能性。由於此一個案同時被診斷為藥物濫用，因此，督導認為個案滔滔不絕的說話方式與藥物濫用或人格障礙的診斷較為一致。

6. 個案呈現自己的方式，其實是一種移情，也是一種強迫重複，只是個案自己沒有覺察而已。心理師對於個案呈現自己的方式要多加留意，與其盲目介入，不如先接納個案呈現自己的方式，包括健康和不健康的方式，這些臨床的觀察資料，可以作為診斷的參考，不需要馬上打斷個案呈現自己時的滔滔不絕。心理師的責任反而是放在幫助個案覺察自己滔滔不絕的說話方式：是否覺察？是否適當？以及是否需要調整？

7. 本案例的個案對於心理治療的看法是：如果有事情，就多談一點，沒事就少談一點。此時，心理師可以給他一些教育，讓個案更清楚什麼是心理治療，心理師可以說：「基本上，心理治療每次都是五十分鐘，不管你有很多話要講，還是沒有話要講，時間都是五十分鐘，時間每次固定對你的幫助會比較大，如果你對於固定時間談話這件事有困難的話，我們可以一起討論。」

8. 心理師在問個案問題時，會覺得個案好像沒有聽懂心理師的意思，就開始敘述自己的故事了，而且個案在說這些事情的時候，也只是純粹的敘述，並沒有進一步的覺察，像這樣的狀況，心理師可以比較積極的去中斷個案的敘述，並且將個案與心理師之間互動的模式回饋給個案。例如，「可不可以

請你簡單的用幾句話把你想告訴我話再說一遍。」這樣的方
式可以讓個案放慢速度，重新思考自己剛剛說了哪些話；或
者：「不曉得你剛剛聽到我問的問題是什麼？」確認個案到
底有沒有聽到心理師的說話。在這過程中，個案只顧著自己
說自己的，並沒有理會心理師說的話，相信這樣的模式可能
也會發生在個案的日常生活中，所以這樣的覺察可以幫助個
案去檢視自己的人際互動。或者：「我發現我在問你一些問
題的時候，你好像不是很清楚我在問什麼，不曉得你有沒有
這樣的感覺？」

9. 像此一案例，心理師有時覺察到的東西，個案卻一直無法覺
察時，心理師還是可以將自己看到的回饋給個案。心理師的
工作就像是拿著放大鏡或探照燈，讓個案去看看他原本沒有
看到的東西，並且用試探的方式呈現給個案，如果個案因此
看到了就很好，沒有看到也沒關係，因為心理師只是負責告
訴個案，而不是去逼迫他承認或接受。

10. 有些個案會在一開始晤談時，就把問題說出來，有的則在晤
談結束前才說出真正的問題，但是心理師不用因為個案一開
始就說出問題來而感到高興，也不用因為個案遲遲不說出問
題而感到困擾，因為個案願意說出問題，是需要有許多條件
的配合，包括：保密、信任、安全、心理準備度等。而且從
個案嘴巴裡說出來的問題，往往不是真正的問題，真正的問
題是發生在心理師與個案的互動中，處理或討論心理師與個
案之間發生的事情，其實才是真正的心理諮商，也才會具有
較好的療效。因此，心理諮商時，心理師不需要太緊張是不
是有漏掉個案說話的每一個訊息，因為有時口語的訊息並不

全然是真實的，心理師只需要花一半的精神聽個案在說什麼，另外一半的精神則用在留意個案的非語言訊息、自己的反移情，以及當下的諮商關係。

11.如果個案花了很長的時間還是無法說出真正的問題，心理師可以說：「談了這麼久，你似乎很難把困難講出來，不曉得你有沒有發現？是什麼原因讓你這麼困難說出來？」心理師如實呈現個案的狀況，其實也是幫助個案覺察的一種方式。

對話實例 10-1

Cl.：我覺得每件事都讓我覺得很沮喪。所以我最近都常看著遠方，發呆，覺得很多事情都在一起，覺得自己很難過很悶。

Co.：嗯。

Cl.：我不曉得怎麼辦。原本我會寄望來這裡，然後去建立自信心，跟你談了以後我覺得其實，一切都在於自己，你想不想去改變，然後能不能建立自信心，都要看自己。……我覺得我沒有什麼改變，跟你談了以後我不曉得……我還是這個樣子。可能……我說出來你不要難過，好像沒什麼幫助的感覺。

Co.：嗯。

Cl.：其實我很會對一個人講自己的問題，我所遇到的人都會……凡事都是靠自己來解決，自己的壓力好大喔，我現在覺得有點累了，再來是期末考，彷彿可以趕快結束，就可以回家，你相信我從春假後都沒有打電話回去嗎？連我自己都不相信……。

關於這個對話實例，有下列幾層含意：

1. 表示個案可以在心理師面前坦述其沮喪、無助，可以在心理師面前表現自己而不覺得顧忌，這是很好的經驗，心理師的回應與對待也是蠻能接納的。

2. 個案思考的結果發現許多事情最後還是要靠自己，如此可以修正原來對心理師的期望。一般人初次晤談時，總是尋求一種快速的解決，這種期望幻滅的過程，個案正在經歷，雖然很辛苦與失望，卻是很真實的經驗，透過這個經驗，可以告訴個案成長是一件辛苦的工作，並鼓勵他在這條成長的道路上，繼續走下去，將會有好的結果。

3. 從此一對話實例，我們可以看到個案似乎有落入逃避與衝突的情境之中，當諮商情境未能使其滿意時，他可能尋求的又是逃避的方式，落入慣有的模式當中。

諮商實務 Q & A

Q10-7：個案諮商晤談快結束前，突然提到導師找他談話，個案說：「說了一大堆屁話，都沒有用。」心理師如何理解個案的話？

A10-7：心理師在聽個案說話的時候，要假設個案說話時，有一半是在說心理師。以此例子而言，個案固然在抱怨和導師說話沒有什麼幫助，但是同時也在提醒與暗示心理師，和心理師談話不要像他的導師，期望心理師不要像導師一樣對他做沒有用的事。

Q10-8：大學生個案失戀後一直很在意是不是被對方玩弄，希望心理師告訴他：「到底要不要去找原來的女朋友談一談，好知道自己

是不是真的被他喜歡過？」還有，這位個案晤談時，會不由自主的呻吟，把頭後仰撞壁，心理師要如何處理？

A10-8：個案十分在意，很想知道自己是不是被對方玩弄了，認為自己生來就是一個笑話，這些陳述都已涉及個案的生命腳本與人生信念的問題。基本上，個案看待自己的眼光明顯有偏差，他也會帶著這樣的信念到處找證據。此外，人際關係或感情的問題，總是會重複出現在與父母、與老師，以及與心理師的關係中。在諮商關係中所產生的問題，也同時意味著個案在日常生活中也有類似的人際問題。

　　要不要去找原來的女朋友問清楚，問對方是否曾經喜歡過個案，對個案而言，這個問題有沒有答案其實並不是重點。因為假如對方喜歡個案，知道了，又如何？個案和對方並沒有復合的意思。就算對方不喜歡個案，那又怎樣？他自己還是要過下去。「為什麼個案這麼在意別人是不是喜歡自己」，這個問題才是重點所在，以致於他會給自己下了一個人生命題：「我是生下來讓別人看笑話、玩弄的」，或者是：「努力也沒有用」。心理師可以在當下試著問下列的問題來協助個案探索：

　　　「你有沒有覺得這是一個很熟悉的聲音？」

　　　「是什麼時候開始這樣告訴自己的？我是個失敗者。」

　　　「你覺得自己是個笑話，是誰在看笑話？」

　　　「從小的時候，你看到、聽到或體會到什麼，會讓你有一種別人把你當笑話的感覺？」

　　個案這些非理性的信念從何而來，這才是核心的問題，必須優先加以處理。個案每次都會帶著不同的問題而來，心理師要避免為了解決一個又一個的問題而疲於奔命。心理諮商不是在幫助個案解

決一個又一個的問題，而是要讓他對自己的內心世界有興趣，希望能探索，並且培養自行解決問題的能力。在心理諮商中，個案的問題即使沒有獲得解決，也是十分可能的，重要的是個案對增進自我瞭解有興趣，並且願意花時間去探索。

心理師提到個案在晤談時會不由自主的呻吟，把頭往後仰去撞牆壁，這個時候個案的行為明顯的表示個案正在經歷非常強烈的衝突與痛苦，已經無法用語言來表達了。心裡如果痛苦到了極點，人有時做出一些自我傷害的動作，極需被瞭解和幫助。心理師不用問：「你有什麼痛的感覺？」當下可以說：

「等一下，你有沒有感覺到自己有把頭往後仰的這個動作？」

「等一等，能不能說一說是什麼讓你做出這個動作？」或

「等等，是什麼讓你想把頭往後撞？」

Q10-9：心理師和個案在第七次晤談時，談得很深，可是到了第八、第九次的時候，個案談得很淺，心理師十分懊惱諮商關係不進反退，該如何才好？

A10-9：心理師自認為「和個案第七次談得深，第八、九次談得淺，是代表諮商關係的退步」，督導則認為個案在第八次是為了保護自己所以會遲到，內容也會談得比較少、比較淺，這是可以理解的。這是因為前一次談得太深了以後，個案會因為前一次說太多、太深而不安，以致於在下一次時，會比較收斂一點，會更謹慎一點。但是，第九次個案一開始就用說夢的方式來與心理師接觸，這反而是一個關係比較深的指標。

心理師可以鼓勵個案記夢、做自由聯想。一旦個案在放鬆的情況下，能夠無所顧忌的說出自己想說的事情，將自己的慾望、想

法、情感作真實的呈現，他才有機會明白原來自己是怎樣的人，去除自我防衛的過程，也是真心認識自己的開始。

Q10-10：個案是一個非常自卑的人，經常說：「全世界的人都看不起我。」心理諮商如何去幫助這樣的人？

A10-10：「全世界的人都看不起我」這是一個無法求證的命題。個案唯一可以得知的是，在諮商關係中親身經驗到心理師對他的重視。當個案揭露了比較深的自卑感時，心理師可以：

    1.先謝謝他的信任，願意在諮商中冒險，述說自己的感覺。

    2.針對個案口中的「白癡」、「丟臉」、「羞愧」等感覺，追溯其早年經驗，例如小時候不被父母重視的經驗。

    3.詢問個案說：「你說這一句話的時候有什麼感覺？」「你猜我聽到會有什麼感覺？」

    4.最後心理師再真誠揭露自己的感受。

    心理師需知影響個案的不是外在的事件，而是個案幼年主觀的、原始的、情緒性的，以及印象深刻的回憶與幻想。心理師對個案而言，其實是一個陌生人，在聽到個案說這些事情的時候，心理師並沒有「可笑」或「個案不好」的感覺，那麼個案這些感覺從何而來？在此，心理師提供一面鏡子讓個案投射，可能是個案早年記憶中的父母、師長的眼光或感覺在影響他。心理師提供的人際經驗讓個案感受到心理師是一個懇切、實際的、不扭曲的眼光在看待他。惟有個案有機會在心理諮商中，經驗到被心理師無條件的同理、尊重，和接納的時候，自然會逐漸修正他原來認為自己是沒有價值的看法。

Q10-11：當個案使用情緒性的字眼描述自己時，心理師如何進行感覺的探索？

A10-11：幫助個案進行自我探索，可以包括關於想法的探索、感覺的探索，以及行為的探索，這些均有助於個案的自覺與領悟。可行的作法如下：

1. 心理師可以說：「要不要多談談這種感覺？」「過去有沒有類似的感覺？」「過去有這種感覺時，你是怎麼處理的？」

2. 心理師可以鼓勵個案停留在那個感覺與情緒經驗裡，告訴個案好好與自己的感覺相處，有助於對自己的情緒有更清楚的瞭解。

3. 個案表現強烈的情緒或感覺時，心理師不需要，也不適宜直接反應（**react**），而是加以**處理**（**process**），所謂反應即是針對個案的情緒作反應，所謂處理，即是幫助個案弄清楚、看明白情緒的現象與來龍去脈。

4. 例如個案說：「我的心碎了。」心理師可以問：「心碎了是什麼感覺？」「心碎的當下有什麼想法？」「那時候，你做了什麼？」「你以前有沒有心碎的經驗？那是什麼樣的經驗？」「從這些經驗中，你看到什麼或體會到什麼？」

5. 當個案提到自己的感覺或情緒時，心理師不要問：「為什麼有這種感覺？」而應詢問：「你有沒有覺察到你現在的感覺不一樣了，是怎麼回事？」多問「如何」（how），少問「為什麼」（why）。

▎移情與抗拒的處理

　　移情一般分為正向移情（**positive transference**）與**負向移情**
（**negative transference**），正向移情是指個案對心理師表達正面
的情感，包括喜歡、愛慕、崇拜、欣賞、親近等感覺。所謂負向移
情是指個案對心理師表達負面的感覺，包括討厭、厭惡、懷恨、不
滿、嫉妒、害怕等感覺。正向移情通常包括愛情與性的慾望和幻想
（erotic wishes and fantasies）（**Stone, 1995**）。只要正向的移情維
持在正常的範圍裡，正向移情將有助於建立良好的諮商關係與工作
同盟（**working alliance**）。然而，各種移情都有可能發揮抗拒的
功能，特別是那些過猶不及的移情，例如迷戀等。

　　個案對心理師包含**情慾的移情**（**erotic transference**），又可以
區分為：同性戀的移情和異性戀的移情。也可以區分為親子的移情
與手足的移情。兩種包含強烈性愛的移情，一是一般的異性戀，另
一則是嬰兒與母親的依戀。當個案在諮商關係中持續退化時，其類
似嬰兒（infantile）的表現就會顯現出來，故從這個角度也能詮釋
個案的行為，不見得個案愛上異性心理師，必然是一般異性戀的移
情，也有可能是嬰兒將對母親的感情投射到心理師身上。

　　個案的移情基本上可以分為正向的移情與負向的移情，又可以
分為有助於自我領悟的探索行為和阻礙自我領悟的抗拒行為。移情
中妨礙自我探索、自我瞭解的言行，即是一種抗拒的現象。本節將
用案例來說明移情與抗拒的處理。

　　有一位順從的大學生個案，接受心理諮商已進行第十六次晤談。個案個性壓抑，非常在乎權威人物的評價，但又期待心理師的照顧。心理師透過晤談過程，細膩的協助個案釐清這些現象，以及其微妙的心理動力，對個案的成長有很大的幫助。可是，個案一方面期待心理師能夠主動關心照顧他，同時又希望能夠學習獨立，這兩個期望基本上是互相矛盾的，心理師可以反應個案內在的矛盾衝突，協助個案走過分離個體化的掙扎。

　　這位大學生個案被想像中的恐懼壓抑了其內心的情感和衝突，透過晤談，壓抑的防衛機制不再能夠滿足其內心的慾望，衝突就跑出來了。個案原先預期表達心理的真實感覺將會被心理師處罰，一如童年經驗中經常受到父親的否定和批評一樣，然而，心理師並未懲罰個案，迫使個案需要回過頭來調整其原先的人際模式，增進其彈性和適應力。

　　當個案在諮商過程中，出現舊有的模式時，心理師可以用：「什麼讓你這樣覺得……」、「過去有沒有類似的感覺……」等問句來回應，讓個案自己回答，由他自己來解釋自己出現的矛盾，讓個案述說自己為什麼會選擇繼續舊模式的理由，經由這樣的方式來使個案得到覺察與領悟。心理師在諮商過程中，一定會遭到個案的抗拒，特別是當諮商要進入更深一層時，在這個時候，心理師可以經由諮商使得個案瞭解自己的抗拒，進而達到更深的領悟。心理師必須瞭解個案的抗拒，當個案抗拒時，可以跟他在一起停留久一點，不用太急，接納個案的抗拒。如果心理師急著解析或消除個案的抗拒，諮商反而會出現反效果，嚴重的話，會冒著失去個案的可能風險。

　　學習心理諮商的過程中，讀者可能聽過「個案又 **acting out**

了」。什麼是 acting out？什麼又是 **acting in** 呢？在心理分析裡，我們把 acting out 和 acting in 做如下的理解：

凡是個案將內心的衝突或慾望，以不適當的方式在諮商室以外的地方表現出來，我們稱之為 acting out。所謂 act out 是指個案 act out 內心的慾望或衝突，特別是指潛意識的慾望或衝突。由於個案是在諮商室之外的情境表現出不適當的行為，心理師就失去觀察、處理與幫助的機會了。例如，個案對心理師很生氣，可是卻不敢對心理師發怒，離開諮商室之後，回家看到孩子不做功課，怒火中燒，大罵孩子一頓。個案的行為可以說是一種 acting out 的現象。

凡是個案將內心的、潛意識的衝突或慾望，以不適當的方式，在諮商晤談的時候表現出來，我們稱之為 acting in。原則上，心理師鼓勵個案在諮商室 acting in，因為個案在諮商時表現不適當的言行時，心理師才有機會觀察、處理與幫助個案。例如，個案對心理師很生氣，不論心理師說什麼，個案都加以反駁，認為心理師是在騙他的錢。個案的行為可以說是一種 acting in 的現象。

不論 acting in 或 acting out 的言行，基本上都是個案的投射，也是個案的移情，都是值得作為幫助個案自我瞭解的最佳材料。例如，有一個個案在晤談時，突然坐到心理師的身旁，並且不斷用手碰觸心理師的膝蓋。個案的行為可以說是一種 acting in。這個時候，心理師可以詢問：「你以前都不會如此，什麼讓你想要坐到我旁邊？」對於經常 acting in 或 acting out 的個案，心理師可以鼓勵個案有事情最好拿到諮商時間來討論，鼓勵個案對心理師說出任何心裡想說的話，包括負面的、令人不悅或不易啟齒的事情。 如果個案能夠學習用口語來表達感覺與情緒的話，就比較不會用不適當的行為去表達內心的衝突和慾望。

　　一般文獻將 acting out 翻譯成「行動化」，似乎無法完全的表達英文原意，對於 acting in 和 acting out 筆者目前也想不出更好的中文翻譯。比較冗長的，但是比較符合原意的翻譯是：「不適當的將心理的慾望或衝突在諮商晤談時表現出來」以及「不適當的將心理的慾望或衝突在諮商室以外的地方表現出來」。

　　心理師對個案的瞭解，其實並不是最重要，因為這遠不及於個案對自我的覺察與認識。所以心理師的工作就是要讓個案對自己的心靈世界有興趣，幫助他看見他自己。而個案的言語和行為是認識自己的可行途徑之一，要讓他從自己的言行舉止看進自己的內心世界。比如，他會不由自主的把桌子拉近自己（把自己關在椅子裡），用左手擋住自己面對心理師部分的臉（心理師只能看見個案的眼睛），說話很少看心理師。這些代表這個案平時就是以雙手遮著臉，來面對這個世界，習慣透過指縫來觀察這個世界的動靜。但是不讓別人看見他。換句話說，他很可能從來不曾正面處理過事情或問題，無法直接面對人事物。比如對老師、對父母、對女朋友（因應方式是故意爽約，以報復被甩）、對心理師（因應方式是以不出席來逃避諮商關係中的難題）。

　　心理師要幫助個案看到自己都是用同樣的因應方式在面對問題，讓個案覺察到自己在不同的關係中出現相同的行為模式，以及在不同的事件中看到相同的因應方式和無效的防衛機制。例如，個案習慣朝向負面的方向來思考事情，又告訴自己不要這麼想，想要找對方求證又拉不下臉，自己又實在無法不這麼想，就這樣來來回回，自己構築了許多的想像，可是又一直接觸不到真實。

案例討論 10-3

　　珊珊是一位女大學生，因為感情問題求助於學生輔導中心的心理師，在晤談的過程中，心理師鼓勵個案去探索早年的父女關係，因為個案似乎仍然深受父親的影響，以致於無法獨立做自己，去追求自己的幸福。

　　珊珊對心理師同時存在正向和負向的情感，他將心理師投射為理想化的父親，渴望向理想化的父親傾訴、取得瞭解。珊珊感覺到能夠從心理師身上要到愛，能要就盡量要。但又害怕關係深入之後，心理師會像真實的父親一樣批評他，所以總是不自覺的忽略諮商關係本身，每次都來去匆匆，在心理師來得及生氣之前就先趕快跑，然而珊珊對自己的行為並沒有自覺，心理師需要不斷的同理他的矛盾，反應他的擔心，詮釋他期待被心理師批評和否定的心情。例如，他遲到幾分鐘，卻費了很大的力氣解釋原因，似乎他預期著心理師會懲罰他一般。

　　珊珊的主觀經驗和父親的眼光之間落差很大，他選擇了透過父親的眼睛來認定他的自我形象和自我概念，反而忽略了自己主觀的體驗。但是父親本身是一個奇怪的人，父親的眼光，造成他經常懷疑和否定自己，自我價值感低落。青少年在通過分離個體化的過程，往往是經由叛逆而得到成長，但是珊珊不敢叛逆因此感覺到痛苦。

　　珊珊的感情困擾是父親和他之間關係的翻版，心理師於是協助珊珊開始覺察，合理的懷疑父親有可能是不成熟的甚至是錯誤的，對於父親的種種要求和批評，可以考慮是否要完全接受、遵守。珊

珊在情感上像是一個小女孩，但事實上，他是一個大學生，會想要做自己，和父母有不同的觀念。珊珊的自我概念調整到更好的時候，甚至可以改變、教育父親，認識他真正的自己。

這位父親對珊珊有諸多不切實際的要求和期待，一如小女生相信自己的父親是無所不能，很厲害一般。父親以自我的需要為中心來要求孩子，例如，他會對珊珊說：「你這麼大了，怎麼不會照顧自己？」「你還這麼小，怎麼可以晚上一個人自己出去？」這些均反應了父親不成熟的傾向。從小到大，父親控制了珊珊的自我價值和情感，珊珊連自己是怎麼受傷的都不知道。

經過一段時間的心理諮商，珊珊從對晤談契約的不確定、無法做承諾，到近來個案能夠固定時間來晤談，顯示珊珊的情緒比較穩定了，內在不再那麼混亂，他也開始有能力去覺察和省思自己的人際互動困境和解套的方法。

珊珊在兩性交往的時候，心理上總是感覺有第三者（父親）的介入，似乎父親的影響無所不在，使他難以和異性同學有比較深度的交往。珊珊對兩性關係顯得很天真無知，可能是從小好奇心和慾望被壓抑，缺乏經驗所造成的。就父親而言，說好聽一點，父親是怕女兒吃虧，實際上是想要佔有自己的孩子，或者是將不好的兩性經驗投射到孩子身上，藉保護的名義來控制孩子，也保護自己不再受威脅。心理師在晤談過程中，協助珊珊覺察其矛盾與衝突，這對珊珊而言是很恐怖的事情，因為獨立等於鬧革命，背叛了父親，逼珊珊在兩個重要的男人之間做選擇。

孩子沒有經過叛逆其實是很難分化的，有些孩子會延後叛逆，或許是藉由選擇和父母親意見不同的職業、伴侶等，來表達其獨立自主的意願和決心，然而為叛逆而叛逆不見得是好事，最好還是經

過自我覺察，瞭解自己想要什麼之後，再做選擇比較好。有許多親子關係不好的女孩，很早就結婚了，多少是藉由婚姻來脫離原生家庭的束縛。珊珊沒有解決衝突的能力，無法拒絕其他男性的要求，可能是珊珊對父親感情的投射，在珊珊的心目中父親是一個巨人，但是父親畢竟會老去。關於這部分移情的覺察與處理，便是心理諮商的工作重點之一。

父親對珊珊長期的精神虐待，使珊珊如同驚弓之鳥，很難去看到自己已經長大，擁有自己的力量，諮商可以協助珊珊瞭解自己終於會有經濟能力和生活獨立的一天，這個過程中珊珊需要很多的支持，因為在父親這麼多扭曲的觀點之下來看自己，珊珊也會扭曲自己，假如珊珊沒有機會上大學，沒有機會來大都市開拓視野，也許仍然會選擇順從配合的人際模式。上大學離家使珊珊與父親的衝突激化，讓珊珊有機會檢視自己的生活處境與人際模式，最後還是要珊珊自己決定要不要走出來。

案例討論 10-4

個案是一位年輕的媽媽，因為婚姻不快樂，以及在追求自我成長與家庭責任之間感到無法兼顧的痛苦而求助於心理師。心理師除了具有良好的專業訓練與成熟的人格，也是一位身材姣好，容貌美麗的人。在心理諮商的過程中個案不自覺的在心理師面前感到自卑，並且十分欣賞心理師的美麗，被心理師的美麗所吸引，有時也會對心理師產生一些性的幻想。此外，個案習慣使用迴避的方式去處理生活上的挫折，以致於問題始終無法獲得有效的改善。

辨識個案的移情是心理師的工作之一，接下來的工作是幫助個

案加以覺察。這位個案在接受女心理師的心理諮商一段時間之後，逐漸注意到心理師女性特質的部分，並且出現對心理師的移情現象。個案表示他十分欣賞心理師的美麗，在言談之間會用比喻的方式說：「如果我是男生，你是女生會是怎樣⋯⋯。」在這個案例中，個案投射出他所想要的女性特質在心理師身上，進而想要把心理師內化進去，這一點可以顯示個案的自我壓抑有鬆動的現象，他會在諮商關係中，玩弄（**play out**）其內心的幻想與慾望。心理師對於個案的移情，可以試著說：「我有注意到每次談到兩性的事情，或是談到你喜歡我的話題時，你都會笑、顯得有些開心、有些不好意思的樣子。」然後進一步詮釋出其幻想和慾望。

又例如，當心理師發現個案常常用負面的字眼描述自己時，可以把個案如此自我描述的言行假設為一種移情，也就是說，個案不知不覺的把早年父母對自己的描述內化進來，然後變成一種自我應驗，面對心理師的時候，不自覺的把對父母或重要他人的想法與情感轉移到心理師身上。這個時候，心理師可以說：「似乎你常把自己說的很不好，不知道你有沒有注意到，你常常覺得自己在別人面前自尊心很低，容易低估自己，似乎把自己講得比實際還要不好？」「你說你平常和別人在一起的時候不會講這些，可是在這裡與我分享的時候，你總是用很負面的方式來述說自己，是不是也可以試著用比較公平而正面的方式來述說自己？」

在心理諮商時，心理師要鼓勵個案試著用更細膩的語言來描述自己，試著把自己的想像和慾望用語言說出來，當個案能夠用比較細膩而直接的方式表達自己時，其內在的能量自然會出來，個案將會變得更有能力面對其自身的問題。

諮商關係和個案日常的人際關係之間是平行的，個案在諮商中

的學習有助於增進他對自己和與他人之間關係的領悟。當個案能夠在諮商中自然的表達，把心理師當作內在感情投射的對象來練習時，回到日常生活中，其處理人際問題的能力也會增進。例如，個案表示很少求助於父母和老師，心理師可以問：「那你求助於我，有什麼感覺，因為聽起來這是很不一樣的經驗，是什麼讓你來求助？求助的感覺怎麼樣？」因為個案小時候的求助經驗可能很負面，所以會壓抑住，假如個案對心理師的求助經驗很好，將可以修正過去不好的求助經驗，甚至可以試著去求助父母或先生。

　　心理師覺察到個案固定的人際模式是個案習慣不願去談令他感到焦慮、壓力的事情，運用壓抑的防衛機制，表示忘記了、不知道、很難說等來迴避，只有在諮商關係裡，才有機會談到這樣的人際關係。心理師可以面質此一現象，個案可能感覺到壓力太大，所以一直閃躲，迴避談到關係。此時，心理師可以反應此現象給個案，鼓勵個案多說，反應個案在和先生、小孩和同事相處時的迴避，和在諮商室中和心理師的關係是相同的，讓個案知道感情是令人感到困惑的、複雜的，但是卻不能迴避，問個案是否願意面對，讓個案在諮商關係中多練習，練習用迴避以外的方式來處理相同的人際問題。

　　在這個案例中，個案覺得心理師看起來像美人魚一樣，心裡很喜歡心理師，這樣的感情和關係只有在諮商關係中才有，這就是指個案與心理師是處於一種**超現實**（**surplus reality**）的境界，在這種境界或氣氛中，個案可以在這裡無所不談，而不會有犯錯被處罰的後果。個案可以在這裡表現內心的愛恨情仇而不會有現實的傷害，透過在這裡的述說和表現，個案有機會瞭解其內在的愛恨衝突，而不會傷害到別人，心理諮商進展到這個地步，可以說諮商關係已經

非常穩定,心理諮商的效果也十分明顯了。這位個案曾對心理師說,不知道為什麼,你的話對我似乎有一種催眠的作用,這表示個案很信任心理師,對心理師似乎沒有任何防衛的感覺,在這種關係之下,個案可以非常自在的表達自己,包括自己的任何想法、念頭、渴望和感情。

諮商實務 Q & A

Q10-12:在諮商過程中,個案出現吃零食的行為,似乎是一種打岔的行為,該如何處理?

A10-12:打岔行為分為兩種,一種是使諮商無法繼續的打岔,如不來、拒絕付費、出現暴力行為等,這是比較嚴重的行為。另外,則是比較輕微的打岔,雖然會對諮商造成干擾,但是諮商還可以進行,如遲到、吃東西、抽煙等。面對打岔行為,心理師應與個案討論此一打岔行為的內在含意為何,如果是以前就已經說好的,而現在卻不能照著做的原因是什麼?由此來探索內在的素材,對於個案的打岔行為,要視問題的輕重緩急來加以處理。原則上比較輕微的打岔行為,不需要馬上制止,也不宜視而不見,在適當的時候還是要加以處理,幫助個案進一步探索打岔行為的含意。

Q10-13:個案問心理師:「你覺不覺得我麻煩?你還要不要我?」心理師如何回應?

A10-13:多數個案對於諮商關係是很敏感的,只是許多個案不會直接說出來。不論個案是否說出來,心理師都要覺察到它的存在,並隨時做適當的處理。如果個案直接詢問心理師對他有何感覺時,其

實這是一個好現象，表示個案可以直接面對心理師來述說彼此的關係，心理師處理得好，有助於諮商關係的增加與穩定，處理不好會使諮商關係變得不穩定。心理師對於個案的詢問，可以先瞭解個案話中的意義是什麼，知道個案說此話的含意之後，再瞭解個案何以會想知道心理師的感覺，因此，回答之前，可先澄清個案的語意。此外，有可能是個案開始擔心心理師是否生氣或不耐煩，很想知道心理師是否如同其他的人一樣覺得個案是個麻煩，另外，也有可能反應個案希望培養一個良好的人際關係慾望，但是卻沒有能力自覺，需要心理師的確認。

Q10-14：個案認為人與人之間都是互相利用，這是不是個案的投射？

A10-14：的確這是個案的投射，個案必然有此經驗和感觸才會說這一類的話，個案雖然泛指一般人際關係，但是同時，個案也有可能在說自己和心理師的人際關係。如果諮商關係不錯，心理師可以詢問個案如何看待一般人際關係、自己的人際關係，以及他和心理師之間的人際關係。引導個案談諮商關係是一個很好的主題，鼓勵個案面對此時此地的心理師談感覺，會是一個很重要的練習和澄清。心理師可以直接問：「和我在一起的時候，你會不會覺得被我利用？或者你在利用我？」

Q10-15：個案說出對心理師的負面感受，心理師要如何回應？例如，有一位大學生個案在一次談話中，說出他對心理師的感覺，覺得心理師像陌生人很可怕，對學姐則覺得很安全，這代表什麼？

A10-15：心理師應容許個案不需要擔心被批評的說出心裡真實的感

覺，如此個案才容易有機會覺察與修正內在負面的感覺。心理師可以詢問個案除了對心理師有這種感覺，以前是否有類似的感覺，對別人是否有類似的感覺，讓個案不用再壓抑。心理師以中性而一致的諮商態度，不受個案負面情緒的影響，以描述彼此的關係狀態回饋給個案，不要涉入個案的情緒，或與個案爭論是非對錯。心理師要盡量維持一個穩定、有如鏡子的態度，久了個案慢慢就會知道那是自己的投射。

個案覺得和學姐在一起有安全感，和心理師在一起像陌生人，沒有安全感，這可以用客體關係理論中的投射原理來理解，個案將好的客體投射給學姐，把不好的客體投射給心理師。個案能夠不自覺的投射負面的感情在心理師身上，多少表示心理師是一個安全的客體，可以直接對心理師說出內心真實的感覺，雖然說的是不好的感覺。如果個案有機會與心理師工作一段時間之後，逐漸學習瞭解自己的問題，以及將心理師內化成為自己內在良好的客體，久而久之，個案便會更有能力去處理他現實中的人際問題。

Q10-16：個案覺得心理師是大人，這點令他感覺不安全、害怕，喜歡心理師以前像小孩子的感覺。要如何理解個案的感覺？

A10-16：個案已經是一個成人了，但仍然以小孩子的心態看事情，別人把他當成小孩，他會感覺比較安全，但他已經長大成人，要面對現實，心理師運用移情幫助他覺察人格有退化的現象，幫助他瞭解自己的恐懼事實上已沒有存在的必要，雖然個案希望得到他人的照顧，希望能夠依賴他人，但是他人不會把個案當成孩子看待，現實中是把他當成人來看待。心理師一直以大人的態度和個案談話，使個案過去與大人相處產生的衝突、矛盾，重複在諮商關係中，使

問題自然重現。但心理師提供包容的環境，並以大人的態度與個案相處，讓個案在有良好界限的關係中，經驗與心理師的互動。談一段時間後，個案感覺到被接納，問題自然改善。

Q10-17：個案晤談時老是重複相同的話題，談話似乎沒有明確的目標，和個案越談越不知道在談什麼？

A10-17：心理師可以協助個案覺察自己是否在重複述說相同的事情，是否有某些特別的需要而反覆再講。例如，有的個案因為講自己的困難，可以得到心理師的同情而感到滿足，有的個案因為生活空虛，和心理師見面談話似乎可以充實他平淡無味的生活。此外，個案如果不具備自我探索所需的能力，如智力、語言能力和理解能力，也會有困難進行有意義的自我探索式的晤談。有時候，即使心理師不認為心理諮商對個案有什麼幫助，但是個案仍然每次準時前來晤談，也不會抱怨心理師或心理諮商，不論如何，心理諮商可能對個案具有某些意義。對於這種狀況，心理師可以回饋給個案，幫助個案看清楚他是否善用諮商時間來幫助他自我瞭解。例如心理師可以說：「似乎我們的諮商關係總是淡淡的，不知道你是否也有相似的感覺？」「我有注意到你來晤談的時候，總是重複談同一件事情，你確定這就是你要談的嗎？」

Q10-18：個案在信中提到對心理師有依賴的感覺，讓他感到焦慮、害怕，暑假開學後，心理師與個案聯絡何時要開始晤談，個案要心理師看一部描述有關治療師與個案的影片，個案從中想到一些東西，但他不清楚那是什麼，等他弄清楚了再跟心理師說，心理師與他約定了一個晤談時間。心理師發現自己對個案有許多的感覺，包

括會希望見到他，但又害怕見到他，會在校園中尋找他的蹤跡……等等。

A10-18：在密集的心理諮商之後，又有一段時間沒見面，會有想念的感覺是人之常情。心理師對個案有這種感覺，可能個案也對心理師有這種感覺，心理師可以藉著這些覺察去瞭解個案，個案會害怕來看心理師，因為焦慮太高講不出口，害怕談彼此的關係，擔心心理師會太喜歡或不喜歡他，因此感到不安。這種現象也可以用潛意識的比喻來教育個案，例如心理師可以說：「有沒有可能在潛意識裡頭，你有感覺我們的關係很像你和母親的關係？」個案希望心理師去看一部與心理治療有關的影片，多少是擔心影片裡的事情會發生在個案和心理師之間，心理師可以邀請個案把自己的擔心說出來，以便有澄清的機會。

心理師對於個案的許多感覺，包括希望見到他但又害怕碰見他，這些感覺即是心理師對於個案的反移情。心理師對於自己的反移情要有所覺察，要作自我的省察，詢問自己何以會對個案有這些感覺，這些感覺代表什麼含意？心理師不需要去否認自己的反移情，通常也不適宜去和個案討論或分享自己的反移情。如果心理師能覺察，並且節制自己對於個案的反移情，那麼仍然可以繼續工作去幫助個案。如果心理師有困難節制自己的反移情，那就要去尋求督導或資深同事的協助。

Q10-19：個案於晤談結束時提出要求，要心理師回去看幾本關於同性戀的書，看過了個案才考慮是否要談他的情感部分，個案覺得自己對心理師說這些話時，是對心理師做出斗膽的要求。

A10-19：個案的要求可能涉及個案與心理師的感情關係，當個案出

現對心理師同性戀的感覺時，可能會十分不安，因為不敢直接提出來談，於是請心理師回去看一些同性戀的書。要心理師去看書，多少反應個案在諮商關係中還是有所顧忌，不能夠自在的述說對於心理師的感覺和想法。心理師不一定要答應去看同性戀的書，但是可以鼓勵個案在下次晤談時，將這個主題拿出來討論。到時候，心理師再詢問個案，是否擔心被心理師誤會，還是擔心彼此之間的關係會演變成同性戀？

Q10-20：個案要心理師對他的問題作分析，然後告訴他要如何改進，因為心理師代表專業，所以相信心理師的指導，對於個案如此直接的要求，心理師要如何處理？

A10-20：個案似乎重複與父母的互動關係在諮商關係中，心理師可以反應給個案：「何以對自己不那麼確定？似乎不會判斷方向，常常詢問別人的意見，是否會覺得別人做的比較好？按理說，自己應該是最瞭解自己的人，怎麼會希望別人告訴你答案？是不是會害怕自己做決定？不敢冒險去做嘗試？按照別人的建議去做就可以不必冒險？心理師不告訴你答案，就是一個幫助你的方法，何不試著冒險做決定，自己先試試？」「當別人告訴你怎麼做時，你的感覺怎麼樣？」「沒有問別人自己就去做時，你的感覺如何？」

　　當心理師不告訴個案答案時，個案反應：「又來了。」心理師可以說：「很好，你有覺察到我一直不給你答案，是什麼讓你一直想要重複問我答案？」

Q10-21：個案在談話中表示自己心中有另一個聲音常責怪自己，心理師試著重複個案所說的話時，個案的反應是：「我又不是故意

的。」直接與「重複的話語」對話起來，無法感覺此話的來處。

A10-21：個案自我的力量（**ego strength**）太弱，心理師希望個案能夠以**觀察我**（**observing ego**）來看待此事，但是個案的觀察我也太弱，以致於無法跳脫出來看自己。個案的**超我**（**superego**）與**原我**（**id**）的衝突無法協調，超我太強，視周圍的人（包括心理師）為巨人，把自我（**ego**）弱化了。在心理諮商的過程中，是心理師的自我借給個案用，幫助他克服困難。心理師此時可以示範其他的對話，或**處理**（**process**）剛才與個案的對話，鼓勵個案以成人的眼光看看這件事，如「你聽到自己的話、聲音，你有什麼感覺？」或請個案換不同的角度來述說自己。

Q10-22：個案說他就是喜歡用理智來看事情，不需要讓不好的情緒破壞一切，覺得自己沒有問題，但有時候又覺得有問題，反反覆覆，不知道要如何看待這個個案？

A10-22：個案不敢對異性表達感覺，也不敢對心理師表達感覺，用忙碌來填滿時間，生活分割成一段一段，自我統整較差，有時候會否認自己說過的話，這樣的情形比較像人格障礙。通常精神官能症的個案會是：「我有問題，問題在我身上，我要丟掉我的問題。」而人格障礙的個案則是：「我有問題嗎？沒有吧！」如果是人格障礙的問題，心理諮商效果就會很有限，只有盡量幫助個案覺察。

11 反移情

　　反移情是指心理師對於個案的種種感覺，特別是指那些心理師將早年對於重要他人的感覺、想法、慾望、情緒，以及衝突等，投射到個案身上的現象。只要是從事心理諮商工作，每一位心理師都會有反移情的時候，反移情並不是問題，它是普遍存在於人際關係之中的自然現象。有問題的是心理師對於自己的反移情沒有覺察，放任反移情的發作，以致於干擾了心理諮商的工作，影響對於個案的服務品質。本章將分別說明反移情的各種面貌、反移情的覺察，以及反移情的處理。

反移情的面貌

　　心理師在幫助個案的過程中，多多少少總是會對個案產生某些情緒和感覺，這些情緒和感覺即是廣義的反移情。當心理師對於自己這些對個案的反移情沒有覺察的時候，往往會干擾對於個案的心理諮商。例如，心理師接案時的焦慮、心理師具有追求完美的需求、心理師過度照顧個案，以及想要替個案解決問題的需求等，這些都是心理師反移情的可能面貌。有效的心理師需要經常覺察自己的反移情現象，積極的可以透過反移情來幫助個案，消極的可以節制自己的反移情，避免影響對於個案的諮商品質。

　　Corey、**Corey** 和 **Callanan**（2003）認為心理師的反移情，不僅是臨床問題，也是專業倫理問題，心理師需要瞭解反移情可能的臨床和倫理意涵。他們舉出下列八種心理師可能出現的反移情反應，做為心理師自我覺察的參考。心理師不妨針對每一個反移情反

應，反躬自省是否也有類似的現象？

1. 過度保護個案可能反應心理師內心深處的恐懼。當心理師自己仍有一些尚未解決的衝突和痛苦時，有可能會避免引導個案去處理類似的衝突和痛苦。心理師會不自覺的認為個案過度脆弱，因而對待個案的口氣和態度會特別小心翼翼，擔心個案再度經驗到那些與心理師類似的衝突與痛苦。

2. 以溫和的方式治療個案可能源自心理師害怕自己的憤怒。有些心理師總是和個案保持一種表面的、友善的諮商關係，以好來好去的方式避免心理師對於個案的憤怒。

3. 拒絕個案可能是因為心理師擔心個案會依賴上自己。有些心理師因為擔心個案會對自己需求無度，或對自己產生依賴，於是刻意和個案保持疏遠，甚至不想繼續提供個案所需要的諮商。

4. 心理師渴望得到個案不斷的肯定和讚許。如同有些個案會討好心理師，有些心理師也會討好個案，心理諮商時希望個案的痛苦得到快速的緩解或心理困擾得到立即的改善，否則會覺得很洩氣和焦慮。當個案未能從諮商中獲得幫助時，會懷疑自己的能力，也會擔心不被個案所喜歡。

5. 經常從個案的身上看到自己的問題。實習心理師比較容易過度認同個案的問題，以致於失去了客觀性。如果心理師無法區辨自己和個案的問題，或者總是在個案的身上看到自己的問題，在協助個案的時候，難免反應會失去客觀性、中立性。每當心理師對於某些個案有非常強烈的情緒出現時，便要留意是否自己的反移情太多以致於干擾心理諮商的進行。

6. 利用個案的弱點，對個案表現出性與戀愛的感覺。個案與心理師彼此喜歡，甚至互相愛慕，是很平常的一件事情，但是心理師如

何合乎專業倫理來處理這些感情，則反應心理師是否覺察自己的反移情，以及是否節制自己的反移情。心理師對於自己在諮商個案時，出現強烈的性與戀愛的感覺時，需要有所覺察和節制，必要時需要尋求督導或其他資深心理師的協助。

7. 以優越和有智慧的姿態，經常給個案建議。有些心理師無法忍受個案漫長的面對痛苦與自我成長過程，很快的與個案分享自己的成功的經驗，急於提供個案各種有效與快速解決問題的建議。其實，心理師如此的作為究竟是為了滿足心理師自己的需要，還是為了要幫助個案？

8. 渴望和個案發展社交關係。心理師不妨要想想：當個案提出想要和心理師發展社交關係時，自己會去面質個案還是去迎合個案？我和個案作朋友的需要是否干擾心理諮商的實施和違背心理諮商的目標？我和個案在諮商室外以朋友的關係互相交往，究竟是為了我自己還是為了個案的最佳利益？

反移情是一個複雜的諮商現象，心理師處理得好，可以有效的幫助個案，提升心理師的專業能力與諮商效能。心理師處理得不好，不僅干擾心理諮商的實施，影響心理諮商的品質，造成個案心理上的傷害，也會給心理師帶來專業諮商倫理和法律上的訴訟。因此心理師需要養成隨時自我覺察反移情的現象。

▌反移情的覺察

在心理諮商晤談的過程中，心理師需要隨時檢視自己內在的感

覺，例如心理師對個案有點厭煩、有點害怕，這些就是反移情的一部分，覺察自己的反移情，有助於去瞭解個案是一個什麼樣子的人。

有一位心理師接受作者之一的督導時，曾提出一個關於將個案轉診的問題。他說他有一個在公家機構接的個案，想要轉回自己的工作室繼續諮商，他不清楚這樣做是否合宜？

判斷是否合宜的關鍵在於這樣轉診是否合乎個案的最佳利益。個案在公家機構接受諮商，是免費的，轉診到私人工作室，是否會增加個案的經濟負擔？如此轉診的決定是否嚴重的改變了諮商的基本架構，亦即心理師與個案原先約定的諮商時間、諮商費用，以及諮商地點，都將改變，這樣的改變究竟是為了個案，還是為了心理師？

這位心理師與督導討論的結果，覺得他之所以會提出轉診的建議，其實是出於自己有與個案離別的困難，因為擔心個案無法在公家機構得到繼續的諮商服務，因此想要把個案帶回自己的工作室繼續諮商。督導認為：人通常只有一個問題，這個問題會不斷的在不同的情境中重複出現。心理師覺察到自己的問題是：與他人的界限經常模糊不清，這個問題不斷的重複在他個人的生活與專業工作。心理師對於反移情的檢視，發現原來是自己很容易將對於個案的照顧（包括適當與不適當的照顧），包裝成豐富的母愛與宗教情操。

另外一位接受督導的心理師，提到和個案還有三次的晤談，但是還有許多事情要處理。督導聽了心理師的接案錄音帶之後，覺得心理師晤談的態度過於急切，一句一句緊迫盯人，如此明顯的引導性談話方式，很容易限制個案的自我探索，因為個案還要一句一句的想心理師說的話是什麼意思，好像心理師比個案對他自身有更清

楚的瞭解，心理師好像心中已經有一個答案存在，然後要個案去
猜，這種作法遠離了心理分析的基本原則。心理師可以開放的探索
個案對父親、姊姊的看法，讓個案對過去的記憶做出如實的描述，
包含著一種深刻的感覺和印象。

　　心理師因為僅剩三次晤談就要結案了，所以步伐變得急切，把
個案成長的責任扛在自己身上，這是不必要的，也太累了。這其中
反應了心理師個人的反移情，包括容易對他人過度負責、過度控
制、講求效率等。心理師若能夠覺察這一點，就可以放慢腳步來。

　　督導認為剩下的三次晤談，不如將焦點放在結案的過程中來探
討，這和個案想和先生分居的問題是一個平行的過程。心理師的工
作不是去解決個案的問題，而是讓個案能夠隨時對自己的問題現象
保持面對與覺察。心理分析取向諮商的精髓在於分析個案到最後一
分鐘，仍然維持基本架構，保持分析的態度，不斷的處理移情，而
非去解決問題。

　　個案猜想心理師要和他結束諮商，是因為要空出時間給其他新
的個案，可能個案臆測著心理師選擇去愛別人，而不愛他，就如同
爸爸比較喜歡姊姊，不喜歡個案。讓個案清清楚楚的說出他對結案
的感受，包括內心的衝突和慾望，諮商效果會更好。個案可能表達
出：「我還有需要，假如心理師沒有時間，是否可以安排其他心理
師和我繼續談？」「如果我想繼續自我探索，還有哪些管道？」或
是個案可能也有憤怒的感覺：「我還沒有講完我的心事，你就要離
開我了。」「真的只有三次嗎？我們可不可以再延長？」個案對結
案的想法與感覺若沒有處理，個案可能會質疑心理師並沒有真正瞭
解到他內心的需要和感覺，而讓整個心理諮商的效果打了折扣。如
果個案在衝突和抱怨之後，仍能說出「我會想念這段時間」，表示

個案已經透過晤談關係而成長，這將有助於個案自身的內在整合。

　　心理師的反移情經常在諮商過程中表露無遺，只是心理師沒有覺察罷了。例如，心理師總是期待對於個案的問題有所瞭解、有所掌握。和個案晤談時，如果抓不到個案的問題，便顯得十分的焦慮，無法平靜的做一面鏡子。當心理師好不容易抓到個案的問題，便要急著帶領個案去看他的問題所在，如果個案不想去看，便感到十分的不安，而不知如何是好？對於個案對自己的問題的覺察與解決，心理師有時顯得比個案還要焦慮與著急，這些都與心理師的反移情有關，心理師對自己的反移情需要不斷的覺察和節制。

　　有一位輔導老師常常感到有想要為個案多做些什麼的需要或衝動，例如，想寫信給退學的個案，想寫信鼓勵已經決定不來諮商的個案，不然就覺得會有更不好的結局會發生在個案身上，自己將愧疚不已。這個時候輔導老師要先問自己一個問題：寫信給個案是為了自己的需要，還是為了個案的需要？這位輔導老師常說，「我很容易產生反移情，個案的無助常常牽動我想要為對方做什麼。看到個案的不舒服，我會以為自己工作不力，有衝動希望直接給建議，希望個案滿意。」這位輔導老師的心情常受到個案的牽動，便是由於太多的反移情使然。

　　這位輔導老師在某次諮商之後寫了以下的反省：「我苛責他（個案）在同學面前的不坦誠、對他在還沒有處理完前一段感情的情況下，又追尋另一段的急切，我很不以為然……。事後想想，他就是有此必要，以便可以保護自己的利益，也有此需要，以便得到異性肯定。似乎我自己對一個不努力讀書、看不到未來、搞不清楚自己是為了什麼就追別的女孩的高中生，有著自己的價值判斷，我發現自己的接受度是有限的。」

　　一個和個案晤談時，不能放鬆自己的心理師，如何期待個案會不緊張呢？當個案晤談時，表現出緊張、音調高亢、不自在的狀況，可能反應的是他在日常生活中的人際焦慮，另外一個可能是心理師自己的緊張，會讓個案也無從輕鬆。由於兩人之間的溝通有時是潛意識的，不是心理師要個案放輕鬆，個案就真的能放鬆下來。除非他真正經驗到輕鬆的氣氛，以及感受到無論做什麼、說什麼，都是沒問題的。如果心理師一直很緊張，就會看不到個案真正的全貌與真相。

　　過於工作取向或成就取向的心理師，在遇到個案的問題不進反退時，容易出現挫折與失望的情緒，因而耿耿於懷。這種容易隨個案的病情變化而心情起伏的現象，也與心理師的反移情有關。當心理師過於看重自己的成就，往往會疏忽個案有其處理問題的方式與速度。當心理師過於重視工作取向時，往往會疏忽與個案之間出了問題的諮商關係。

　　個案求助於心理師時，不僅說出了他的困擾，而且更直接的展現他的人際問題於諮商關係之中。當個案將其有問題的人際關係，重複在心理師身上時，心理師自然會有反移情出現，因此，反移情正好是瞭解個案人際問題的良好材料。當心情受到個案明顯攪動的時候，也是心理師要覺察反移情的時候。如果心理師沒有覺察，很容易就失去穩定的情緒和客觀的立場，也就不容易去幫助個案進行自我覺察的探索。

反移情的處理

　　心理師對於個案的反移情，不管是好的或不好的、適當的或不適當的、正向的或負向的，都要敏銳的去覺察，而不要只是莫名的做出反射性的反應。心理師在與個案工作時，難免會觸動到自己的好惡和情緒，心理師自己更應該去覺察自己，而不是被情緒帶著走而不自覺。

　　平常在看個案的時候，心理師要自我覺察自己的身心狀況，如果身體或心情的況狀不佳，心理師有了覺察，放在心裡就好，不適合講出來。因為告訴個案，就好像有一點要個案照顧心理師的意味。所以對心理師而言，有感覺或情緒放在心裡即可，和個案晤談時仍按照一般的態度為宜。

　　心理師出現反移情的時候，只要自我覺察與監控即可，不宜主動說出自己的反移情，更不可以任意將自己的情緒發洩在個案身上。如果個案也覺察到我們的情緒，可以一起探討這些情緒，但是不適宜讓這些情緒沒有處理就發洩出來。心理師在此即在示範一種處理個人情緒的適當方式。

　　如果心理師身體或心情實在不行，必須請假休息，這時候心理師可以使用一般的理由告訴個案，諮商需要暫停一次。心理師可以自己打電話給個案，告訴個案當天因為生病，無法和個案見面，諮商暫停一次，下週再繼續諮商。請假時，心理師不適合在電話與個案作深入的討論，即使個案有一些抱怨或失望，也要鼓勵個案在下

次見面時，再提出討論。心理師的請假，可以給個案一個示範，個案如果生病也可以依此方式使用電話請假。

　　與個案晤談的時候，心理師的心情固然隨著個案的情緒而起伏，但是心理師的心情起伏的波動不宜超過個案的心情，亦即，個案高興，心理師不宜比個案還要高興，個案傷心，心理師不宜比個案還要傷心。心理師要穩住個案的情緒，便先要穩住自己的情緒。心理師在晤談中的心情必須與個案的情緒方向相同，但是起伏或變化的幅度要比較小，心情平穩的心理師，對個案較有幫助。如果心理師諮商時，太過於大驚小怪，就無法如實反應個案的狀況，來幫助個案進行自我覺察。心理師與個案的情緒反應可以用圖 11-1 來表示。

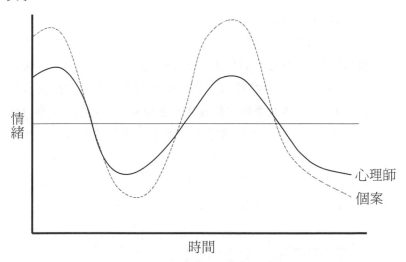

圖 11-1　心理師與個案的情緒反應

　　如何營造一個穩定的心理環境，讓個案可以放心的對心理師投

射移情,以便獲得矯治性的情緒經驗?心理師需要能夠覺察自己的情緒,並且保持一個穩定的諮商情境,是一個很重要的關鍵。心理師要先穩住自己,瞭解自己身為空白螢幕的角色,有足夠的包容力,能夠耐得住個案表現的情緒,以及投射出來的壞客體,比如嚴厲母親的負面移情關係。

案例討論 11-1

　　在輔導中心主任的要求下,心理師對罹患先天罕見疾病的大學生進行心理評估,以決定該學生是否適合休學的規定。此一評估性晤談共進行兩節課,個案表達流暢,許多衝突和強烈的情緒均能夠宣洩,心理師把握最後半小時時間和個案商談休學的問題,個案轉而表達對官僚系統的不滿和無力感,認為此晤談是休學的行政流程之一,因此對心理師邀請個案持續進行晤談感到排斥,似乎又受到心理師的邀約吸引。晤談結束之後,心理師產生強烈的情感反轉移,吸納個案許多不想要的強烈情緒,包括很深沈的悲哀、無力感和憤怒,心理師感到內在相當難受,必須承受想要蒼涼嘶吼的衝動,之後覺得腦筋一片空白,無法思考,情緒沮喪,意興闌珊,開始懷疑自己為何走上心理諮商的專業道路,想要逃離,做一個平凡的人。心理師在尋求督導時,感受到自己面臨專業耗竭的處境,急於求助。

　　督導的回饋如下:

1. 遇到這樣嚴重困難的個案,的確會令心理師承受很大的壓力,也為個案的處境感到難過,在治療過程中,個案宣洩其壓力和情緒,而心理師在傾聽和同理的過程中,即承受了個

案的情緒和壓力，這對於任何心理師而言，都是相當大的挑戰。

2. 對於這樣的個案，心理師可以去思考如何維護個案的權益，如何替個案爭取權益和社會資源，例如聯繫殘障團體，甚至能夠轉介給同樣身為殘障者的心理師。

3. 個案接受類似殘障處境的心理師的協助時，比較能夠心平氣和的進入晤談，並從中得到益處。如果是和身體健全的心理師晤談，個案會投射許多對強勢主流社會的不滿和憤怒，認為是主流社會的自私和忽視，加深了個案的困難和痛苦，因此要針對這樣的個案進行心理諮商，勢必困難重重。

4. 諮商目標宜放在協助個案學習和疾病共生存，而能夠不被疾病所干擾，過最好的生活。個案同時承受來自醫療系統、教育系統，以及社會系統的挫折，心中一定十分不滿，至少個案還能夠生氣，由此可以感受到個案的力量，如何將個案憤怒的能量轉化為正向的、建設性的力量，是諮商的重點。

諮商實務 Q & A

Q11-1：心理師在諮商晤談過程中，一再出現一些不自覺的非語言訊息，如一直微笑，是否合適？

A11-1：心理師的非語言表現要介於個案的表情之間，例如，個案在笑時，心理師的笑不宜超過個案的笑；個案表現悲戚時，心理師的悲戚也不適宜超過個案。總之，心理師的表情和情緒的表達，最好是介於個案的兩極表情與情緒之間，心理師的高興不超過個案的高興，悲傷不超過個案的悲傷。心理師必須能夠承受個案的所有情

緒，而自己的情緒能夠不受其干擾。如果心理師把自己過多的情緒帶進諮商關係，將會干擾到對於個案的諮商。此外，心理師不需要在和個案晤談時，一直保持微笑的表情，因為這是不自然，也是不需要的。如果心理師出現一直微笑的表情，這當然值得心理師進行自我探索，或許一直微笑的背後，有一些值得瞭解的反移情和慾望。

Q11-2：在諮商中，我常常會在引導個案時失去方向，不知道該說些什麼？特別是當個案也沈默的時候。我有一種恐懼，我害怕當個案講不下去或不想說，甚至要離開，這其中會是我的問題，我沒有處理好，我的技術不好，讓個案不舒服，我怕我不是一個好心理師？

A11-2：實習心理師由於經驗不足，難免會在諮商不順利的時候，懷疑自己的諮商能力。心理師焦慮太多的時候，有可能是因為心理師有強烈反移情的關係。心理師的反移情包括過度擔心自己的無能傷害了個案，不瞭解諮商的本質在於幫助個案自我瞭解，不在於幫助個案解決問題。心理師與個案的諮商關係不好，諮商沒有進展，有的心理師會完全歸咎於自己，反而沒有看到個案的抗拒與不想改變。如同病人看醫師，倘若病人不吃醫師開的藥，結果病沒有好，那是醫師的無能嗎？心理師的價值，不完全倚賴個案的問題是否解決，而是要看心理師是否依照專業程序進行。心理師即使什麼也沒有做，只是誠心誠意的陪伴個案經歷他的困難，就已經有諮商的價值；再加上，心理師會去傾聽、同理，並且如實的回饋個案的問題，這些工作本身即有它的價值，即使個案未必接受。心理師要幫助個案的是讓他能夠瞭解自己，他的問題根源多半是因為不夠瞭解

自己以致於產生困惑，而無法做決定，無法做決定是許多個案的問
題，當他瞭解自己之後，他就可以解決自己的問題了。

12 結案

結案的時機與準備

天下沒有不散的宴席，心理諮商亦是如此。心理師在開始諮商過程時，應該也開始準備諮商的結束。到了諮商最後幾次的晤談，個案和心理師對於兩人即將面臨的分手，總是有許多的感觸和情緒，於是幫助個案做好結案的心理準備，是一件很重要的事情。

何時該結案並沒有一定的規則可循，一般而言，如果個案經過長時間的諮商，並且也有了明顯的進步，這個時候，心理師可以試著問個案：「你是否想過結束諮商這個問題？」「你是怎麼想的？」

提醒個案諮商即將結束，可能把個案分離焦慮提高，例如詢問個案：「結束諮商之後，如果遇到困難，沒有心理師可以討論時，會怎麼樣？」

為了給個案一些現實感，心理師可以問：「當聽到即將結束諮商時，有何感覺？」「對於將來不再來諮商，你會想到什麼？」

針對結案時機這個問題，**Nacht**（1965）提供下列五個指標，作為判斷個案是否適合結束心理分析的參考：

1. 不再有心理的痛苦。
2. 個性或自我的功能有顯著的調整。
3. 消除或減少追求健康、快樂與成就的障礙。
4. 可以與自己和他人和諧的相處。
5. 對於外在的壓力與挫折增加顯著的適應能力。

　　上述五個結案的指標是指心理分析而言，接受一般心理諮商的個案如果達到其中一、兩個指標，可以說效果就非常顯著了。問題是，許多個案由於現實生活上的限制，往往無法接受長期的心理諮商。事實上影響個案結束心理諮商的因素，常常是由於現實的限制，例如健保給付、經濟能力、生活壓力、組織資源、交通不便，以及換工作、搬家等，能夠有機會享受完整的心理諮商療程的個案，畢竟是少數的幸運人士。

　　對於在學校執業的心理師，由於受到寒暑假的影響，每到學期末的時候，心理師需要與個案討論是否結束諮商的問題。心理師可以詢問個案：「這學期談完之後，下學期還需不需要再談？」心理師也可以主動建議：「這學期我們談到期末就結束諮商，至於以後是否需要再談，由你決定。如果下學期或以後還需要和老師諮商的話，你可以主動來輔導室和老師約時間。」

　　在與個案討論結案時，最好能夠預留幾次的時間，來處理結案相關的事情。原則上，諮商一年左右的個案，可以提前一個月來討論結案的主題，亦即保留三、四次的晤談時間來處理結案相關的事情。如果諮商兩年左右的個案，可以提前兩個月來討論結案的主題，依此類推。而短期諮商次數在十二次以下的，幾乎療程在一半的時候，就應當逐次提醒個案剩餘次數，如此自然會導出結案話題，或者是繼續再一個療程。

　　每個個案需要的時間不同，有的個案對於結束諮商似乎沒有明顯的困難，那麼也許保留一、兩次的晤談時間即可。有的個案對於結束諮商感到明顯的焦慮，對於與心理師分手顯得相當困難，這些個案則需要更多的晤談時間，來處理與結案有關的困難。

　　當個案表現難分難捨的行為時，心理師可以邀請個案試著說說

看分手時的種種感覺。如果個案不知道怎麼說，心理師可以示範說，說的內容建議能碰觸到以下幾個重點：

1. 能相處是個緣分，以後會留下回憶。
2. 兩人在一起總有分手的一天，即使以後不再見面，並不代表你不好或我不好。
3. 如今，分手是因為你在諮商中有了很大的進步，可以告一段落，可以靠自己去處理人生的問題。
4. 過去一段時間以來，你很努力用心學習，以後可以靠自己。
5. 雖然我們以後不再見面，我會祝福你一切順利如意。
6. 希望你會記得從諮商中所學習的東西，並且繼續使用在日常生活中。
7. 雖然分手的感覺，使人難過，但是我相信你會過得很好。
8. 如果以後生活上遇到很大的困難，沒有辦法自己解決，我還是歡迎你再打電話與我聯絡。

過渡性客體

　　過渡性客體（**transitional object**）對於兒童個案或有依賴性的個案，由於個案在與心理師分手，會面臨較多的困難，為了幫助個案適應即將來臨的分手，心理師可以考慮贈送一些代表心理諮商經驗的東西，或一些象徵個案與心理師的物品，給予個案祝福，讓個案有一個具體的東西可以保留著。在諮商結束後，每當個案想念心理師的時候，可以睹物思情（人），減輕分離的焦慮與痛苦。例

如，筆者曾經贈送一位邊緣型人格障礙的個案一個橡皮擦，是筆者辦公用文具之一，作為臨別的贈物。因為橡皮擦象徵個案在人際關係上的啟示，鼓勵個案培養一種彈性的、有改善力量的態度。

最後一次晤談時，心理師可視與個案的關係送紀念禮物，送的東西最好具有個案瞭解的象徵意義，可以令個案有想像空間。例如在諮商過程中，心理師與個案畫圖時共用的筆。送禮物的目的是使個案將其作為「過渡性的客體」，雖然諮商關係結束了，但是藉由過渡性客體可以使諮商關係的重要意義留下來。心理分析治療的時間長達一年半載，更需要「過渡性客體」在諮商結束後給予個案力量。通常送禮物的對象有兩類，一是兒童個案，年紀越小的孩子越需要具體的禮物，而且送禮物的時候，要說明為什麼要送這個禮物。另一類個案是那些經歷較長久諮商關係的個案。

心理師想要贈送禮物給即將結案的個案時，不宜預告最後一次晤談時，將贈送個案禮物。如此會給個案太多的想像，容易節外生枝或造成不必要的干擾。心理師贈送個案結案時的小禮物，是一種給個案的驚喜，而不是一種承諾。心理師贈禮給個案的重點，不要變成社交禮節上的贈禮，心理師不是個案的親友，不需要變成一種形式。拿東西給個案時，心理師可以告訴個案：「我有個東西送給你做紀念。」

作為過渡性客體的禮物，要與諮商關係產生某種關連，在送時心理師要賦予意義、祝福，希望個案將來看到這份禮物時，就會想起彼此的諮商關係和諮商經驗。亦即，將沒有心理諮商意義的物品灌注意義，讓個案可以帶著走。對兒童個案，過渡性客體可以用具體的東西，讓個案有東西可以抓住，有踏實的感覺；對於成人個案，除了具體的東西，心理師也可以用贈言或其他比較抽象的東西

作為贈禮。

心理師在思考送何種東西給個案時，可以從以下幾種方式中做選擇：

1. 選擇一份諮商室裡的東西送給個案，例如辦公文具。

2. 選擇一份與個案一起工作時所留下來，具有代表諮商關係的作品，如勞作、美術等。

3. 嘗試將個案或諮商關係擬物化，選擇一個物品象徵個案或諮商關係作為禮物。

4. 嘗試將個案或諮商關係擬動物化，選擇一個小動物象徵個案或諮商關係作為禮物。

5. 心理師可以製作一份卡片，寫上一些祝福的話或鼓勵的話，送給個案。

使用月曆有助於幫助兒童個案做好結案的心理準備。心理師可以在結案之前幾個月，把還有幾次的晤談時間寫在月曆上，範例如表 12-1。由於兒童對於時間的概念比較模糊，使用月曆有助於兒童計算彼此還剩幾次的晤談。心理師可以邀請兒童一起在月曆做記號，包括哪一天放假、哪一天有事不能來、哪一天晤談。每談完一次，請兒童在月曆上劃掉一次，如此兒童可以比較具體的知道晤談還有幾次就要結束。

表 12-1　與兒童個案結束諮商的時間表

西元二〇〇二年四月

星期日	星期一	星期二	星期三	星期四	星期五	星期六
	1	2	3	4	5 清明節 放假	6
7	8	9	10	11	12 諮商	13
14	15	16	17	18	19 諮商	20
21	22	23	24	25	26 諮商 結束	27
28	29	30				

諮商實務 Q & A

Q12-1：個案結案時機與個案問題嚴重程度是否有關？結束諮商的判斷要聽個案還是心理師的意見？

A12-1：根據心理分析學派的觀點，個案問題嚴重程度與諮商時間並沒有一定的關係，因為心理分析學派認為諮商的目標在於幫助個案增進自我瞭解與自我領悟，達到人格結構的改變，心理諮商若要

達到增進個案的自我瞭解，放鬆內在的壓抑，使得潛能得以發揮，一、兩年的時間，甚至是更長的時間，是必要的。由於個案所談的問題往往只是內在人格問題的表象，表象問題的嚴重與否並不影響接受諮商的時間。

　　至於由誰來決定諮商何時結束，心理分析學派認為應由個案自己來決定，亦即個案想接受心理諮商多久，都可以由個案自己來決定，如果個案有決定上的困難，自然可以提出來與心理師討論。結案應由個案自己決定，其目的在促進個案的自主性，當個案有能力、主動提出結案的時候，即是一種獨立自主的象徵。尊重個案的諮商速度與結案時機，有助於個案培養作自己主人的能力。即使個案結案的決定不夠成熟，心理師也應加以尊重，避免與個案辯論或產生衝突矛盾。特別是當個案因為家人的要求而提前結案時，心理師的尊重有助於減少個案心中的衝突，避免個案要在家人和心理師之間作取捨，而造成罪惡感。即使個案目前的結案決定不適當，心理師可以加以回饋，並且歡迎個案如果改變想法與決定，可以隨時回來繼續心理諮商。

Q12-2：請用一個例子說明適合結束心理諮商的時機？

A12-2：一位與心理師晤談一段時間的個案，有一次他沒有請假就缺席，等到下一次晤談時他告訴心理師，表示他這個星期會想像這次來諮商時，心理師會問他什麼，以及他將會如何回應，個案想像的內容的確抓住了心理師的基本態度和反應，這種情形表示個案已經內化和心理師之間的對話，到了可以自我諮商的地步，即使個案結束諮商之後，心理諮商仍然在他心中繼續，好的諮商會延續諮商對話，繼續發揮諮商的效果，這個時候個案如果沒有其他主要問題

要處理，而且他也表示想要結案，即是一個適當的時機。

Q12-3：諮商結案時的晤談，有何要注意的原則？

A12-3：結案時的晤談，心理師可以把握的原則是，盡量在最後的一次談話時間裡，幫助個案回顧過去、計畫將來，對於個案的表現與進步給予鼓勵和肯定。所謂回顧過去是指個案接受諮商前後的不同，包括個案從心理師和心理諮商中學到什麼。所謂計畫未來是指聆聽個案在結束諮商之後有何打算，特別是他將如何繼續照顧自己，如何避免重犯過去的問題。在最後的晤談時，心理師不要忘了給予個案最多的鼓勵和肯定，把個案進步的所有功勞歸諸於個案的努力，最後並給予個案祝福。

結案的處理

結案對於個案是一件大事，如果又是一種比較長期的心理諮商，結案對於個案的影響必然更大，更值得去討論。諮商晤談久了，個案對於結案的念頭必然常在心中縈繞，鼓勵個案把心中對於結案的想法和感覺說出來，是一個重要的主題。心理師可以試著說：

「我們晤談已有很長的一段時間，不知道你是否想過結束晤談的事情？」

「對於結束晤談，你有什麼想法和感覺？」

「諮商晤談總有結束的時候，想到結束晤談，你有什麼特別的

感覺？」

　　心理師和個案在談結案的時候，可以談的主題包括：邀請個案談談對於來接受諮商的感覺、對於心理師的感覺、對於結案的感覺和想法，以及對於個案自己在諮商期間的經驗與感覺等。如果覺得個案還需要心理諮商或其他的協助，心理師可以協助個案獲得進一步的轉介。如果個案對於目前的諮商感到滿意，也可以鼓勵個案先暫停諮商一段時間，先過一段沒有諮商的日子看看，將來如果有需要再回來諮商。

　　人與人之間，一旦建立關係，潛意識中就會希望此一關係永遠持續下去，諮商關係也是人際關係的一種，個案有時也會在潛意識中希望諮商永遠不會結束。人生中每個階段都有一些重要的發展任務要去完成，諮商進行一段時間之後，幫助個案完成了某個階段的任務，即是結束的時候。然而，心理師宜把關係拉長遠來看，心理諮商是要做長久的服務，現在雖然結案了，但是以後還是會有需要的時候，等到下次面臨另外一個發展困難的時候，個案可以再回來繼續心理諮商，這一次的諮商關係就會比第一次容易建立起來。要讓個案瞭解每一個結束，都是暫時性的結案，以後個案有其他需要時，可以再回來尋求幫助。心理師歡迎個案隨時再來約談。因此心理師要尊重個案對於結束的判斷，相信個案會根據自己的需要與利弊作一個最佳的權衡，為自己做最好的選擇。

　　當個案對結案做出一個不成熟的判斷時，自然有其動力存在，例如在諮商中與心理師談不下去了，個案會選擇逃避，因為逃避似乎比面對問題來得容易。就好像有的個案明明很在乎某個異性，在晤談時一再表示，自己已經不在乎這個異性了，並堅持要結案，在結案的時候，所有的話題仍然圍繞著此一異性主題打轉。表示潛意

識的慾望仍然很在乎，可是在表面上卻裝作不在乎。這個時候個案如果堅持要結案，心理師雖然認為不適合，還是要尊重個案的決定，頂多在結束的時候，鼓勵個案將來如果改變決定的話，歡迎他回來繼續諮商。

　　個案與人相處，包括重要他人或心理師，如果出現衝突或困難時，可能有用逃避問題來代替面對問題的習慣，因此在諮商時也會出現不成熟的結案。這可能也反映出個案在日常生活中面對其他人、事、物，也有類似無法面對問題的核心問題。對於有人際接觸困難的個案，心理師可以協助個案在諮商關係中嘗試做一些改變。也就是面對心理師時，個案能夠開始說出以前不敢說的，包括對於結案的想法與感覺，個案能夠比較自在的表達自己時，心理諮商才會開始有效。

　　至於心理師對於個案的結案，無法接受或無法放下，可能是心理師的一種反移情。例如，心理師總是設法要個案多談一段時間，極力反對個案結案，結案後心理師自己的腦海中依然揮之不去個案的影子。這一類的現象，可能是個案讓心理師聯想到什麼人，主題可能與分離焦慮有關。此時，心理師的自我覺察和節制變得非常重要，必要的時候需要尋求督導的協助。

　　有的個案的問題不適合結案，可是迫於情勢，向心理師表示想要結束諮商，這個時候心理師可以詢問：「你是不是有什麼困難？」「是什麼讓你很難繼續來晤談？」瞭解個案希望結案的原因，關心個案並表達希望他能夠繼續諮商。例如，有一位國中生告訴輔導老師，來諮商就不能午睡，若利用星期二下午第一堂課，老師也會不高興他缺課，而且副班長常常說他是有問題才來輔導室，因此希望結案諮商。這時候輔導老師可以幫助個案看看來與不來諮

商的利弊得失,是不是午睡真的比較重要?別人怎麼說是不是比他從諮商中獲得的幫助還要重要?探討個案不想繼續諮商的真正原因,比較利弊得失之後讓個案決定。個案在諮商只剩下五分鐘的時候提出結案的決定,這時心理師可以作如下的建議:「現在只剩五分鐘,我們顯然無法談清楚結束晤談是不是一個好的決定,我建議我們下次再來談一次,看看有沒有解決的方法,可以讓你能夠繼續來談。」

諮商關係結束時,心理師可以先告知個案下一次將是最後一次晤談,我們可以一起談談對於結束諮商的感覺。通常,最後一次晤談時,心理師可以請個案談談這段諮商期間,個案感覺如何?可以請個案回顧一下諮商的經驗,也可以請個案談談對於未來的計畫。個案如果對於結案感覺捨不得,心理師可以說:「我知道你很捨不得、很難過,但是天下沒有不散的宴席,我們相處得再好,還是要分開的,我會祝福你,也會想念你。」「當然我們會難過、會傷心,最重要的是在這個過程中你有了成長,以後可以靠自己面對困難。」

如果個案向心理師索取聯絡電話與地址,最好只給辦公室或機構的電話與地址,避免給私人或家裡的電話或地址。使用私人電話聯絡或使用私人住址通信,久了容易變成社交的往來,以致於干擾了心理師的私人生活,同時也增加個案原來的困擾,甚至讓個案容易對心理師產生無限的想像。如果心理師繼續使用私人電話與私人時間與個案保持聯絡,將會混淆社交關係與諮商關係,導致公私不分,治絲而棼的困境。

最後一次談話時,最好不要開啟新話題,如果個案仍然要深入談,心理師可以提醒個案這是最後一次,可能會談不完,如果談不

完,會有什麼感覺?心理師最好預留一段時間來結束晤談,討論個案對於結案的想法與感覺。

在學校裡服務的心理師,對於缺席的個案的處理,應該有一個比較清楚的規則作為依循的根據。在發生缺席的第一次,心理師即可向個案說明學校輔導室或輔導老師對於缺席的處理原則。例如,無故缺席三次,則視同放棄心理諮商或結案。以後個案如果再想來談時,則要重新登記與排隊,重新分發新的心理師或等原任心理師有空的時間。比較妥善的作法是,心理師可以使用**格式信**(**form letter**),如表 12-2 放棄約談通知書,心理師只要填上個案姓名與日期即可寄出。心理師以能夠和個案當面討論是否繼續晤談為最佳原則,如果面談不可能,可以退而求其次,改為用電話聯繫,或留言給個案。為了行政作業上的方便,使用放棄約談通知書不失為一種有效的方式,可以避免心理師又想保留這些時間給個案,又擔心個案不會出席,以致影響其他個案約談時間的安排。

表 12-2　放棄約談通知書

> 　　　　通知　　　　　　　　民國○○年○○月○○日
> 你與輔導老師約定的晤談時間連續三次缺席,如果你在收到本通知七天內,沒有前來本室說明並確認是否繼續諮商,本室將視同你已放棄諮商,並且取消你與輔導老師所有的約談。日後,如有需要本室的服務,請再與本室聯繫。
> 　　　　此致
> ○○○同學
> 　　　　　　　　　　　　　　　　　　　　輔導室

諮商實務 Q & A

Q12-4：個案在諮商結束的時候，送給心理師一個鐘做為禮物，有什麼特別的意義嗎？

A12-4：每一個禮物對於個案都具有獨特的含意，因此其含意，需要經由與個案討論才能得知。而個案探索的習慣要在諮商一開始時，即逐漸培養探索的習慣，等到個案送禮物的時候，心理師可以很自然的詢問：「要不要說說看，怎麼會想到要送我這份禮物？」

　　「鐘」在一般人的心中可能的含意包括，「時間到了」、「時間一直是個案的核心問題」，也是個案最容易產生情緒的主題」、「想提醒心理師，將個案放在心上，隨時要想到他」，或者包含多種含意。「送鐘」與「送終」一樣的發音，也有可能比喻對於諮商關係的結束感到哀傷。

Q12-5：一位在大學輔導中心接受心理諮商的個案，在諮商已經預備進入結案的階段，才打開一個關於童年被性侵害的新話題，而且最後一次晤談還遲到了 45 分鐘，這個時候心理師要如何處理才適當？

A12-5：個案平常接受心理諮商時都不會遲到，可是這次卻明顯遲到，他的遲到有可能代表個案的掙扎、混亂與不穩定，表達了他內心的抗拒。但也表達了他內心的選擇，選擇在最後的關頭，把壓抑在心中十餘年的秘密告訴心理師。如果沒有特殊的臨床理由，例如個案希望能繼續深談性侵害對個案後來親密關係的影響，此時心理師仍宜按照預定的計畫如期結束諮商。如果個案繼續諮商的意願很

勉強，心理師可以建議個案在這一個療程後，停歇一下，思考下一階段的諮商需要與目的。心理師需要培養一種「有多少時間做多少事」的彈性能力，這也是維持諮商架構的精神所在。特別是個案知道他可以決定談多久，他可以決定每一個主題的談話時機，心理師自然加以尊重。

Q12-6：一位在大學輔導中心長期接受心理諮商的個案，突然向心理師要求結束諮商，這時心理師該如何處理才適當？

A12-6：對於個案突然要求結束諮商，可能是一種抗拒的現象，心理師可以瞭解個案要求結案的動機與想法，若有適當的理由，則可以做結案的動作，如果評估的結果認為是個案的抗拒，則需視個案的抗拒情形作反應。心理師必須尊重個案的意願，如果心理師認為個案還有繼續諮商的需要，可以就自己的評估，建議個案可以再多談幾次。如果個案不願意繼續來談，則要尊重個案的決定，不要試圖過度影響個案的決定。

心理師在處理個案是否結案的時候，最好表現中立的態度，不會因為個案繼續來談而高興，也不會因為個案不來而失望或生氣，可以藉由這樣的機會鼓勵個案作探索的工作。結案動作對個案來說，是學習與人分離的機會，如果個案過去與人有分離的困難，常常也會發生在諮商關係之中，因此在處理上要十分小心謹慎，鼓勵個案探索，以及由他自己決定該怎麼做，避免干擾到個案的學習與成長。

Q12-7：個案覺得已經把一個話題談完了，不知道接下來的話題可以談什麼，是否表示可以考慮結束諮商？

A12-7：決定心理諮商是否結束，最好由個案提議，如果個案已經把想要討論的主題，都拿出來討論過了，心理師可以詢問個案是否還有什麼主題想談的，還是想要結案？如果個案並不想要結案，這表示個案還需要心理諮商。心理師可以鼓勵個案想到什麼就說什麼。特別是當心理師評估個案的狀況並沒有明顯的改善，最好還是鼓勵個案繼續諮商。有些個案雖然花很多時間來談一些有興趣的主題，可是他的狀況似乎沒有明顯的改善，這個時候，心理師可以回饋給個案說：「你說想談的話題都談完了，不知道接下來要談什麼？我不知道你所謂的話題談完了是什麼意思，要不要多說一點？」

Q12-8：有一位在醫院精神科看診的憂鬱症患者，因為症狀已明顯好轉，服藥兩個月後，醫師已經停止給藥，只剩心理治療。最近個案想停止心理治療，原因是個案覺得自己的狀況已經比較好了，而且來會談時，覺得不知道要談什麼？又因工讀時間及打算補習，時間上的運用越來越少，正在考慮停止心理治療，但是又猶豫不知道這一個決定對自己合不合適，因此特別來詢問心理師的看法？

A12-8：對於個案是否需要繼續心理治療，這是心理師的一個臨床判斷。心理師可以先瞭解個案想停止心理治療的原因，特別是個案如何形成「想要停止心理治療」的過程，協助個案弄清楚自己的想法與感覺，如果個案對於自己的身心狀況與時間的規劃，有一個較成熟的安排，自然可以協助個案作停止心理治療的安排。如果個案擔心不知道這個決定合不合適自己的狀況，心理師可以鼓勵個案再花一點時間來討論，也可以逐漸拉長晤談時間的間隔，幫助個案可以逐漸適應沒有心理治療的生活。個案對於結案的擔心，也可以是

一個很好的主題，鼓勵個案花一點時間談談沒有心理治療的時候，會有什麼樣的擔心？會怎麼想？他自己將又會如何處理？

Q12-9：個案希望結案，心理師建議個案能夠有至少三次的時間來談結束的事情，個案回答：「沒什麼好談的！跟你談話也不是沒幫助，我知道你們這一行的都是這樣，不會給人家建議，可是我知道自己要做決定……。」如何跟個案結案？

A12-9：這個個案常常改變基本架構，如改時間、換地點等，基本架構比自我瞭解更重要。例如，個案晤談結束之後，馬上要趕去打工，時間的壓力自然會影響談話，使個案無法專心。心理師可以把個案的行為模式反應給個案，鼓勵個案嘗試用新的方式來與心理師相處。如果個案想要建議，也可以跟個案說做實驗，給他建議，看看有何效果再討論。個案有困難接觸感受，解析對他有威脅，會比較難談，也需要比較久的諮商時間，個案似乎比較不會善用心理師來幫助自己。個案想先停止晤談，以後再看看，有需要時再回來繼續諮商。

▎禮物的處理

　　諮商結束的時候，有些個案會希望贈送禮物給心理師，心理師處理個案贈禮的原則說明如下：
　　　1. 視個案的收入而定，貴重的禮物，都不宜接受。
　　　2. 禮物的象徵意義大於實際的意義，若關係不錯可以接受，並

藉機教育個案：「我瞭解你想表達喜歡我的心意，其實不用送我禮物，這次我可以收下，但是下不為例，我不希望你花錢買東西送我。」

3. 收禮物之前要先談一談，澄清這份禮物的含意為何：「怎麼想到要送我禮物？」「送我這份禮物，有什麼特別的地方呢？」有時禮物代表「我要你永遠記得我」。有時個案是希望增加他在心理師心裡的份量，那麼心理師可以告訴他：「你不用送東西，我一樣很關心你。」

4. 指導個案送適當的東西，特別是那些可以表達諮商關係的禮物，或象徵他個人的禮物，鼓勵個案送個別化的、自己製作的東西做為禮物，如卡片，心理師收到時會很高興。

5. 如果個案想要送錢，此時最好參考諮商機構處理類似狀況的案例或慣例。對於個案送錢給心理師個人的情況，不同於個案送錢給機構。原則上，心理師可以建議個案將錢贈送給機構，作為捐款之用。

有些個案會把私人日記或文章送給心理師閱讀，心理師該如何處理呢？以下用一個案例來說明：有一位個案把自己撰寫的散文作品，厚厚的一疊，送給心理師，這對於忙碌的心理師是一個沈重的負擔，真正去閱讀的話，會佔去心理師太多諮商以外的時間，如果要向個案收費似乎也不合常情。對於這樣的禮物，心理師最好是不要收。重要的是如何透過這個事件，瞭解個案怎麼會想到要送這樣的禮物？送的感覺如何？有沒有可能請個案直接述說其內容，或者直接在晤談時唸其中的段落。心理師可以說：「我們的時間只有晤談時的時間，有什麼事情就在這裡討論比較好。」這樣心理師可以做一些立即性的處理，包括個案被拒絕的感覺的處理，以日記或文

章做為禮物的處理等。如此作為，心理師可以維持住諮商關係的界限和基本架構，這個諮商才不會亂掉，諮商的效果才會繼續發生。

　　個案贈送禮物給心理師即是一種移情的現象，個案的送禮讓心理師產生各種的感覺，有時令人沈重和負擔，有時令人飄飄然，十分被肯定。像這位個案把心愛的散文作品送給心理師，容易讓心理師也跟著忘我，而模糊了諮商界限，真的收下了個案的禮物，到時候心理師到底看還是不看個案的作品，如果個案問起來，心理師又要如何回應呢？這份禮物象徵著個案把自己的一部分自我（**part object**）送給心理師，讓心理師帶回家。心理師如此不自覺的把個案的一部分帶回家，不僅增加心理師內心的負擔，而且增加個案許多不必要的聯想。由於心理師沒有守住諮商的界限，容許個案投射許許多多的慾望和幻想在其中。因此，心理師對於個案的日記與文學作品的處理要格外謹慎。

13 諮商記錄

本章將討論有關諮商記錄的相關問題，包括心理諮商是否一定要做記錄？心理諮商記錄的目的是為了什麼？撰寫諮商記錄的原則？心理諮商工作常用的記錄有哪些？以及心理諮商記錄的表格如何設計？

撰寫諮商記錄的原則

心理師撰寫諮商記錄的理由可以歸納為下列幾點：機構內的規定、外部機構的要求，以及心理師個人的需要。分別說明如下：

1. **機構內的規定**：機構主管或督導由於督導心理師的需要，會要求心理師撰寫個案記錄，主要的理由包括：方便機構及督導監督心理師的工作品質；心理師離職後，個案記錄有助於接手心理師對於個案的瞭解與後續服務的提供，個案記錄有助於服務品質與服務量的呈現等。

2. **外部機構的要求**：有些諮商機構由於接受政府或保險機構的委託提供心理諮商服務，基於績效考核與服務品質的監督，政府或保險機構會要求諮商機構提供個案記錄，做為經費補助或保險給付的依據。

3. **心理師個人的需要**：心理師為了備忘、接受督導或準備個案研討，因此需要撰寫諮商記錄。

要回答心理師是否要做個案記錄的問題，首先心理師要問自己為什麼要寫記錄，寫記錄的目的是為了什麼？然後再根據個案記錄

的性質,進行記錄的撰寫。個案記錄基於使用目的而有不同的性質。個案記錄的性質有的是行政報表,有的是服務記錄,有的是法律文件,有的個案記錄同時兼具行政報表、服務記錄與法律文件的性質。分別說明如下:

1. **行政報表**:具有行政報表性質的個案記錄,主要是在記錄心理師服務個案的人數、次數或時數,以及依此作為薪資給付與申請給付的憑據。

2. **服務記錄**:心理師做了哪些工作、服務多少個案,均需要有所記錄,例如心理師提供什麼人什麼服務項目。心理師經常提供的工作項目包括:個別諮商、團體諮商、心理測驗、心理諮詢,以及心理診斷等。

3. **法律文件**:心理師從事心理諮商等專業服務,如果沒有撰寫適當的記錄,將來事過境遷之後,恐怕難以還原事實真相,因此,心理師可能為了保護諮商機構以及自己,需要撰寫相關的個案記錄,作為日後服務品質爭議與處理各種糾紛之證明文件。

基於上述的考量,筆者建議撰寫個案記錄的原則如下:

1. **採用第三人稱撰寫**:以第三人稱撰寫個案記錄,比較符合客觀與事實報導的觀點,避免給人意氣用事或主觀成見的印象。

2. **內容要簡潔扼要**:個案記錄的撰寫要簡潔扼要,避免冗長細節與變化的描述。由於考慮到閱讀記錄的人多數是忙碌的督導以及相關人員,簡潔扼要的記錄可以節省大家的時間。此外,過於詳細的記錄容易暴露心理師及其機構的弱點,包括

法律上、臨床上與專業倫理上的問題。

3. **採用事實或症狀取向**：心理師可以參考一般醫師的診療記錄，採用症狀取向的撰寫方式，個案記錄不適合撰寫個案十分隱私的事情。

4. **避免將重要他人的資料寫進去**：個案記錄只能寫個案本人的問題、症狀，及其治療，不適合將個案重要他人的恩怨情仇或私人訊息寫在裡面。

5. **適當的註明資料來源**：個案的資料如果來自醫療記錄或其他專業人士，心理師可以加以適當的註明，例如，心理師可以記載說，根據個案的某醫師診斷，個案患有思覺失調症等，或根據法院的判決書，個案曾有搶劫前科等，以釐清資料的來源。

　　心理師撰寫個案記錄以精簡為原則，以 A4 的紀錄紙為例，每次晤談大約寫個五、六行或至多不超過半頁即可。內容可以參考表 13-1 個案記錄範例。心理師在撰寫個案記錄時，不能僅僅考慮學校或諮商機構的觀點，也要考慮到個案及其家屬的觀點。個案通常不會希望心理師把他的談話內容詳細寫在記錄裡面。個案資料寫越多，也越有洩漏個案資料的可能，以及帶給學校或諮商機構訴訟困擾之虞。

表 13-1　個案記錄範例

91/4/15 第十次個別諮商，個案準時來談，主訴人際困擾，協助個案探索人際困擾的可能原因，提供角色扮演的練習，鼓勵個案覺察自己可能的缺點。個案對於重要他人的感覺也是本次晤談討論的重點，鼓勵個案養成隨時覺察自己言行的習慣。建議個案繼續來談。心理師簽名

▌記錄表格的使用

　　心理師從事心理諮商工作，如果有現成的記錄表格可用，將可以大大提高工作的效率，筆者根據各種場合的需要，設計一系列的諮商表格，提供讀者參考使用。心理師工作上所需要的記錄表格包括下列幾種：個案登記表（**intake form**）、初談摘要或初診摘要（**intake summary**）、晤談記錄（**progress note**）、結案摘要（**closing summary**），以及諮商同意書（**consent form**）等。本節將分別說明各項表格的內容，及其使用時機。

一、個案登記表

1. 使用時機：個案第一次打電話約談時，可以由接電話的工作人員填寫個案登記表。如果個案是親自到諮商機構約談，也可以請個案自行填寫。此一表格主要的用途是收集個案的基本資料以及簡要的臨床資料，以作為分案的參考。通常被分到此一個案的心理師，接下來的工作即是打電話與個案約時間，進行初次晤談，並進行評估與心理諮商等。
2. 資料內容：
   ⑴基本資料
   　　姓名、性別、出生日、年齡。
   ⑵聯絡資料

　　　住址、電話、手機。

(3)背景資料

　　　婚姻狀況、學歷、職業。

(4)主訴問題

　　　主訴問題、諮詢事項。

(5)轉介人資料

　　　介紹人或轉介機構名稱、電話。

(6)需要立即注意的事項

　　　是否看過精神科、是否服藥中、是否想要自殺。

(7)監護人資料

　　　監護人姓名及聯絡方式。

3.設計範例：如表 13-2 個案登記表。

表 13-2 個案登記表

姓名：＿＿＿＿＿性別：＿＿＿＿出生日：＿＿＿＿＿年齡：＿＿＿＿＿

住址：＿＿＿＿＿＿＿＿＿＿＿＿＿＿＿＿＿＿＿＿＿＿＿＿＿＿＿

電話：（公）＿＿＿＿＿（宅）＿＿＿＿＿＿（手機）＿＿＿＿＿＿＿

婚姻狀況：□單身　□已婚　□分居　□離婚　□再婚　□鰥寡

學歷：＿＿＿＿＿＿職業：＿＿＿＿＿＿今天日期：＿年＿月＿日

主訴問題或諮詢事項：

＿＿＿＿＿＿＿＿＿＿＿＿＿＿＿＿＿＿＿＿＿＿＿＿＿＿＿＿＿＿＿

＿＿＿＿＿＿＿＿＿＿＿＿＿＿＿＿＿＿＿＿＿＿＿＿＿＿＿＿＿＿＿

＿＿＿＿＿＿＿＿＿＿＿＿＿＿＿＿＿＿＿＿＿＿＿＿＿＿＿＿＿＿＿

介紹人或轉介機構：□學校／老師　□醫院／醫師　□法院／律師

　　　　　　　　　□社會工作員　□親友／家人

　　　　　　　　　□輔導員／諮商師／心理師　□大眾媒體

　　　　　　　　　□沒有介紹人　□其他＿＿＿＿＿＿＿＿

是否曾經看過：□輔導老師　□心理師　□精神科醫師

　　　　　　　□社會工作師

是否正在服藥中：□是　□否

是否想過自殺：□是　□否

緊急聯絡人與電話：＿＿＿＿＿＿＿＿＿＿＿＿＿＿＿＿＿＿＿＿

當事人若是未成年，父母或監護人姓名與電話：＿＿＿＿＿＿＿＿

＿＿＿＿＿＿＿＿＿＿＿＿＿＿＿＿＿＿＿＿＿＿＿＿＿＿＿＿＿＿＿

二、初診摘要

1. 使用時機：心理師與個案第一次晤談之後，便要撰寫初診摘要。初診摘要撰寫的主要內容，在於詳細描述個案的基本資料、成長與家庭背景，以及臨床資料，包括主要問題、可能的診斷，以及治療計畫等。良好的初診摘要有助於心理師及機構，瞭解個案的主要問題與治療計畫。

2. 資料內容：

   (1)基本資料

   姓名、性別、出生日、出生地、戶籍地址、居住地址、電話、身份證字號、使用語言、教育程度、個案編號、案別。

   (2)家庭資料

   家庭人口、居住狀況、經濟狀況、接受福利狀況、監護人及相關人員姓名、關係、地址、電話。

   (3)轉介資料

   轉介機構、聯絡人姓名、電話、傳真、地址。

   (4)轉介方式

   電話、面談、訪視、公文、函件、其他轉介緣起。

   (5)主訴問題與需求評估

   個案求助或轉介之原因與主訴問題，以及個案所希望得到的幫助。

   (6)成長與家庭背景

   家庭系統圖、生長史、家庭動力、身心健康、就學就業狀

況。

個案特殊狀況或條件：如低收入戶、榮民、殘障。

(7)助力及阻力之分析（包括案主及案家內外在資源及障礙）。

(8)診斷。

(9)治療計畫。

(10)開案日期、填表人、接案心理師、督導簽名。

3.設計範例：如表 13-3 初診摘要。

表 13-3　初診摘要

1. 基本資料
   個案姓名：　　　　　　年齡：　　　　　　生日：
   個案編號：　　　　　　初談日期：
   陪伴家屬：

2. 轉介來源：

3. 主訴問題或症狀：

4. 成長與家庭背景：

5. 婚姻與親密關係：

6. 目前居住狀況：

7. 學校與工作史：

8. 健康史：

9. 精神病史：

10. 使用藥物或酒精：□ 是 □否，如是，請說明

11. 心理健康檢查：

表 13-3　初診摘要（續）

12.自殺或暴力傾向：□是　□否，如是，請說明

13.動力形成或概念化：

14.個案與家屬的期望：

15.診斷：
　Axis I
　Axis II
　Axis III
　Axis IV
　Axis V

16.治療計畫與建議：

初診心理師：　　　　　　日期：

督導：　　　　　　　　　日期：

三、晤談記錄

1. 使用時機：晤談記錄（**progress note**）或處遇記錄是平常心理師與個案心理諮商之後要撰寫的記錄。工作人員每次實施心理衡鑑、諮商與心理治療後，應填寫晤談記錄，記錄內容包括處遇日期、地點（如果是外展或其他場所）、方式、個案問題與需求、個案反應，以及未來計畫等，工作人員並應簽名或蓋職章。

2. 資料內容：

   (1)晤談記錄可因不同專業人員，而區分為心理諮商（或心理治療）記錄、社工處遇記錄、心理衡鑑記錄。

   (2)記錄內容包括：個案姓名、編號、晤談日期、地點、方式、個案問題與需求、晤談內容與事項、個案反應與成效、未來計畫等。

   (3)工作人員姓名、職稱、簽名、督導簽名。

   (4)通常使用有畫橫線之空白頁，各領域工作人員可共用。

3. 設計範例：如表 13-4 晤談記錄。

表 13-4　晤談記錄

個案姓名：　　　　　　　　　編號：

日期（y/m/d）	晤談記錄

四、結案摘要

1. 使用時機：對於結案的個案，心理師有需要填寫結案摘要（**closing summary**），主要的目的在於正式的將個案結案，並且對於個案接受諮商的情形作一個評估。

2. 資料內容：

　(1)個案姓名、性別、出生年月日、年齡。

　(2)在諮商機構接受服務的起迄日期、轉介前來自何處、結案後前往何處。

　(3)摘述個案的主要問題與需要。

　(4)摘述主要處遇與成效。

　(5)摘述結案後的計畫與建議。

　(6)接案機構及人員的姓名、地址、電話。

　(7)心理師姓名、職稱、簽名、督導簽名。

3. 設計範例：如表 13-5 結案摘要。

表 13-5 結案摘要

---

1. 基本資料
   個案姓名：　　　　　　年齡：
   個案編號：　　　　　　初診日期：　　　　結案日期：
   陪伴家屬：

---

2. 總晤談次數：　　次
   （其中個別：　次；家庭：　次；團體：　次；其他：　次）

---

3. 診斷：
   Axis I
   Axis II
   Axis III
   Axis IV
   Axis V

---

4. 主訴問題與症狀：

---

5. 治療計畫：

---

6. 實際執行治療項目：

---

7. 對治療的反應：

---

8. 結案的原因：

接案心理師：　　　　　　　　日期：

督導：　　　　　　　　　　　日期：

五、諮商同意書

1. 使用時機：對於同意接受心理諮商的個案，心理師可以請個案閱讀諮商同意書，並且在上面簽名，最好可以有複寫功能，讓個案與心理師各執一份。主要的目的在於透過此一同意書，告知個案對於接受心理諮商應該知道的權益與責任，包括：同意自願接受諮商、同意負擔諮商費用、同意諮商保密的限制、同意個案主動參與諮商的責任等。
2. 資料內容。
3. 設計範例：如表 13-6 諮商同意書。

表 13-6　諮商同意書

羅吉斯心理師
自我實現心理諮商所
諮商同意書

　　本人同意志願接受羅吉斯心理師的專業服務，我已閱讀、瞭解，並且在下方簽名同意下列關於心理諮商的說明：

1. 我瞭解羅吉斯心理師不會開藥物處方，或給我藥物治療。如果我需要藥物治療時，他會轉介或照會醫師。

2. 我在心理諮商中所說的事情會得到專業的保密，沒有經過我的書面同意，他不會告訴別人。我也瞭解專業保密的限制，如果我的談話內容涉及自我傷害、傷害別人或兒童虐待時，我同意羅吉斯心理師通知我的家人或相關機構，以便保護我及他人的安全。

3. 我瞭解我可以隨時詢問關於心理諮商的問題，包括諮商的程序、諮商的場所與時間、費用及付費方式、保密的限制、諮商的效果與限制，以及社區資源等。

4. 我瞭解我可以隨時終止心理諮商，我可以請求羅吉斯心理師提供其他轉介機構。

5. 我瞭解我每次心理諮商的時間是五十分鐘，每次的費用是新台幣〇千〇百元。我如果約了諮商時間卻沒有出席，也沒有在二十四小時之前取消，我同意支付一半的費用。

6. 我瞭解羅吉斯心理師的心理諮商服務尚未列入全民健保或商業健康保險，他也不會代替我申請健保給付。

7. 與羅吉斯心理師打電話超過十分鐘以上，我同意按照前述諮商費用的比例計費。羅吉斯心理師經過我同意之後，與我的律師、法院、學校老師等人進行諮詢時，我同意按鐘點付費。

8. 羅吉斯心理師同時獲得我的同意提供心理專業服務給我的子女。

　　當事人簽名：＿＿＿＿＿＿＿＿　日期：＿＿＿＿＿＿
　　當事人簽名：＿＿＿＿＿＿＿＿　日期：＿＿＿＿＿＿
　　當事人簽名：＿＿＿＿＿＿＿＿　日期：＿＿＿＿＿＿
　　心理師簽名：＿＿＿＿＿＿＿＿　日期：＿＿＿＿＿＿

六、個案資料授權同意書

1. 使用時機：心理師為了評估個案的問題與需求，或者為了提供有效的諮商與心理治療計畫的需要，可以請個案填寫一份授權同意書，請個案曾就學或就醫的機構，提供教育或醫療等相關的個案資料做為參考。

2. 資料內容：

   (1)基本資料

   　個案姓名、病歷、學號或編號、生日。

   (2)個案授權提供的資料名稱或種類

   　教育或學習資料、醫療資料、心理資料、精神資料、測驗與心理衡鑑資料、司法處遇資料，以及社會福利資料等。

   (3)個案授權機構的時段與範圍。

   (4)郵寄個案資料的收件人與收件地址。

   (5)個案與監護人簽名與日期。

3. 設計範例：如表 13-7 個案資料授權同意書。

表 13-7 個案資料授權同意書

個案姓名： 病歷或編號： 生日：

___

　　本人_____同意並授權_____心理師／機構提供下列勾選的關於本人或本人子女_____的資料給_____

___

作為諮商與心理治療的參考：
　　　　□教育與學習資料
　　　　□醫療資料
　　　　□心理資料
　　　　□精神資料
　　　　□測驗與心理衡鑑資料
　　　　□司法處遇資料
　　　　□社會福利資料

　　本份個案資料授權同意書，從簽名日期起，有效時間六個月。上述授權同意提供的資料，未經本人重新書面同意，不得再提供給其他人或機構。本份個案資料授權同意書影印本的效用與正本相同。

___

上述個案資料請郵寄至：

___

個案簽名： 日期：
監護人簽名： 日期：

　　為方便讀者瞭解本節所介紹的個案記錄表格，特別將各種表格
的名稱、撰寫目的、撰寫人，以及撰寫時機等，整理成表 13-8。

表 13-8　記錄表格的種類與使用

表格名稱	撰寫目的	撰寫人	撰寫時機	備註
個案登記表	登記求助者的基本資料與簡單的主訴資料，作為分案的參考	心理師或受過訓練的工作人員	個案電話或親自登記時	
初診摘要	瞭解個案的基本資料、發展史、家庭史、健康史、學校史，以及主訴問題與需要等，並且擬定治療計畫	接案心理師	接案之後一週內	可請轉介機構提供相關資料
晤談記錄	記錄個案的問題與需要、工作人員的處遇、個案的反應、未來的處遇計畫，以證明各項服務的提供	心理師以及其他相關工作人員	每次提供服務或進行處遇時	前述其他工作人員包括輔導老師、社工師、保育員，以及諮商師等
結案摘要	綜合記錄個案的主要問題與需要、主要處遇與成效、結案計畫與建議	心理師	結案之後一週內	心理師綜合個案在諮商期間的表現、問題與需要、處遇與成效、未來計畫與建議作成結案摘要
諮商同意書	告知個案有關參與心理諮商的權益與責任，並且取得個案或其監護人的同意	心理師或受過訓練的工作人員	個案登記諮商或接受初談時	未成年個案可請其監護人同時簽名
個案資料授權同意書	收集個案在其他機構的病歷或個案資料	心理師	初談或需要的時候	未成年個案可請其監護人同時簽名

個案記錄的製作、保存與管理

　　個案記錄的記錄固然重要，其製作、保存與管理也一樣重要。因為製作良好的記錄可以方便使用，工作人員也會樂於使用；個案記錄保存得好，不僅可以保護個案的隱私，而且可以避免記錄的毀損、掉落與失散；良好的個案記錄管理，容易歸檔與調閱，可以增進工作的效率。

一、個案記錄的製作

1. 在紙張方面，應該統一使用A4規格的白色紙張，避免使用其他規格或其他顏色的紙張來印製個案記錄。
2. 在紙張厚度方面，為了節省紙張與儲存空間，最好使用可以兩面書寫的紙張。
3. 在筆與顏色方面，應該統一使用黑色鋼筆或原子筆，不宜使用鉛筆或其他顏色的筆，來撰寫個案記錄。
4. 在記錄夾方面，每個機構應該使用統一的記錄夾，適合作為個案記錄夾的規格與材料是：**馬尼拉資料夾（manila folder）**，攤開之後左右兩邊的上方有兩個距離七公分的小圓孔，資料可以使用一條長約十四公分的夾子夾住，個案的相關文件可以放在左邊，所有的個案記錄可以放在右邊。當然，具有類似功能的其他材質資料夾也可以視機構的經濟能

力加以考慮。

二、個案記錄的保存

個案記錄的保存可以分為保存的時間、地點與方式來說明。

1. 保存的時間。個案記錄的保存年限視資料性質而定，一般資料的保存年限通常是十年，重要的資料則永久保存。例如棄嬰的身份相關資料則應永久保存。

2. 保存的地點。個案記錄應該存放在機構裡面，除非得到機構主管的同意，否則個案記錄不可以被帶出機構之外。因此，工作人員或任何人不可以把個案記錄帶回家去寫或存放在家裡。

3. 保存的方式。為了保護個案的隱私，避免透露或遺失個案資料之虞，所有個案記錄應放在有鎖的檔案櫃裡，如果機構沒有有鎖的檔案櫃，個案記錄應放在有上鎖的辦公室裡，辦公室沒人時或下班時間，要將辦公室上鎖。

三、個案記錄的管理

在個案記錄的管理方面，筆者的建議如下：

1. 機構應有專人負責個案記錄的管理，通常由督導或組長擔任。

2. 平常，工作人員要養成當天的記錄當天撰寫完畢並歸檔的習慣。

3. 工作人員也要盡量避免在個案出入的場所撰寫個案記錄，如

果工作人員沒有自己的辦公桌，機構可以考慮在檔案室放置辦公桌，方便工作人員做個案記錄。

4. 對於任意放置個案記錄的工作人員，督導或組長應加以提醒與協助。

5. 除非獲得督導或組長的同意，實習生、義工，以及不是個案的直接照顧者等，不應該接觸或閱讀個案記錄。

6. 除非因為緊急需要，或獲得個案及其監護人的書面同意，工作人員不可以將個案的資料告訴別人。

14 臨床實習與督導

　　心理師的養成教育過程中，必須經過臨床實習的階段，一般而言，心理師的養成教育是在研究所完成。心理與諮商相關研究所碩士班課程，碩一課程主要在於充實諮商或臨床心理學基本理論與技術的訓練，碩二課程開始部分時間的臨床實習，學生每週以一至兩天的時間前往臨床機構實習。碩三課程主要是一年全職的實習訓練。心理相關研究生在實習期間，必須接受臨床督導，以確保實習的品質。一般而言，部分時間的實習生，每週應接受一小時的個別督導。全時間實習的實習生，每週應接受至少兩小時的臨床督導，此外，每週應接受兩小時的團體督導。本章將進一步討論臨床實習、臨床督導，以及諮商錄音的相關問題。

▌臨床實習

　　心理與輔導研究所研究生在選擇實習機構的時候，可以在課程教師的協助之下，根據以下的原則來選擇實習機構：

1. 選擇被課程教師、專業學會，或主管機關認可的實習機構。
2. 實習機構願意提供合格，而又有意願和時間督導實習生的臨床督導。
3. 實習機構能夠提供多元而廣泛的實習經驗。
4. 實習機構的實習有助於未來生涯的規劃。

　　心理或輔導研究所學生到臨床機構去實習的時候，對於實習生的角色應如何定位呢？許多實習生到了實習機構，常常無法釐清自己的身份與角色，常常認為自己是學生而不便施展自己的專業知

能。心理或輔導所研究生在實習機構的職稱應該是**實習心理師**,使用實習諮商師或實習輔導教師則是一種妥協與變通。

　　至於個案要如何稱呼心理師呢?這是一個比較難以規範或統一的問題,一般實務上,在學校與醫療機構的個案會傾向於稱呼心理師為老師或醫師,隨著心理師的普及,我們可以建議個案以心理師來稱呼我們。

　　目前心理師在實習機構比較困難的問題,是缺乏適當的**角色楷模(role model)**,心理師理想的督導應該是資深的心理師,可是由於心理師的編制不是沒有,就是名額嚴重不足。心理師如果在實習期間完全由其他專業的人擔任督導,勢必影響心理師的專業認同。筆者認為心理師實習期間雖然可以接受精神科醫師、社工師、諮商師,或輔導教師的督導,但是督導時間不應超過全部督導時數的一半。心理師專業發展的初期,由其他專業人員來擔任督導,是不得已的妥協與變通,當心理師人數逐漸增加之後,心理師的督導還是要回歸由資深心理師來擔任。

　　在實習期間,實習心理師難免會以督導心理師為角色模範,督導心理師做什麼即在示範實習心理師可以做什麼,諮商心理師的工作並不限於心理諮商而已。諮商心理師與臨床心理師可以做的工作很多,包括心理診斷,心理諮商、心理治療、生理回饋、衛生教育、個案管理、團體治療、心理衡鑑、心理復健、心理諮詢,以及家屬訓練等。實習心理師透過平日對於督導心理師的觀察與模仿,逐漸學習與熟悉心理師的專業知識與技能。

　　實習生在接個案之初,應該讓個案知道下列的事實,以方便個案作最好的判斷,如此才符合知後同意的專業倫理守則:

　　1.表明實習心理師的身份,告訴個案自己是一位實習心理師。

2. 表明實習的期限，告訴個案自己實習期限是多久，例如還有三個月。

3. 如果需要錄音，可以在初次晤談時，先徵求個案的同意。絕不可以背著個案對諮商過程進行錄音。

其中實習期限與諮商關係最為密切，實習心理師不宜在實習末期還接新個案，也不應該誤導個案自己會繼續諮商個案，對於期望長期諮商的個案，實習心理師更要據實以告，表示只能諮商若干次數或時間。實習心理師應該避免在實習結束時，在個案毫無心理準備之下，突然告訴個案自己的實習要結束了，所以要結束諮商，這是不符合諮商倫理的作法。

實習生在有督導指導的情況下，不宜在未與督導討論就輕易拒絕新個案或轉介個案。個案是實習心理師最好的老師，透過各種個案的學習，實習生可以在短時間獲得最多的學習。在接案的時候，如果遇到比較困難的個案，自然要多請教督導，避免獨斷獨行。

在實習期間，心理師最好能夠有機會接觸不同診斷或不同類型的個案，如此一來，心理師可以有機會接觸不同診斷與問題的個案，可以豐富心理師的臨床經驗，可以刺激心理師去學習更多的專業知識與技術來幫助各類的個案。在實習期間，心理師可以先從比較單純的個案開始接案，過了半年之後，可以嘗試接一些比較有挑戰性的個案，或一些自己從來沒有接觸過的個案。因為有督導的協助，實習心理師可以放心的去接受挑戰。

所謂不同類型的個案，可以包括不同診斷的個案、不同機構的個案，以及不同年齡的個案。經常看適應障礙、精神官能症個案的心理師，有機會的話可以接一些思覺失調症、躁鬱症、妄想症，人格障礙，以及嚴重憂鬱症的個案。固定在社區諮商機構看個案的心

理師，有機會的話可以到醫院或學校去看一些不同背景的個案，如此可以很快的擴充自己的臨床經驗。此外，經常看成人個案的心理師，有機會的話可以去接一些兒童、青少年，或老年的個案。豐富臨床經驗的有效方式，便是要主動積極的去接觸不同類型、不同診斷、不同機構與不同年齡的個案。

根據 **Boylan**、**Malley** 和 **Scott**（1995），實習生的專業發展可以用圖 14-1 來表示。實習生的專業發展可以分為下列四個階段：

階段一：以方法與技術的學習為主，以模仿為主要學習方式。

階段二：從關心方法的學習，轉移到關心以個人為治療工具的學習。

階段三：從學生身份轉移到專業同儕的身份，關切個人專業與個人的發展。

階段四：可以獨立或透過諮詢的協助，從事廣泛的專業工作。

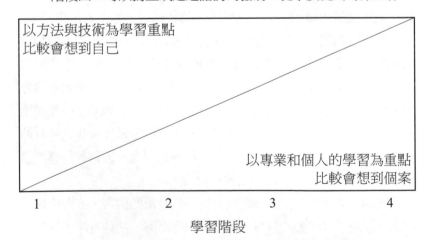

圖 14-1　從實習生到成熟心理師四個學習階段

〔資料來源：Boylan, Malley, & Scott (1995)〕

　　在帶領實習生的課程教師方面，筆者認為課程教師負有下列的
責任，以便學生可以獲得良好的實習經驗：

　　1.對於不適合分發實習的學生，有事前篩檢與輔導的責任。

　　2.篩選適合學生實習的機構。

　　3.訂定明確的實習規範與程序（policies and procedures）。

　　4.安排學生到合格且適當的機構實習。

　　5.間接督導與協助實習生的實習工作。

　　6.與機構督導一起考核學生的實習成績。

　　7.協助處理實習生與實習機構之間的問題。

　　8.建立與實習生定期討論實習進度與問題的機制。

　　為幫助學生選擇適當的實習機構，筆者之一在台灣師範大學擔
任教育心理與輔導研究所碩士班三年級諮商專業實習課程教師時，
曾制訂一份實習機構認定標準，這份認定標準是根據國內的現況，
參考美國心理師實習機構認定標準，以及經過一年的試用之後確定
的，內容如表 14-1。

表 14-1　臺灣師大心輔所碩三實習機構認定標準

　　為配合本系碩士班三年級全年專業實習課程之實施，訂定本認定標準，以作為學生選擇實習機構的參考準則。符合下列標準之公立或政府立案之私立醫療院所、機構、大專院校，且符合下列條件者，即為符合台灣師大心輔系碩士班三年級全年專業實習機構的規定。

1. 機構服務內容包括心理衛生相關服務，並且訂有相關實習辦法或訓練計畫。

2. 機構聘有至少兩位碩士級以上的諮商心理學相關領域專職人員。

3. 機構有指定專職人員辦理實習生訓練業務。

4. 機構有指定或聘請專人擔任實習生督導與在職訓練之工作。督導者的資格需符合以下三個條件之一：(1)具心理師執照或公職臨床心理師證書；(2)具諮商心理學相關博士學位並至少從事諮商心理實務工作滿一年者；(3)具諮商心理學相關碩士學位並至少從事諮商心理實務工作滿三年者。

5. 機構能夠提供實習生平均每週至少十小時的直接服務所需的個案。

6. 機構同意能提供實習生為期一年一千五百小時的實習經驗，其中包括至少有五百小時是屬於直接個案服務、二百小時為督導與教育訓練，以及二百小時的其他相關專業服務實習。每週實習時數平均不超過四十小時。

7. 機構需給予實習生合適的職稱（如，實習心理師）、錄音或錄影設備、辦公所需的桌椅等相關硬體。

8. 機構能提供實習津貼或相關福利者（如校車、餐點、住宿），優先分發。

9. 機構提供實習生實習的工作內容，至少應包括下列各項：心理衡鑑、個別諮商與心理治療、團體諮商與心理治療、心理諮詢服務、心理衛生教育或預防推廣工作，以及其他心理專業服務工作。

10. 機構應提供實習生下列督導與在職訓練，時數如下：每週至少兩小時的個別督導、每週至少兩小時的個案研討、團體督導、專題演講或其他心理服務進修課程，如讀書會、專業諮商影帶觀摩討論、團體觀察等

11. 機構同意讓實習生每週四小時從事論文相關研究，以及隔週返校上課半天。

　　心理師在醫療機構中實習，應如何調整自己的角色與定位？醫療機構在過去很少有實習心理師，對於如何督導實習心理師通常缺乏規則可循，有時醫院中的醫師也不知道要如何督導心理師，通常實習生和督導需要花一點時間去調整彼此的關係。原則上，實習心理師在醫院實習，應該在資深心理師督導之下從事實習，在一個沒有資深心理師服務的醫院實習，實習心理師可能會因為缺乏適當的角色楷模與專業認同而不容易成為一個稱職的心理師。雖然實習心理師不一定要在精神科實習，只要有心理師服務的專科，如家庭醫學科、小兒科、復健科，或安寧病房，實習心理師也可以在那裡學習成為一位稱職的心理師。在醫療機構實習的心理師，需要學習與其他醫療團隊的人共同工作，包括醫師、護理師、營養師、社工師、職能治療師，以及藥師等。在醫療機構實習會是一個很好的經

驗，心理師可以對整個醫療資源與限制，有多一點的瞭解，也可以看到不同專業的工作人員是如何看待同一個個案。

實習心理師在醫療院所的角色為何？最容易回答這個問題的方式，便是去請教在醫療院所服務的心理師，甚至跟他的診一天，如此可以很快的掌握心理師在醫療院所的角色。在住院病房或日間留院實習的心理師，可以多多請教醫師、護理長、護士，或其他同事。心理師有機會應該參加病房的**晨會**（**morning meeting**）和**個案研討會**（**case conference**），初期先多聆聽，進入狀況之後，再視情況回饋發言。

心理師如何設定對於住院病人的協助目標與內容呢？實習心理師可以依照病人的功能程度，來設定協助目標與擬定協助內容。對於病情穩定、功能良好，或門診的個案，心理師可以考慮實施心理諮商與心理治療，對於住院病人的處理，需要先和主治醫師與住院醫師協調，避免兩人同時對病人實施心理治療，造成一些團隊合作上的困惑。對於住院中的病人，實習心理師可以酌情參與下列的臨床活動：

1. 病人病情變化的觀察。
2. 病人用藥情形的觀察。
3. 病人心理衛生教育。
4. 病人生活自理與社會功能的觀察與訓練。

心理師在精神科急性病房中有哪些實習內容呢？在急性病房中，心理師可以做的事情不多，此時，可以去學習其他專業人員的專長，如藥物治療、精神診斷、團隊合作、危機處理，以及精神護理等。以下是一則實習心理師寫的實習心得，說明正確的實習態度與認知有助於豐富臨床實習的內容：

「『到精神科實習，不學一些精神醫學診斷與藥物治療，不是很可惜嗎？』這是督導給我的提醒與期待，讓我在醫院兩週來的實習不但目標清楚，也深知自己的角色與期待，所以和在病房工作人員的互動關係非常順利，也迅速融入病房而成為精神醫療團隊的成員之一，而且在專業表現與意見發表上，也非常受到醫師與護理師的青睞。所以先謝謝老師的行前叮嚀！

目前一個半月的實習焦點在於『適應病房的工作內容』、『與病人建立關係』，以及『瞭解醫師的診斷與藥物治療』。預定五月初後，再向主任提出獨立做『心理治療』或『合開團體治療』的計畫。

在心情上，由於這幾週來用心的去參與每一件治療事項，以及朝八晚五的上班時間，初期的確讓我感受到工作的繁忙與心理的疲憊。然而，一想到自己學會了這麼多精神醫學的專業知識，就覺得非常的興奮與光榮！其實，疲憊與壓力早就拋諸九霄雲外了。」

臨床督導

臨床督導的功能有很多，主要是扮演實習生的教師、督導、諮詢與治療師的角色，提供實習生所需要的教導、回饋和支持。督導可以示範成熟心理師的榜樣，協助實習生個人與專業的發展，以提升實習生的專業素養與能力。實習期間，督導對於實習生負有行政監督、臨床督導與教學訓練的責任。

理想上，每一個心理師都應該接受督導，實習心理師尤其需要

被督導。在機構中服務的心理師可以由機構資深心理師來督導資淺與實習心理師。個人執業的心理師可以以付費方式接受督導，或者以互相督導的方式進行同儕督導。督導的目的在於保持持續的專業成長，以及避免因為個人的盲點而影響個案的專業服務品質。

　　心理專業機構應建立內部督導制度，由資深心理師帶領資淺及實習心理師，資深心理師的主要工作之一，是督導資淺與實習心理師。機構內部督導制度，不僅可以節省成本，更可以建立機構的永續經營。機構建立督導制度初期，如果因為缺乏內部督導，不得已的情況之下，可以先外聘臨床督導，並以培養內部督導或延聘內部督導為目標。

　　一般而言，一個督導同一個時間不宜督導太多實習生，原則上一個資深心理師同時可以督導一至三位實習生，一次督導太多實習生可能會影響督導品質。督導的實施以個別督導為主要的方式，也是常態的方式，團體督導則是一種次要的、輔助的方式。臨床督導應該是一種每週定期實施的例行專業活動，坊間多數機構採用不定期、偶而才實施一、兩次的臨床督導，嚴格而言只能說是一種諮詢。臨床督導以專任資深心理師為原則，聘用兼任人員為實習生的督導是一種妥協與變通。

　　實習生接受督導時，在同一個時間不宜討論太多個個案，原則上應該每次只討論一個或兩個個案，在一次五十分鐘的督導時間，討論太多個個案，確實會讓實習生感覺亂亂的。筆者建議實習生接受督導前應做好準備，確定一個作為主要討論的個案，一、兩個作為次要討論的個案。

　　督導心理師在提供專業督導之前，應先向實習心理師或資淺心理師說明，其個人的督導方式與基本架構，包括每次督導的時間有

多久、時間如何運用、實習心理師應做哪些準備、進行的方式，以及與督導緊急聯絡的方式等。有的督導會要求實習心理師準備諮商逐字稿，有的會要求準備諮商錄音帶，有的會要求撰寫督導記錄，有的會要求準備病歷或諮商記錄等。實習心理師提供越接近諮商過程原貌的錄音帶或逐字稿，督導越能夠給予具體有效的回饋和協助。

　　督導的主要功能之一，是在幫助實習心理師進行個案概念化。所謂概念化是指心理師將個案的許多行為或事件整合後，用一個理論或模式將之貫穿，包括對個案的診斷，問題之所以形成的假設，這樣的概念化一方面是讓心理師能較有系統的看個案，另一方面是讓心理師可以依此概念化選擇適合個案的諮商策略。　且策略無效時，心理師才能有跡可尋，再回來看這個概念化的過程，評估之所以無效是因為概念化的偏誤，還是所選用的治療方式不符合原先的概念化。

　　實習心理師有時可以自行檢視，從實習到專門執業的漫長過程中，自己是處在專業發展的哪一個階段，自己與督導的關係又是處於哪一個階段。根據 **Boylan**、**Malley** 和 **Scott**（1995）的歸納，督導關係的發展可以用圖 14-2 來表示。實習生與督導的關係可以分為三個階段：

　　1. 從治療師中心到病患中心。

　　2. 從上下督導關係到同僚督導關係。

　　3. 從依賴督導的支持到自我的支持。

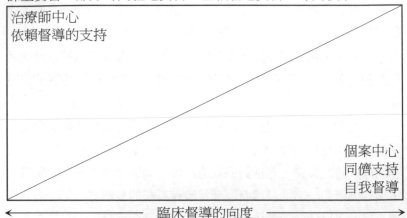

課堂實習　部分時間駐地實習　全職駐地實習　專門執業

治療師中心
依賴督導的支持

個案中心
同儕支持
自我督導

← 臨床督導的向度 →

圖 14-2　從課堂實習到專門執業實習生與督導的互動

〔資料來源：Boylan, Malley, & Scott (1995)〕

　　實習生與督導的關係不是全然理想美好，有時會出現一些衝突或緊張，實習生與督導的關係也會隨著時間的推移而產生變化。臨床督導與實習生的衝突可以歸納為三種：

1. 衝突起因於雙方理論取向不同，或對於治療技術的觀點不同。
2. 衝突起因於實習生不滿意督導的督導風格與方式，例如不滿意督導的指導性程度或支持程度。
3. 衝突起因於雙方人格特質的不相容。

　　督導關係發生問題或衝突時，要如何處理呢？熟悉諮商與心理治療的心理師都知道，衝突的、不和諧的督導關係有礙實習生的學習，因此督導與實習生都應該盡早面對督導關係的問題。督導關係

不處理好，勢必影響實習生的學習。實習生與督導都應知道，督導關係的處理應優先於治療知能的學習，特別是督導者要注意自己的權威或指導者位置的影響，對實習生應盡量做出成熟與尊重的幫助。如果衝突無法解決，而且機構還有其他資深心理師願意擔任督導，經過三方的協調，變換臨床督導也是一種自然的解決。如果實習生分發與督導的分配，能夠尊重雙方在理論取向、人格特質與督導風格的適配性，通常將可以使督導與實習生之間發生衝突的可能性減到最低。

　　對於全職實習的實習心理師，筆者認為最好能夠至少有兩位臨床督導，兩位臨床督導可以有下列的優點：

1. 當實習生有兩個督導時，最好區分誰是**主要督導**（**primary supervisor**），誰是**協同督導**（**secondary supervisor**），主要督導負責實習生的全部實習工作的督導，以及監督其他協同督導的工作。

2. 實習生可以針對督導的不同專長，做功能性的區分，例如請專長心理治療的督導專門協助心理治療的個案，請另一位專長心理衡鑑的督導專門督導心理衡鑑的個案，或者請另一位專長機構行政的督導專門督導行政方面的工作。

3. 兩位或兩位以上的督導可以提供實習生多元的思考與選擇，實習生在綜合督導的觀點與風格之後，比較容易形成自己的諮商與心理治療風格。

4. 即使遇到實習生與某一位督導在關係上或觀點上有所衝突時，實習生仍然還有其他督導可以求助或諮詢。

擔任實習生的臨床督導，不僅要有提攜後進的熱誠，在協助實習生的方法上也需要有所講求。筆者認為指導實習生的有效方式，包括以下幾個建議：

1. 每週提供實習生至少一小時，個別的、定期的督導時間。
2. 透過同理心、鼓勵與支持，與實習生建立良好的督導關係。
3. 培養實習生主動求助督導或諮詢同事的習慣。
4. 鼓勵實習生自行成立支持團體，或邀請學長姊做為支持團體的帶領者。
5. 指導實習生的方式，包括講解、示範、給予回饋、角色扮演、臨床觀察、參加個案研討，以及指定閱讀參考文獻等。

實習生常見的問題有很多，以下分別說明這些問題是什麼，並且提供處理的建議：

1. 案量不足或案量過多的問題。實習期間，有的實習生會遇到接不到個案的困擾，臨床督導有責任幫助實習生安排足夠的個案，讓實習生實習。有些實習生則遇到個案太多，接都接不完，甚至因為工作壓力太大，造成精神困擾。筆者認為實習生直接服務的臨床工作時數，以不超過實習時數的二分之一為原則，亦即臨床工作與臨床訓練要並重，避免實習生成為實習機構的廉價勞力。
2. 病歷或諮商記錄撰寫不出來，或撰寫過度詳細的問題。有的實習生不熟悉病歷的格式體例，有的因為時間分配不當，一個個案接一個晤談，以致於每次晤談之後找不出時間寫病歷，久而久之造成惡性循環。對於這類的實習問題，督導可以以示範的方式教導實習生撰寫病歷，必要時，督導可以針

對實習生所寫的病歷，進行深入的修改，幫助實習生在實習初期，能夠養成良好的病歷撰寫習慣。有的實習生在撰寫病歷時，撰寫的內容過於詳盡，鉅細靡遺，有時暴露過多個案以及重要他人的資料而不自覺，過於詳盡的病歷，有時會給機構與督導帶來不必要的困擾，包括當個案要求閱讀病歷時，或個案與心理師涉及誤診訴訟時。為了風險管理起見，督導應協助實習生撰寫合宜的病例或諮商記錄，避免給自己及機構帶來不必要的困擾。

3. 實習生治療病人時，表現得過度緊張，或表現得沒有感情，或對病人發脾氣，未能做好情緒的自我管理。實習生接個案的時候，難免因為經驗不足或缺乏自信，有時會顯得過度緊張，以致於影響對於個案的服務。有的實習生過度壓抑自己的情緒，以致於對於個案缺乏適當的情感表達，包括同理心以及接納關懷的表達。有的實習生因為缺乏情緒的自覺與管理，甚至於對個案發脾氣，這些問題都值得提出來與督導討論，以便學習更好的諮商態度。

4. 與病人的界線模糊不清，與病人的關係不是太冰冷，就是太融入，未能與病人保持友善的專業分際。實習生有時會因為過於投入，常常在晤談時沒有遵守時間的基本架構，經常延長晤談時間。有的實習生因為十分同情個案的困難，常常做出一些超過心理師應做的事情，例如幫助個案跑腿、墊錢或代勞等。有的實習生過度嚴守諮商基本架構，使得個案覺得心理師十分拘謹、呆板、嚴肅。這些都是實習生常見的問題，也是需要督導給予提醒和協助的地方，幫助實習生和個案維持一個專業的、適當的人際界限是很重要的功課。

5. 督導太忙沒有時間督導實習生，或者督導不信任實習生，過度監控實習生的一舉一動。有些實習生的督導因故常常更改督導時間或取消督導，使得實習生在缺乏固定的、足夠的督導下，進行接案工作，這樣因為督導太忙，以致於影響實習生的督導需要提出檢討，尋求解決和改善。有的督導不信任實習生，要求實習生做什麼事都要事先報備，或者對於實習生每做的一件事都要監控，讓實習生感受到極大的壓力和困擾。實習生應該直接與督導討論不信任的問題，如果與督導相處的問題仍然無法改善，實習生可以向機構主管和課程教師反應，尋求適當的解決。

6. 實習生與督導因為個性或治療理念不同而相處不來，實習生有困難不敢求助督導，或不接受督導的建議。當實習生與督導相處或溝通發生困難的時候，最好的作法便是直接找督導一起討論與溝通，甚至可以找一位二人同意的第三者為溝通中介人，一起討論。另有時候，如果主要督導可以安排協同督導來協助實習生的話，也有一些緩衝的效果。

7. 實習生被病人指責、羞辱，或拒絕，影響接案的信心。由於這些可能的遭遇，實習生在受訓期間需要督導大量的鼓勵與支持，避免實習生對於自己的專業能力產生懷疑或失去信心。

案例討論 14-1

從實習心理師到成熟心理師是一個不斷自我統整的過程，有一位實習心理師在接受筆者之一督導期間，寫下了下面的一段反省，

值得與讀者分享：

「我在這次的督導過程中，我發現了一件事，那就是我本身並沒有一個明確的諮商理論取向。回想這一年多來的學習，全是集中在如何成為一個心理師上，而從進來研究所開始，所上老師便要我們思考自己的個人諮商理論。這些日子以來，我以為我有把心思放在這件事上面，但是從這次的督導中，我才知道，對於個人的諮商理論我並沒有一個明確的方向。

在這段研究所的日子，我一直保持著希望能把所有事情學好的期待，來面對所有發生在四周的事。於是，有什麼工作坊就急著參加，有什麼講座便三、五同學相招而去，有什麼課便考慮要修，心中兢兢業業的深恐有什麼是被自己所遺漏的，而只要是覺得好的、有道理的，便想要把這個東西吸進自己的體內。

就這樣，往往當我看到某種有道理的話時，便不由自主的想把它套用在我的個案身上，或是用在我的諮商工作上。總是覺得有許多東西是可以應用的，對許多老師的話也不由分說的接受。這樣想來，似乎我在研究所的學習也像是一種內射的過程，沒有選擇，不經思考的吞下所有的話。

想到這，我不禁要問，是否現在是我要有所選擇的時候了？我是否要看看現在我到底正在學什麼，以及想學什麼呢？我不能再像過去那般覺得只要適合自己個案的情況，便把它拿來套用。這樣的作法，是不是會導致我對個案的看法總是支離破碎，無法有一個完整的概念呢？

這令我想到，以前我總是依靠我的督導來幫助我看問題，而自己老是覺得個案跑來跑去的處在不穩定的狀態中，讓我無法看清楚。現在想想，會不會是我也在跑來跑去的不穩定，所以也自然看

不清楚個案的問題呢？或許，我真的該好好想想我到底要的是什麼了吧。」

這篇實習心理師的自述，很細膩的描寫實習心理師不滿足於缺乏個人諮商理論，缺乏自我統整的一種深刻的反省，也是一個實習心理師轉變到成熟心理師的一個必然過程。心理師的成長總是要經過一段從全盤照收、模仿，到有選擇性的吸收，融合個人的風格與個性，走出一條屬於自己的諮商理論與風格的專業之路。缺乏這類反省的心理師，總是在不同的諮商理論與治療學派中尋尋覓覓，因而迷失自己，也不容易成為一個有個人風格的心理師。如何在眾多的、迷人的誘惑中，省察自己的需要與個性，有節制的、有計畫的走出一條屬於自己的道路，便是實習心理師所要思考的功課。

新手心理師在建立自己的諮商風格與取向時，通常會有迷惘的現象，這也是正常的。在取捨之間需要很多的思考。另外，雖然有人只學一種取向，但是在實務上，心理師還是會摻雜學一些其他學派的理論與技術，不過，最好還是要有一種為主，其他一、兩種為輔，免得導致給人一種四不像或雜牌軍的感覺。

諮商實務 Q & A

Q14-1：諮商心理專業機構如何區分實習生與義工的角色與功能？
A14-1：機構經營者應該在觀念上釐清實習生與義工在角色上的不同，然後賦予不同的功能任務。實習生基本上是心理專業人員，而義工是非心理專業人員。因此在提供在職訓練課程時，經營者或督導需要提供給他們不同的課程，如果讓雙方都去上一樣的諮商心理課程，久而久之，便會混淆兩者的角色與功能。

　　一般而言，專業機構如醫院、諮商機構並不使用義工去扮演專業人員的角色，比較是讓義工去扮演行政、文書，或其他非專業的工作。義工常見的工作包括幫忙作電腦的文書處理、接聽行政電話、接聽資料查詢電話、幫忙檔案管理，以及在服務台回答民眾的疑問與導覽。實習生是受過諮商心理專業訓練的人員，在接受督導之下，可以和心理師一樣，從事心理諮商工作。義工也是需要訓練，但是訓練的內容不是諮商專業課程，而是義工守則與基本禮貌一類的課程。

　　使用義工從事心理諮商工作是早期由於社會的需求，在諮商專業人員缺乏的年代，一種不得已的變通與妥協，目前許多大學已經開設各種心理與輔導相關研究所，實在不宜再使用義工從事心理專業工作了。心理專業機構仍然可以借重義工來幫忙心理衛生工作的推廣，最好是使用義工原有的專長，例如使用學有專長的心理師來當義工，那麼這些義工自然可以從事心理諮商。又例如，機構可以使用電腦專長的義工，協助機構架設網站，處理電腦資訊相關的問題，但是不適宜提供諮商專業課程給他，然後要他去從事諮商專業工作，如此作法便是混淆專業人員與義工的角色和功能了。

▌錄音問題的處理

　　心理師接受督導期間，為了能夠如實重現諮商的過程，以便督導可以切實提供有幫助的回饋和指導，實習心理師可以徵求個案的同意把諮商過程錄音下來。有些實習生對於徵求個案同意錄音似乎

有些困難，本節即在說明如何徵求個案的同意，以便可以把諮商過程錄音下來。

心理師可以問：「你介不介意我錄音？錄音是為了幫助我學習，同時也幫助我更瞭解你的問題，只有我和督導會聽到，主要目的是要讓督導聽我說些什麼。我們談話的過程中，如果談到你不希望錄的部分，可以隨時切掉，沒有關係。」

讓個案明白督導要聽的是心理師講什麼，而不是個案說什麼，可以減輕個案的疑慮與壓力。督導是幫助心理師來幫助個案的，如果某些晤談的片段個案不想錄，可以關掉。督導之後，心理師應將錄音帶洗掉。心理師不宜勉強個案接受錄音的要求，只要心理師誠懇的詢問，有一半的個案會同意讓心理師錄音的。

如果當事人這一次拒絕了，不代表以後都不能錄，可以等諮商過幾次，當事人較信任心理師之後再問當事人。錄音機最好放在個案不容易注意到的地方，避免個案眼睛看到會不自在。亦即，可以放在個案視線以外的地方。

有些個案對於心理師接受督導的情形會很好奇，不知道心理師和督導會如何討論他，說了些什麼，覺得他是一個怎樣的個案。心理師可以向個案說明保密的原則，以及督導是為了心理師的專業成長，以及為了提供個案最大的幫助而安排。假如個案想得很離譜，可能是移情作用，心理師可以進一步與個案探索他是否常常對人有此想法，擔心別人不可靠。也有可能是對於父母關係的移情轉移到督導和心理師身上，對督導投射出對缺席父親的愛恨情仇和矛盾等，可以試探此一假設，協助個案深入探索，連結到對父母親或重要他人的看待，常常真實與想像之間不見得是一樣，需要幫助個案進一步去釐清。

諮商實務 Q & A

Q14-2：個案同意錄音，卻不希望心理師的督導聽見其聲音，心理師要如何看待這一訊息？

A14-2：這個訊息可以幫助個案怎麼看待他自己，聲音是自己的一部分，幫助釐清是不希望督導聽到自己的聲音還是不希望督導聽到自己在說什麼？如果是個案無法接受自己的聲音，可以推論他對自己的自我概念可能是不佳的，可能代表有困難接受自己，此時心理師可以有如下的作法：

1. 心理師尊重個案的決定，並說明如果一段時間之後，個案能夠接受或比較不在乎自己的聲音時，可以再給督導聽。

2. 鼓勵個案談談他和心理師之間的問題，幫助他看到他的人際關係，如果個案在諮商關係中比較自在之後，在其他情境也會比較自在，同時在生活中也會比較有力量。鼓勵個案聽自己錄音的聲音，所有與聲音有關的感覺、念頭、想法，皆可以作為討論的素材。

3. 鼓勵個案談談早年與自己聲音有關的經驗，或許在童年，個案的聲音是被批評的，擔心被權威人物，如心理師的督導批評，個案將權威人物的批評過度內化，個案若能夠透過心理諮商，修正其對聲音的感覺與看法，將可拓展其經驗。

Q14-3：請問接受督導時，使用錄音與使用逐字稿作為呈現心理師與個案的互動，哪一種方式比較好？

A14-3：基本上，使用錄音錄影方式比錄音方式要好，使用錄音方

式又比逐字稿要好，主要是因為錄音錄影可以保留心理諮商時更多雙方的訊息，包括彼此的聲調、表情、動作、情緒等。錄音錄影的方式保留了視覺與聽覺雙重的訊息，提供給督導較多的機會回饋給心理師。不能使用錄音錄影時，使用錄音也可以，實務上，以使用錄音佔多數，這是因為錄音機比較小，比較不會干擾諮商的過程。將錄音謄寫成逐字稿的目的，比較是作為自己檢討的用途。透過逐字逐句的檢視與討論，督導也可以提供回饋，只是少了視覺與聽覺的訊息。接受督導時，越能真實重現心理諮商的過程，督導越能提供心理師越多、越仔細的回饋。

Q14-4：心理師在第一次晤談時，未談及錄音的事情，可否在第二次見面時再徵得個案的同意錄音，並且在當次即錄音？或者可否先請其他人代為詢問是否同意錄音？

A14-4：心理師如果因為督導的需要，而要對諮商晤談進行錄音，自然要徵求個案的同意，而且越早越好。最好的時機就是第一次晤談時，因為個案通常不清楚諮商是否包括錄音，心理師在說明基本架構時，可以很自然的徵求個案的同意，然後進行錄音。如果心理師第一次晤談時忘記徵求同意，還是可以在第二次或以後徵求同意。心理師可以說：「我因為接受督導，需要在我們晤談時錄音，不知道你介意不介意？」如果個案有些遲疑，可以再補充說：「錄音的內容只有我的督導會聽，而且督導主要是想聽我的聲音。」如果個案還是猶豫或不放心，心理師可以說：「談話的時候，如果你有一些不想錄音的內容，你可以關掉錄音機，等到可以錄的時候再打開錄音機，這樣的話，你介意我錄音嗎？」如果個案沒有馬上同意錄音，心理師可以說：「我知道現在你不想錄音，沒有關係，你

再想一想，以後方便的時候，我再請問你。」過一段時間之後，或許因為諮商關係比較好的時候，心理師可以再徵求個案的同意。徵求個案同意錄音的事情，最好由心理師本人直接詢問個案，不要經由第三者代勞。

　　曾有一位心理師詢問個案是否可以錄音時，個案表示：「有個東西在那裡偷聽。」心理師可以同理個案對於錄音不習慣的感覺，仍邀請個案試試看，並且告訴個案如果有哪一部分不想錄可以不錄，給予個案控制錄音的感覺。如果個案還是拒絕就不要錄，等以後有機會時再詢問，再鼓勵個案試試看。

Q14-5：如何處理個案拒絕心理師與督導討論個案的事情？

A14-5：個案拒絕心理師與督導討論個案的事情，其主要原因通常是因為個案不瞭解心理師在接受督導時，督導是如何進行、如何談話、如何處理個案的私人資料等，心理師可以告訴個案其私人資料會受到專業的保密，督導無法辨認個案是誰，督導的過程在於幫助心理師更有能力幫助個案，而不在於談論個案的是非，心理師可以將個案所擔心的事情加以解釋說明，幫助個案瞭解督導的真諦，使個案可以安心的接受心理諮商。

Q14-6：個案要求將諮商過程錄音下來帶回家聽，或者要求心理師將所錄的諮商錄音帶給他帶回去聽，心理師應如何處理？

A14-6：原則上，心理師不應該同意個案錄音，也不應該未經充分的討論，即將心理師錄的諮商錄音帶給個案帶回去。如此作法會給心理師帶來許多的困擾和缺點：首先是保密的問題，一旦個案有了諮商錄音帶，心理師將會對它的保密失去掌握，如果個案不小心使

錄音帶流通到其他人手裡，心理師便無法盡到保護個案的責任。當個案要求錄音時，個案要求錄音的動機需要經過審慎的討論，心理師可以告訴個案，如果個案一邊諮商，一邊錄音可能會有兩個不好的效果，一是個案在心理諮商時，比較不會專心投入，他的專心會因為事後有錄音帶可以聽，所以比較不會認真投入諮商的談話過程，另一方面，個案有了錄音帶容易掉進對於心理師字句斤斤計較的狀況，這樣往往是不利於個案的自我探索與自我瞭解。最後一點，是關於心理師被個案提起訴訟的問題，如果心理諮商進行還不錯，一切可能沒有問題，如果個案對於心理諮商不滿意，難免會使用諮商錄音帶作為控告心理師的證據，心理師不能不有此疑慮。

15 諮商中應立即注意的事情

一般個案需要的是諮商與心理治療的**例行處理**（**routine care**），心理師可以依照例行的基本架構進行諮商與心理治療。但是，在初次晤談或諮商過程中，心理師遇到一些需要立即注意的事情（**immediate concerns**）或危機狀況，便需要改變基本架構，進行一些必要的處置或危機處理。本章的內容在於說明什麼是需要心理師立即注意的事情，如何加以辨識與評估，以及如何進行處遇等。

應立即注意事情的辨識

心理師在接案時，如果發現個案涉及有關生命安全或法律通報的事情，便要給予立即的注意，並進行一些必要的處置，例如危機處理、法律通報，或精神醫療緊急就醫及住院等。這些可能危及個案或他人生命安全或法律通報事情，在諮商與心理治療的領域裡，又稱為出現**紅旗**（**red flag**）的個案。當個案出現紅旗的時候，心理師便要給予立即的注意，並採取必要的處遇措施，以維護個案與他人的安全與福祉。本節所謂心理師要立即注意的事情，是指遭遇到下列狀況的個案：

1. 牽涉生命安全，如自傷、自殺、攻擊他人。
2. 牽涉嚴重精神疾病，如精神疾病急性發作。
3. 牽涉嚴重的生理疾病與服藥問題。
4. 牽涉法律通報，如兒童虐待、婚姻暴力、性侵害的通報與處置。
5. 牽涉精神狀況不穩定，如酒精或藥物成癮。

6. 牽涉嚴重創傷失落，如喪親、強暴。

7. 其他危機狀況。

心理師所處理的個案，不論是一般個案或特殊個案，如果沒有出現上述紅旗的狀況時，心理師可以依照一般的諮商架構與諮商程序，提供個案所需要的諮商與心理治療。這裡所謂的**特殊個案**，即是一般人所說的特殊人口，包括下列個案：兒童、青少年、老人、婦女、同性戀、原住民、中輟生、非行少年、軍人、大學生、單親家長，或外籍勞工等，這些個案如果沒有遭遇到前述紅旗的狀況，自然可以使用例行諮商與心理治療的模式實施，因此不需要改變諮商的基本架構與程序。屬於需要心理師立即注意，並且採取必要處遇措施的個案，包括下列的個案：

1. 被虐待或疏忽的兒童、青少年。

2. 被虐待的婦女或老人。

3. 被性侵害的個案。

4. 企圖自殺或傷害自己的個案。

5. 罹患精神疾病，情緒不穩定或精神病發作的個案。

6. 遭遇嚴重失落與創傷的個案。

心理師如果發現個案有這些需要立即注意的狀況時，首先要進行評估，以便採取適當的處遇措施。心理師可以使用當面晤談、臨床觀察、訪談重要他人、心理衡鑑、檢視病歷，以及生理檢驗等方法，對個案問題的嚴重程度與急迫性進行評估。

評估之後，心理師視需要動員相關人員共同協助處理，進行必要的危機處理，或轉介到適當的醫療、社會，或司法機構，以便獲得適當的協助。其中涉及需要通報的事件，心理師也需要在規定的時限內進行通報。

自殺與自我傷害

　　諮商晤談時，如果個案提及以前曾自殺，心理師應如何應對？這時心理師可以進行自殺危險性的評估，心理師可以詢問個案：「那時候是怎麼想的？那你現在會不會想自殺？通常何種情況下，你會想自殺？」

　　心理師與個案談及自殺的保密問題時，應注意說詞，心理師可以有「自殺的想法是安全的，自殺的行動是危險的」的基本認識，因此可以鼓勵個案對於自殺的想法進行探索，臨床經驗告訴我們，與個案談論其自殺的意念，只會減少其自殺的衝動與企圖，並不會增加其自殺的危險性。心理師可以告訴個案，「如果你有自殺衝動時，可以先拿出來討論，如果我們努力之後，你仍然想要自殺，或者你無法控制你想自殺的衝動時，那麼為了保護你的安全，以及找更多的人來幫助我們，我會告訴你的家人和救護人員。」

　　如何評估個案自殺的危險性？對於想要自殺的個案，心理師有需要向個案說明保密的限制，同時也可以跟個案訂定**不自殺的承諾或契約（non-suicidal contract）**。在這過程中，心理師可以仔細的、具體的評估個案之前是否有過自殺的經驗？用什麼方式？什麼時候？什麼地點？家庭成員的反應？目前的危險性如何？可以用個案過去自殺的經驗來預估其目前以及未來自殺的可能性。如果晚上是個案比較可能自殺的時間，可以要求家屬陪伴留意，並且提供相關醫療單位二十四小時緊急聯絡的電話，告訴個案及家屬緊急時可

以如何尋求專業的協助。

根據對自殺當事人自白的研究，自殺者的心態有下列幾種可能（鄔佩麗，民85）：

1. 自己的生命找不出答案。
2. 自殺者的心理狀態是無助與無望。
3. 對某人採取的報復行為。
4. 贏取注意，或促使對方轉移注意力。
5. 感到疲累，沒有力量再堅持下去。

心理師對於想要自我傷害或自殺個案的內心世界，需要有所瞭解與同理，對於自我傷害的當事人，內心必然深受種種內外客體關係衝突的煎熬。心理師一方面透過同理與接納，與個案建立信任的諮商關係，一方面需要持續的評估個案自我傷害與自殺的危險性。自我傷害與自殺行為都是可以預防和治療的心理問題，以青少年為例，自殺行為的特徵指標或跡象信號，可以歸納如下（**林家興，民81；王文秀，民82**）：

1. 曾經企圖自殺過。
2. 有明確的自殺計畫。
3. 家庭當中曾有人自殺過。
4. 對生活失去興趣。
5. 對於改善痛苦的生活或處境，無能為力。
6. 突然增加飲酒或吸毒的次數和劑量。
7. 家庭或學校常規有突然的改變。
8. 最近一段時間有重大失落。
9. 突然把個人有價值或有紀念性的物品贈送他人。
10. 非常生氣、憤怒或情緒不穩定。

　　除了上述的特徵指標，自殺行為的人口特徵可以簡單的歸納如下：

1. 年齡：一般說來，自殺率隨年齡而增加，中年較多些，但十五至二十四歲之青年及老年人亦有增高之趨勢。

2. 性別：女性之自殺企圖較男性高，但男性自殺成功之比率較女性高。

3. 未婚、失業與低社經地位者自殺率較已婚者、有業者及中等社經地位者高。

4. 社會狀況：經濟不景氣時自殺率較高。

5. 精神疾病：有憂鬱症、思覺失調症、酒癮、藥癮者或其他心理疾病者易有自殺行為，尤以憂鬱症患者為最；另外 5 ％的自殺個案曾受生理疾病所苦。

6. 以預警情形而言：大多數的自殺者生前曾以各種方式向周圍的親友、心理衛生人員，或其他重要他人傳達過自己有輕生的念頭。

　　心理師在評估個案自殺危險性的過程中，可以根據專業的臨床判斷，做出必要的預警。心理師需要知會相關單位或人員，以便對於個案提供必要而適當的專業協助。事實上，做出適當的預警行為，是心理師需要遵守的一項專業倫理守則。預警的原則如下：

1. 當事人有危害自己生命或他人生命之虞時，心理工作者應告知相關人員。

2. 視評估結果決定是否要告知其家人、重要他人或相關機構。

3. 向個案說明告知他人前後的相關資訊，幫助個案因應。

4. 當不確定是否應該預警時，可尋求專業督導或同儕討論協助。

5. 對未達預警程度之個案，也應提供自殺或自傷意圖的相關輔
　 導。

心理師可以參考以下的要點，提供個案必要的**緊急危機處理**
（**short-term crisis intervention**）：

1. 直接與個案談其自殺計畫與意圖。

2. 必要時安排住院治療。

3. 提供可利用的社會資源。

4. 密集的協助，給予支持。

5. 鼓勵當事人的求生意志，與個案建立「**不自殺契約**」。

6. 與個案的家人保持聯繫，避免讓案主獨處，並將危險的物品
　 如刀、槍、藥物等拿開。

7. 隨時掌握個案的情形，處理其焦慮或失眠的問題。

8. 與有經驗的同事或專家保持聯繫。

9. 評估轉介到其他醫療單位的可能性及作法。

10. 若需藥物治療，則需注意一次開給病人的藥量是否足以致
　　 死。

11. 用巨觀的視野取代個案的**隧道式視野**（**tunnel vision**），治
　　 療重點如下：鼓勵未來導向、增加案主與他人的連結、增加
　　 案主的穩定性、建立合理的期待與安全的立足點、建立信任
　　 的治療關係，以及協助案主建立問題解決策略。

兒童虐待與家庭暴力

　　心理師在從事助人的工作時，如果懷疑個案遭受到兒童虐待、兒童疏忽，或者家庭暴力事件時，有法律上的責任向有關單位進行通報，如果應通報而不通報的話，可能會有觸法的問題。本節將分別說明兒童虐待與疏忽，以及家庭暴力的辨識、通報與處遇的原則與要領。

一、兒童虐待與疏忽

　　一般所謂的兒童虐待，事實上是包括兒童虐待與兒童疏忽。兒童虐待是指父母或其他對兒童具有照顧責任者，對兒童施予身體、精神或性方面的不當對待。兒童疏忽是指父母或是對兒童具有照顧責任者，未能給予兒童足夠的食、衣、住、教育、醫療照顧，或不能滿足兒童正常發展所需要的照顧。兒童虐待一般實務上分為：身體虐待、精神或情緒虐待、性虐待，以及疏忽等四類。

　　心理師應透過繼續教育，學習認識兒童虐待的特徵指標，以便在臨床工作時，可以勝任有關兒童虐待與否的辨識與通報。兒童虐待的特徵指標如下（**翁毓秀**，民 83）：

　　　1.身體指標：例如原因不明的傷痕、飢餓、衣著髒亂不整、缺乏醫療的傷口、發展遲緩或有障礙、走路或坐下有困難、生殖器官疼痛或受傷，以及感染性病或懷孕等。

2.行為指標：例如害怕大人或與父母接觸、過早到校或不願回
　家、經常遲到曠課、偏差行為、逃學逃家、明顯的退縮、超
　齡的性知識、抱怨無人關心、攻擊性高、過於被動順從、做
　惡夢、人際關係不佳，以及角色倒轉行為或過度依賴等。

3.施虐家庭指標：例如父母對他人打聽有關孩子的問題感到不
　悅、父母小時候就受虐、缺乏社交活動、孤立、有酗酒或藥
　物濫用的情形、父母極少或不願意參加學校的活動、過度保
　護子女或不准孩子參加學校活動、缺乏照顧子女的能力和訓
　練、缺乏支持系統、家庭內的衝突、婚姻失調或家庭的外在
　壓力，如長期失業、負債等。

心理師評估兒童虐待的要領有下列幾項：
1.瞭解兒童受到虐待與疏忽的特徵指標、症狀或問題。
2.瞭解導致兒童虐待與疏忽的相關法律與社會福利資訊。
3.評估兒童是否繼續處在受到虐待或疏忽的狀態。
4.評估照顧者的功能與繼續虐待或疏忽兒童的可能。
5.瞭解兒童受到虐待或疏忽的歷史與家庭所接受過的醫療或其
　他服務。

心理師根據評估結果，懷疑個案遭受到兒童虐待或嚴重疏忽
時，依法需要向有關單位通報，通報的須知與原則歸納如下：
1.根據兒童及少年福利與權益保障法規定，臨床心理工作人員
　遇有未受適當的養育或照顧之兒童，有通報之義務，未通報
　者處六千元以上，三萬元以下罰鍰。
2.視評估的結果決定是否應予通報。

3.應向個案及重要他人說明通報前後相關資訊，幫助個案及其家屬因應通報之後所可能面臨的混亂與問題。

4.對未達通報程度之個案，也應提供兒童保護的相關輔導與機會教育。

5.對不確定是否通報之個案，可諮詢兒童保護相關機構。

　　心理師處理個案遭受虐待或疏忽的時候，除了提供諮商與心理治療之外，還需要視實際需要，提供其他協助，例如：協助兒童緊急就醫、保護兒童免於繼續遭受虐待或疏忽、協助兒童及家屬終止虐待或疏忽的行為、親職教育、心理衡鑑、醫療或精神醫療轉介，以及社區資源轉介。

二、家庭與婚姻暴力

　　家庭暴力是指包括兒童虐待、婚姻虐待，以及老人虐待等，發生於家人之間的暴力衝突事件。在國內家庭暴力的發生以婚姻暴力為多數，因此本節將以婚姻暴力為討論的主要內容。婚姻暴力指配偶之一方以身體或武器侵犯另一配偶，亦包括同居人或親密之異性朋友，其頻率往往從一週數次至一年數次，其傷害程度則從不需治療到傷害致死皆屬之（**陳若璋**，民 77，引自**陳增穎**，民 88）。

　　另根據家庭暴力防治法第二條與第三條的規定，家庭暴力為家庭成員間實施身體或精神上的不法侵害行為，家庭成員包括配偶、其他直系、旁系親屬或姻親等。而所稱的騷擾，則指任何打擾、警告、嘲弄或辱罵他人之言語、動作或製造使人心生畏怖情境之行為。一般在實務上，我們經常將婚姻暴力或虐待分為身體虐待、性

虐待，以及精神虐待三類。

婚姻暴力加害人的特徵指標，根據 **Walker**（1979）的研究，婚姻暴力加害人有以下九項特徵：

1. 低自我評價。
2. 相信暴力關係神話。
3. 相信男性為大的傳統印象。
4. 責備他人，認為所有問題是他人的責任。
5. 陷入病態的嫉妒中。
6. 雙重性格。
7. 以暴力或酗酒為壓力因應的方式。
8. 以性作為攻擊並用以提升自我評價。
9. 不認為暴力行為有負向後果。

國內學者**陳若璋**（民82）曾對55對有婚姻暴力的夫妻研究其特徵，整體上婚姻暴力加害人和控制組比較起來，有較高的失業率、工作不穩定、持久性低與收入較低，以及對自己的工作不滿意的情形。相對於加害人，婚姻暴力受虐者的特徵包括下列幾項：

1. 在社經地位方面：各種社經階層的人都有可能成為婚姻暴力的受害人。
2. 在人格特質方面：受虐者大多數個性被動、不積極。
3. 在人際關係方面：傾向於個性孤獨、朋友很少，缺少社會支持。
4. 在其他方面：由於「習得的無助感」的影響，受虐者傾向於認為自己無法擺脫現況。

　　心理師評估個案遭受婚姻暴力或虐待的問題時，可以參考下列的要點，以便採取適當的臨床處置：

1. 瞭解婦女受到虐待或騷擾的特徵指標、症狀或問題。
2. 瞭解婚姻暴力與性騷擾的相關法律、醫療與社會福利資訊。
3. 評估婦女是否持續處在受到虐待或騷擾的狀態中。
4. 評估受虐婦女的功能及其可運用的資源。
5. 評估施虐者的功能與繼續施虐或騷擾的可能。
6. 瞭解婦女受到虐待或騷擾的歷史與其家庭接受過的醫療或其他服務。

　　根據家庭暴力防治法規定，臨床心理人員在執行職務時知有家庭暴力之犯罪嫌疑者，應通報當地主管機關，違者處六千元以上，三萬元以下罰鍰。但醫事人員為避免被害人身體緊急危難而違反者，不罰。心理師根據臨床評估的結果，如果認為有懷疑個案是遭受到配偶的虐待，那麼心理師依法要通報當地主管機關。臨床上，如果個案是成年人，心理師應幫助個案瞭解暴力加害人是違法的人，教育個案保護自己的方式，便是認識家庭暴力防治相關的法律。為了強化個案的能力（**empowerment**），心理師可以鼓勵與協助個案自行通報主管機構。

　　由於通報之後，社政與司法機構會採取一連串的動作，為避免個案誤會社政與司法機關的處遇作為，心理師有必要提供個案通報前後可能發生的事情，並且提供所需要的相關資訊，幫助個案因應未來的變化與不確定感。對於未達通報程度之個案，心理師也應提供婦女保護的相關輔導。如果心理師無法確定是否應通報之個案，可以諮詢婦女保護或社政相關機構。

　　對於遭受婚姻虐待的個案，心理師一方面提供所需要的危機處理，另一方面，繼續個案所需要的諮商與心理治療。在危機處理方面，心理師主要的工作在於協助受害人緊急就醫，以及保護受害人免於繼續受到虐待。必要時，可以透過家庭暴力防治中心的協助，向法院申請保護令，以免繼續遭受可能的身心虐待。

　　在諮商與心理治療方面，心理師工作的目標在於賦予受虐者力量（**魏英珠**，民 84，引自**陳增穎**，民 88），重點可包括：

1. 發展獨立的生活能力。
2. 提供情緒支持。
3. 減低壓力及暴力所造成的創傷，並鼓勵**自我滋養**（**self-nurturance**）的能力。
4. 提升自我意識，改變認知，增加對暴力及其影響的認識，改變刻板化的女性角色。
5. 發展因應暴力的行為，發展保護計畫以及因應暴力行為的技巧。
6. 增加做決定的能力。

█ 精神疾病

　　精神衛生法第三條明訂，精神疾病係指個體的思考、情緒、知覺和認知等精神狀態異常，致使適應生活的功能發生障礙，而需要醫療與照顧的疾病，包括精神病、精神官能症、酒癮和藥癮等衛生主管機關認定之精神疾病。心理師從事個案諮商與心理治療時，需

要隨時評估個案是否罹患可診斷的精神疾病，並且採取必要的協助與轉介。對於急性發作的精神病患者，心理師亦應具備辨識與緊急處遇的能力。

對於精神疾病的症狀較為穩定的個案，心理師通常可以採用例行諮商模式給予協助，對於精神疾病狀況不穩定的個案，例如從未接受過精神科醫療的精神疾病患者，特別是嚴重精神病患者與藥酒癮的患者，心理師需要培養對於這些個案的臨床敏感度，在必要的時候，可以採用緊急處遇的諮商模式，提供個案所需要的協助。

根據 **Kaplan** 和 **Sadock**（**1990**），需要精神科急診協助的個案，是指那些因為認知、情緒或行為嚴重障礙，導致暴力攻擊他人、自殺、自我傷害的病人。精神病發作可能發生在個案家裡、職場、馬路上，以及醫療院所等任何可能的地方。

對於精神病發作的個案，心理師視個人受訓的程度與範圍，提供個案所需要的協助，包括轉介精神科急診室就醫。在精神科急診室和精神科醫院，對於精神病發作的個案可以提供更多的專業協助，包括：**身體的束縛**（**physical restraint**）、藥物治療、住院治療、生理疾病的醫療管理，以及危機處理。心理師與社工師可以協助的部分包括：提供支持性心理治療、調整個案生活的環境、改善個案的社會支持系統，以及轉介個案所需要的其他社會與醫療資源。

對於精神病急性發作的個案，心理師在評估個案時，應注意的事項包括：

1. 保護自身的安全。
2. 預防個案傷害自己或他人。
3. 排除器質性精神疾病。

4.排除**潛在的精神病**（**impending psychosis**）。

在保護自身安全方面，心理師在與個案第一次晤談之前，應盡量瞭解個案的各種狀況，以便做好事前的防範措施。如果個案的精神過於錯亂，不能夠控制自己的言行，而且無法遵循口頭的命令（**verbal limits**）時，心理師可以請求受過訓練的醫護人員，給予個案身體的束縛。心理師應該隨時注意自身的安全，對於可能來自個案的攻擊保持警覺。心理師要熟悉工作場所的出入口，以及妥善放置可能被個案用來作為攻擊武器的物品。在進行危險個案評估的時候，心理師最好邀請其他同事一起參與，並且要安排一些可以機動運用的人手，以備不時之需。評估個案時，基本的原則是，嘗試與個案建立良好的關係，避免面質或威脅個案，特別是對於患有妄想精神病的個案。

案例討論 15-1

一位邊緣型人格障礙的單身女性個案，因為自殺未遂而住進病房中觀察兩週，過去病史為高中肄業、無工作史、長期處於情緒不穩定狀態、經常性自殺行為，經過多次心理治療，曾經對醫生產生**情慾的移情**（**erotic transference**），持續有**逛醫師**（**doctor shopping**）的習慣。住院期間到處要求醫師、心理師與其會談，又經常挑釁住院醫師、煽動病人，或炫耀其心理學常識，非常困擾醫護人員，面對這樣的病人，似乎醫護人員都非常頭痛，又不太敢輕易與其建立關係或與其過多晤談，究竟此等病人的人格病理為何？心理治療的方式與方向為何？

邊緣型人格障礙是指介於精神官能症與精神病之間的一種狀

態，病情輕時比較像精神官能症，只是以焦慮、情緒不穩定為主，病情嚴重時比較類似精神病，會有脫離現實、脾氣暴躁、攻擊他人或自我傷害的傾向，因其症狀常搖擺於精神官能症與精神病之間，因此稱為邊緣型人格障礙。

主要成因推測是童年遭受創傷，例如兒童虐待、性侵害等，其人格為了適應遭遇的創傷而逐漸發展出一種特有的自我防衛機轉，對於喜歡的人事物則視之為珍寶，相反的，對於討厭的人事物貶為一文不值。與人分開時會感到極度的孤獨，想要抓住人，與人太靠近時又會覺得無法忍受，要把人推開。對於被拒絕與分離有極度的恐懼與反彈。邊緣型人格障礙的病人主要的臨床特徵為：在情緒表達、人際關係、生涯發展，以及自我概念等各方面都呈現一種不穩定的狀態，而且經常有自我傷害的行為，因此非常容易引起治療者的反移情。心理師治療這一類個案時會感覺到很大的心理負擔，如果臨床經驗不足的時候，個案不遵守諮商的基本架構和治療的界限，個案的問題很容易會擾亂治療者的個人生活。

心理師如何幫助邊緣型人格障礙的個案呢？維持一個穩定的、架構清楚的治療關係是主要的治療關鍵，心理師透過固定的治療態度、治療時間、地點、方式、次數、情境，以及規則等，來穩定個案的情緒與行為，透過穩定的基本架構來穩定個案的內在人格，藉機讓個案學習穩定自己的行為模式、情緒表達。相對的，個案對於架構與界限是非常敏感的，對於任何架構與界限的改變也是非常有意見的，心理師如果處理不當，個案很容易因此而發脾氣、指控心理師。因此維持一個長期清楚與穩定的治療架構，其臨床上的含意是非常深遠的。

將兒童發展的客體關係理論應用在邊緣型人格障礙個案的治療

過程也是可行的，如果將兒童客體關係發展的過程與個案治療歷程作一個平行的對照，便可以清楚的發現兩者是互通的：在兒童客體關係的發展歷程是：從「自閉」到「共生」，再到「分化」，最後到「個別化」；在個案的治療歷程是：從「個案生活在不穩定的世界中」到「和治療者建立緊密的連結關係，治療者運用清楚的架構，個案將與治療者的穩定關係內化到其人格中」，再到「個案在治療者的協助下開始發展出一種穩定成熟的方式來面對外在情境」，最後再到「個案朝向獨立成熟與穩定的方向發展，能認同自己，也能適當的認同別人」。

　　總之，邊緣型人格障礙的個案，需要長期的心理治療與穩定的關係，因此邊緣型人格障礙個案適合由資深的心理師來接案，不適合由實習生或資淺的心理師來接案。如果由實習生或資淺的心理師接案，那麼個別的、密集的督導是必需的。

諮商實務 Q & A

Q15-1：個案此次談話的神情不同於前，臉色顯得蒼白，頭髮凌亂，話題跳躍，情況似乎不怎麼好，心理師該如何處理？
A15-1：如果覺得個案的精神狀態有惡化的現象，心理師可以進行心理健康檢查，詢問個案的睡眠、飲食、胃口、體重、情緒、幻聽、妄想、自殺意念、服藥情形、生活中的變化，以及可以解釋個案病情的可能原因，並進行必要的處置，包括評估轉介精神科門診或緊急住院的必要性。

Q15-2：我的個案是憂鬱症病人，在晤談中是否有要注意一些不同

於一般人的部分？

A15-2：憂鬱症患者可以簡單的分為兩類，一種是生理性、內因性的憂鬱症；一種是心理性、外因性的憂鬱症。生理性的憂鬱症病人，行動比較緩慢，會有許多身體上的主訴，例如：精神疲憊、失眠、性慾低落、沒有胃口、體重減輕等。這一類的病人可以考慮諮詢精神科，同時藉助於藥物治療。如果是屬於心理性、外因性的憂鬱症，可以先使用心理治療，幫助個案增進自我的功能，以及對於憂鬱症的覺察，指導個案建立良好的生活常規與認知習慣也會有幫助。

危機處理

心理師對於一般個案通常採用例行諮商模式進行協助，可是當新個案或諮商中的個案突然遭遇到自殺、殺人、精神病發作、涉及兒童虐待、家庭暴力，以及嚴重身心創傷時，心理師需要馬上採用危機處理模式，來協助個案化解危機。根據 **Puryear**（1979），危機處理的原則如下：

1. 立即的危機處遇，個案無法等候，如果心理師沒有時間立即處理，可以考慮轉介給有時間立即處理的同事或機構。
2. 心理師應採取主動積極的態度來幫助個案。
3. 設定具體且單純的目標。
4. 提供個案希望與期待。
5. 提供支持，有助於個案度過危機。

6. 採取聚焦的、問題解決取向的諮商方式。

7. 諮商的重點之一在於保護與提升個案的自我形象。

8. 平衡的提供個案所需要的支持與自我獨立。

　　一般危機處理模式之下的諮商，通常以六次為原則。綜合 **Golan**（1978）與 **Dixon**（1987）的研究，危機處理模式可分為下列三個步驟或階段：

1. 在第一次的時候，進行個案評估（formulation），並且與個案建立良好的諮商關係。一方面鼓勵個案表達痛苦的感覺與情緒，一方面與個案討論危機前的觸發事件（precipitating event）。

2. 在第一至第四次的時候，執行危機處理（implementation），包括協助個案恢復認知功能，以及增進對於整個事件的掌控。

3. 在第五至第六次的時候結束（termination）與個案的諮商。

　　根據 **Hollis**（1972），危機處理的技術可以分為四種：

1. 提供支持、安定個案情緒的技術（sustainment）：宣洩、再保證、鼓勵和傾聽。

2. 動員社區醫療、社福與司法的資源，提供直接影響（direct influence）與立即性的幫助。

3. 人與情境的反思（person-situation reflection），幫助個案更清楚與客觀的瞭解危機的情境，個人在此情境的情緒反應與觸發因素，以及個人對情境的因應方式等。

4. 增進動力的與發展的瞭解（dynamic and developmental

understanding），當個案的智力與情緒較為穩定之後，可以幫助個案探討更深層的問題，如與危機有關的防衛機轉、抗拒與溝通模式等。

有效危機處理的準備與訓練，根據 **Keith-Spiegel** 和 **Koocher**（1985）的建議，心理師平時可以採取下列防範措施：

1. 熟悉社區裡的緊急處遇相關資源。
2. 與同事建立危機處理的伙伴關係，有事可以彼此支援與諮詢。
3. 熟悉相關的法律與政策規範。
4. 充實危機處理的知能。
5. 只接那些自己可以勝任處理的個案。
6. 仔細檢視自己和個案之間的關係，以預防演變成危機的事件。

參考文獻

英文部分

American Psychiatric Association (1994). *Diagnostic and statistical manual of mental disorders* (*4th ed.*). Washington, DC: Author.

Boylan, J. C., Malley, P. B., & Scott, J. (1995). *Practicum and internship: Textbook for counseling and psychotherapy* (*2nd ed.*). Washington, DC: Accelerated Development.

Corey, G., Corey, M. S., & Callanan, P. (2003). *Issues & ethics in the helping professions* (*6th ed.*). Pacific Grove, CA: Brooks/Cole.

Dixon, S. L. (1987). *Working with people in crisis*. Columbus, OH: Merrill Publishing Co.

Golan, N. (1978). *Treatment in crisis situations*. New York: The Free Press.

Hollis, F. (1972). *Casework: A psychosocial therapy*. New York: Random House.

Kaplan, H. I. & Sadock, B. J. (1990). *Pocket handbook of clinical psychiatry*. Baltimore, MD: Williams & Wilkins.

Keith-Spiegel, P. & Koocher, G. P. (1985). *Ethics in psychotherapy: Professional standards and cases*. New York: Random House.

Meier, S. T. & Davis, S. R. (1997). *The elements of counseling* (*3rd ed.*). Pacific Grove, CA: Brook/Cole.

Nacht, R. C. (1965). Criteria and techniques for the termination of analysis. *International Journal of Psychoanalysis, 46*, 107-116.

Puryear, D. A. (1979). *Helping people in crisis*. San Francisco: Jossey-Bass Publishers.

Stone, L. (1995). Transference. In B. E. Moore & B. D. Fine (eds.), *Psychoanalysis: The major concepts* (110-120). New Haven & London: Yale University Press.

Walker, L. E. (1979). *The battered women*. New York: Harper & Row.

中文部分

王文秀（民 82）：自殺個案的評估與處理。諮商與輔導，86 期，2-4 頁。

林家興（民 81）：如何處理青少年的自殺行為。諮商與輔導，75 期，2-6 頁。

林家興、王麗文（民 89）：心理治療實務。台北市：心理。

翁毓秀（民 83）：兒童虐待指標與處遇策略。學生輔導通訊，35 期，30-37 頁。

陳若璋編著（民 82）：家庭暴力防治與輔導手冊。台北市：張老師。

陳增穎（民 88）：婚姻受虐婦女的處置與輔導策略。諮商與輔導，163 期，7-10 頁。

鄔佩麗（民 85）：淺談學生自殺行為。中等教育，47 卷，4 期，16-18 頁。

❀❀❀❀ 中文索引 ❀❀❀❀

十七劃

十八劃

英文索引

A

B

C

國家圖書館出版品預行編目資料

諮商與心理治療進階：心理分析取向的實務指南
林家興, 王麗文合著.--初版.--
臺北市：心理, 2003（民 92）
面； 公分.--（心理治療系列；22047）
參考書目：面
含索引
ISBN 978-957-702-620-0（平裝）

1.諮商　2.心理治療

178.4　　　　　　　　　　　　　　　92015383

心理治療系列 22047

諮商與心理治療進階：心理分析取向的實務指南

作　　者：林家興、王麗文
總 編 輯：林敬堯
發 行 人：洪有義
出 版 者：心理出版社股份有限公司
地　　址：231 新北市新店區光明街 288 號 7 樓
電　　話：(02) 29150566
傳　　真：(02) 29152928
郵撥帳號：19293172　心理出版社股份有限公司
網　　址：http://www.psy.com.tw
電子信箱：psychoco@ms15.hinet.net
駐美代表：Lisa Wu（lisawu99@optonline.net）
排 版 者：辰皓國際出版製作有限公司
印 刷 者：辰皓國際出版製作有限公司
初版一刷：2003 年 9 月
初版五刷：2019 年 7 月
I S B N：978-957-702-620-0
定　　價：新台幣 400 元